Joseph O'Connor, Robin Prior

Fair verkauft (sich) gut
Mit Ethik und Effizienz zu einem neuen Markt

Joseph O'Connor
Robin Prior

Fair verkauft (sich) gut
Mit Ethik und Effizienz zu einem neuen Markt

Verlag für Angewandte Kinesiologie GmbH
Freiburg im Breisgau

Titel der englischen Originalausgabe:
Successful Selling With NLP. The Way Forward In The New
Bazaar
© Joseph O'Connor, Robin Prior 1995
Erschienen bei: Thorsons, London, GB
ISBN 0-7225-2978-3

Die Deutsche Bibliothek – CIP-Einheitsaufnahme

O'Connor, Joseph:
Fair verkauft (sich) gut : mit Ethik und Effizienz zu einem neuen
Markt / Joseph O'Connor ; Robin Prior. – Freiburg im Breisgau :
VAK, Verl. für Angewandte Kinesiologie GmbH, 1996
Einheitssacht.: Successful selling <dt.>
ISBN 3-924077-90-8
NE: Prior, Robin:

© VAK Verlag für Angewandte Kinesiologie GmbH, Freiburg 1996
Übersetzung: Elisabeth Lippmann
Lektorat: Monika Radecki
Umschlag: Hugo Waschkowski
Herstellung: Friedrich Pustet GmbH & Co. KG, Regensburg
Printed in Germany
ISBN 3-924077-90-8

Inhalt

Vorwort

Manager der gesamten Wirtschaft widmen sich gegenwärtig mit großer Aufmerksamkeit dem „neuen" Konsumenten. Dieses mythologische Wesen kauft, anstatt daß man ihm etwas verkauft. Der Konsument hat scheinbar über Nacht ein kritisches Denken und ein Bewußtsein seiner Bedürfnisse entwickelt, das den Erfinder des Elektrorasierers wieder zum Rasierpinsel greifen lassen würde. Die Abteilungen, die für strategische Planung zuständig sind, arbeiten in ganz Großbritannien daran, Verkäufer durch Einkaufscomputer und/oder durch Angestellte, die die Einkaufscomputer bedienen, zu ersetzen. Mit fast religiösem Eifer wird umorganisiert, anscheinend mit dem Ziel, Verkaufs- und Vertriebspersonal dahin zu verweisen, wo sie nach der vorherrschenden Meinung hingehören – ins Geschichtsbuch.

Dieses Buch gibt Denkanstöße und zeigt, daß Verkaufen ein ehrenhafter Beruf ist – und es ist absolut kein Beruf, den man ohne Selbstachtung ausüben kann. Dieser Beruf trägt dazu bei, den Kunden persönliche Wünsche zu erfüllen und sie zu unterstützen, Vorsorge für ihre Familien zu treffen. Das Verkaufen kommt zu seinem schlechten Ruf letztendlich nur durch solche Firmen, die minderwertige Produkte anbieten und eine noch schlechtere Führungsmannschaft und Managementebene aufweisen. Man sagt, es gäbe keine schlechten Soldaten, nur schlechte Offiziere – und das gilt auch für diesen Bereich.

Das Neurolinguistische Programmieren (kurz NLP) stattet das Thema mit einem Rahmen aus: einem Rahmen, um wichtige Dinge in uns selbst aufzudecken und zu erkennen, wie wir Beziehungen zu anderen herstellen. NLP bietet ein umfangreiches Entwicklungspotential für *die* Organisationen, die mit ihren Produkten den Kunden auch Werte und ihren Angestellten eine angemessene Vergütung und Anerkennung anbieten. NLP ist etwas für Leute, die zuhören und lernen wollen, nicht für Leute, die sich jeglicher Veränderung verschließen. Ich habe NLP in meiner Firma angewendet, und die Ergebnisse zeigen, daß es funktioniert.

Den vielleicht größten Fehler begehen wir, wenn wir Verkaufen als einen abgeschlossenen Prozeß betrachten. Das ist es nicht. Churchill brachte zum Ausdruck, Verkaufen könne und solle nur das Ende vom Anfang sein. Ein Geschäftspartner berichtete mir kürzlich von einem Schild, das er bei seinem Metzger gesehen hatte: „Service is our salesman"; Kundendienst ist unser bester Verkäufer. Vielleicht ist das (im englischen) nur ein freundlicher Stabreim, aber ich könnte es nicht besser sagen.

Der im Buch benannte neue Markt muß wohl etwas Vergleichbares in Aussicht stellen. Der alte Markt kann das nicht, obwohl er lautstark sehr viel verspricht.

Geoffrey Gray
(Regionaldirektor einer großen britischen Agentur; er verkauft seit 25 Jahren Finanzdienstleistungen.)

Einleitung

Bei den meisten Verkaufstrainings sehe ich folgendes Problem: Sie betonen zu sehr den „Verkaufsabschluß". Statt dessen sollte mehr Wert auf die *Eröffnung der Beziehung* gelegt werden.

Verkaufen wird dann zu einer belanglosen Tätigkeit, wenn es nur darum geht, ungeachtet der Bedürfnisse des Kunden oder der Kundin das schnelle Geld zu machen. Mit dieser oberflächlichen Sichtweise schneidet man sich als einzelner Verkäufer oder auch als Firma langfristig gesehen ins eigene Fleisch, besonders wenn man seinen Lebensunterhalt durch Verkaufen verdient. Und ganz gewiß eröffnen sich mit einer solchen Strategie kaum Chancen auf eine befriedigende Karriere.

Wenn Leute in Verkauf und Vertrieb jedoch auf lange Sicht planen und ihre Aufgabe darin sehen, die Wünsche der Kunden herauszufinden und zu befriedigen, dann ermöglichen sie sich nicht nur ein interessanteres und aufregenderes Leben, sondern auch mehr Befriedigung. Denn derjenige, der Beziehungen zu Kunden pflegt, indem er auf ihre Bedürfnisse eingeht, eröffnet sich eine mit den Jahren anwachsende Einkommensquelle.

Ich denke, daß dieses Buch für alle nützlich ist, die irgend etwas (oder auch „nur" sich selbst) verkaufen wollen. Es hat mir vor allem deshalb so gut gefallen, weil Joseph O'Connor und Robin Prior großen Wert auf die Beziehung zum Kunden legen. Eine Beziehung aufzubauen ist das, was erfolgreiches Verkaufen und erfolgreiches Marketing ausmacht.

Allein das Bestreben, gute Beziehungen aufzubauen, genügt jedoch nicht: Wie bei allen Dingen müssen Sie sich erst mit den Techniken befassen, mit denen Sie erreichen, was Sie wollen. Das Neurolinguistische Programmieren ist ein wertvolles Werkzeug dazu – wenn Sie erst einmal das Hindernis dieses schrecklichen Namens überwunden haben!

In diesem Buch wird klar gezeigt, wie die Grundsätze von NLP in der Verkaufssituation anzuwenden sind, zum gegenseitigen Nutzen von Käufer und Verkäufer – und das kann nicht schlecht sein.

Feargal Quinn
(Gründer einer irischen Supermarktkette und Autor des Buches *Crowning the Customer*)

Danksagungen

Viele Menschen haben bei diesem Buch mitgeholfen.

Unser Dank gilt Ian McDermott von *International Teaching Seminars* für seine Unterstützung und seine Ideen, speziell im Bereich Verkaufsmanagement.

Unser Dank gilt Mike Kearsley für sein Engagement und für seine konstruktiven Beiträge zu diesem Projekt.

Unser Dank gilt Bob Janes, Geoff Avis und Dave Watkins, die den ersten Textentwurf gelesen und uns mit konstruktivem und nützlichem Feedback geholfen haben.

Unser Dank gilt Steven Robbins für viele interessante Ideen und Diskussionen über *Compuserve*. Wir wünschen ihm viel Glück bei seiner Arbeit.

Unser Dank gilt Mick Rennie für viele anregende Diskussionen über das Verkaufen, die wir nach unseren Squashspielen geführt haben.

Unser Dank gilt Nick Rennie und Laurie Rambaud für ihre Unterstützung und Begeisterung.

Unseren Lektorinnen bei Thorsons, Elizabeth Puttick und Elizabeth Hutchins vielen Dank für ihre Arbeit.

Und schließlich gilt unser Dank David Gaster, der uns bis zu seinem frühzeitigen Tod Hilfe und Inspiration war. Seine Arbeit über Führungseigenschaften und das Kongruenzmodell hatten großen Einfluß auf Inhalt und Stil dieses Buches.

Wir sind dankbar für all die Hilfe, die uns bei diesem Buch zuteil wurde. Für das Endergebnis zeichnen wir verantwortlich.

Joseph O'Connor, Robin Prior
im Juni 1994

Einführung

Ein dunkler, frostiger Morgen. Kein Geräusch, das die eisige Stille des neuen Tages durchbricht. Sie öffnen ein Auge und blinzeln nach den Leuchtzeigern der Uhr. Noch eine Stunde, bevor Sie aufstehen müssen. Lohnt es sich, noch einmal einzuschlafen? Oder sollten Sie die zusätzliche Zeit nutzen, um gemütlich eine Tasse Tee zu trinken, sich auf der Fahrt Zeit zu lassen und die erste Besprechung vorzubereiten? Sie haben einen langen Weg zu Ihrem ersten Termin. Und Sie brauchen in diesem Monat noch einen Abschluß. Es wird Druck gemacht. Das Management zeigt Anzeichen von Panik. Und wenn es Panik gibt, wird anschließend meist nach Sündenböcken gesucht. Mit dem Verkauf heute wären Sie auf der sicheren Seite. Mit der Provision ließen sich einige überfällige Rechnungen bezahlen. Und das Bett ist so warm. Sie überlegen, ob es nicht besser gewesen wäre, in der Schule härter zu arbeiten und einen besseren Abschluß zu erreichen. Hätten Sie Anwalt, Arzt oder Ansager im Fernsehen werden können?

Vor Ihrem inneren Auge können Sie die Eisschicht auf der Windschutzscheibe Ihres Autos sehen. Und das Bett ist warm. Sie springen aus dem Bett und schreien: „Hurra! Wieder ein Tag, den ich mit Verkaufen verbringen kann! Toll! Ich bin nirgends lieber als im Verkauf."

Oder anders:

Sie wachen auf und sind in Gedanken sofort im Büro bei den Dingen, die Sie als erstes erledigen müssen. Die Zeiten sind vorbei, in
denen Sie im Bett zunächst noch einige Zeit vor sich hingedämmert
haben. Ab der Sekunde, in der Sie die Augen öffnen, beschäftigt sich
Ihr Gehirn mit Problemen. Das übergeordnete Management drängt
auf Ergebnisse. Sie wiederum haben Ihre Mitarbeiter gedrängt. Aber
die sagen, daß der Markt sich ändert, daß es bei der gegenwärtigen
Wirtschaftslage nicht möglich sei, die Ziele zu erreichen. Sie haben
diese Aussage an den Verkaufsdirektor weitergegeben, aber er will
das so nicht akzeptieren. Er kann es auch nicht. Die Planzahlen sind
nicht erreicht, die Firma hat Probleme. Sie müssen sehen, daß Sie
sich etwas aus den Fingern saugen. Und wenn es nicht klappt? Es
könnte Sie Ihren Kopf kosten – und die Planzahlen stammen nicht
einmal von Ihnen! Sie können es sich nicht erlauben, Ihren Job zu
verlieren, wie könnten Sie sonst Ihren familiären Verpflichtungen
nachkommen? Sie müssen vielleicht selbst einen Sündenbock finden,
um zu beweisen, daß Sie etwas tun. Wie wäre es mit einer Entlassung, um etwas Zeit zu gewinnen? Wie würde das aufgenommen?
Auch Ihre Mitarbeiter haben die Ziele nicht festgesetzt. Niemand
hat gesagt, daß das Geschäftsleben fair ist. Sie springen aus dem Bett
und rufen: „Hurra, ist Verkaufsmanagement nicht Spitze?"

Wenn Sie jeden Morgen so begrüßen, dann können Sie das Buch
gleich wieder weglegen, Sie brauchen es nicht. Sie können selbst
eines schreiben. Wenn Sie aber weiterlesen, haben wir etwas gemeinsam: Wir wissen beide, daß Verkaufen Sie aufbauen und auch
niederdrücken kann. An einem Tag läuft alles wunderbar, am anderen zäh und schwierig.

Wir alle bewirken etwas bei Menschen. Das heißt in unserem Bereich „Verkaufen". Und je besser wir „verkaufen" können, desto
größer ist die Wahrscheinlichkeit, daß wir erreichen, was wir wollen.
Aber trotz der Tatsache, daß wir alle etwas „verkaufen" – Produkte,
Dienstleistungen, Ideen, uns selbst (obwohl wir das nicht so gern

„verkaufen" nennen) – hat Verkaufen ein schlechtes Image in der
Öffentlichkeit. Viele Menschen, auch das gehobene Management in
unseren eigenen Firmen, werten die Fachleute in Verkauf und Vertrieb oftmals als manipulativ und nicht ganz normal ab – auch wenn
sie Ihnen zugestehen würden, daß Verkauf die Lebensader für die
gesamte Wirtschaft ist.

Verkaufen ist kein einfacher Beruf. Und das schlechte öffentliche
Ansehen macht ihn schwerer als nötig. Mit der Zeit könnten Ihre
Begeisterung und Ihr Einsatz durch die dauernden negativen Botschaften über die, die im Verkauf tätig sind, nachlassen. Deshalb gibt
es so viele Bücher über Verkaufen, Schulungen und Beratungsfir-
men, die sich mit der Motivation von Fachleuten im Verkauf befassen, deshalb können inspirierende Verkaufstrainer mit ihren Semi-
naren ganze Sportstadien füllen.

Eine *langfristige* Motivation ist nicht zu erreichen, indem man positive Gedanken in den Spiegel ruft oder negative Gedanken meidet.
Langanhaltende Motivation entsteht aus einer eindeutigen Mission,
klaren Zielvorstellungen und dem Gefühl, etwas Wichtiges zu tun.
Dies hoffen wir, Ihnen hier zu geben.

Dieses Buch ist für Mitarbeiter und Mitarbeiterinnen in Verkauf und
Vertrieb, Verkaufsmanager und Verkaufstrainer gedacht, die den
Beruf des Verkaufens aus einem anderen Blickwinkel betrachten und
sich zusätzliche Fertigkeiten aneignen wollen. Es ist auch für Berater geeignet, die ihre Dienste verkaufen müssen, dies bisher aber
nicht unter dem Aspekt Verkauf sehen.

Welches ist nun dieser „andere Blickwinkel", diese andere Sichtweise bezüglich des Verkaufens? Es geht darum, wie Sie das Wort
„Erfolg" definieren.

Ein großer Teil des Buches befaßt sich damit, die Fertigkeiten des
Neurolinguistischen Programmierens (NLP) auf den Verkaufsprozeß anzuwenden. Es ist kein NLP-Kurs, es werden auch keine

NLP-Kenntnisse vorausgesetzt. NLP wurde Mitte der Siebziger-
jahre von John Grinder und Richard Bandler entwickelt. Mittlerweile gibt es in vielen Ländern NLP-Gesellschaften, und NLP wird
in den unterschiedlichsten Bereichen genutzt: in Firmen, Schulen,
Trainings, in der Therapie und beim Sport.

Bei NLP geht es um Einfluß, den Menschen aufeinander ausüben:
Wie gestalten Menschen ihre Beziehungen, wie kommunizieren sie,
wie fällen sie Entscheidungen, und wie möchten sie beeinflußt werden. Somit ist NLP auch besonders im Verkauf nützlich. Die Methoden des NLP passen gut in eine Welt, in der Qualität, Kundenpflege und verantwortliches Verkaufen stärker betont werden.

NLP versetzt uns auch in die Lage, die Menschen zu studieren und
zu „modellieren" (siehe Glossar), die überdurchschnittliche Leistungen bringen. Durch das Modellieren dieser Unterschiede können wir jeden Einzelnen in unserem Verkaufsteam schulen, so daß
alle von den Methoden der „Überflieger" profitieren. Modellieren
ist so etwas wie der schwer erreichbare Heilige Gral unseres Berufs-
standes: Modellieren heißt, die Eigenschaften guter Verkäufer und
Verkäuferinnen zu entdecken, Wege zu finden, sie anderen zu vermitteln, und bei der Neueinstellung von Bewerbern die richtige
Auswahl zu treffen.

Dieses Buch ist praxisorientiert, es ist auch als Arbeitsbuch gedacht.
Wir erheben jedoch keine überzogenen Ansprüche. Sie werden Ihre
Verkaufszahlen in drei Wochen vielleicht nicht gerade verdoppeln.
Aber wenn Sie die dargestellten Fertigkeiten anwenden und trainie-
ren, wird sich Ihr persönliches und berufliches Leben verändern.
Obwohl wir in diesem Buch immer wieder durch Anekdoten, Ge-
schichten und Beispiele aufzeigen, was mit NLP erreicht werden
kann, wird *Ihre eigene Erfahrung* der überzeugendste Beweis sein.

Dieses Buch handelt nicht nur von den Fertigkeiten zum Verkaufen,
es geht auch darum, daß Sie auf Ihre Gesundheit und Ihr Wohlbefinden achten, daß Sie herausfinden, was für Sie wichtig ist, und daß

Sie erkennen, wie Sie in Ihrem Leben und Ihrem Beruf mehr Zufriedenheit erfahren können. Sehr viele Menschen sind offensichtlich erfolgreich, sie verdienen gutes Geld und sind dennoch unglücklich.
Auch gibt es viele Verkäufer, die sich unter Druck gesetzt fühlen: Sie
müssen Bestleistungen bringen, sie *müssen* ein Super-Verkaufs-As
sein, denn weniger wäre gleichbedeutend mit Versagen. Auch einige
Bücher über Verkaufen und manche Verkaufstrainings vermitteln
den Eindruck, daß Sie nur Zweitbester oder sogar Verlierer sind,
wenn Sie nicht immer Perfektion anstreben, daß mit Ihnen etwas
nicht stimmt, wenn Sie es nicht an die Spitze schaffen. Aber nicht
jeder möchte die Spitze der Leiter erreichen, wenn das bedeutet, daß
in anderen Bereichen des Lebens unannehmbare Opfer gebracht
werden müssen. Wir hoffen, daß wir Ihnen helfen können, damit Sie
herausfinden, wie ein Gleichgewicht für Sie – und für Ihre Firma –
beschaffen sein muß, damit Sie *Ihren eigenen* Erfolgsmaßstab finden. Das könnte auch ein anderer Beruf sein.

Wir sprechen außerdem davon, was gute Manager in Verkauf und
Vertrieb brauchen: Wie muß eine Organisation aussehen, in der alle
Mitarbeiter ihr Bestes geben? Wie ist man „Führer" und nicht Skla-
ventreiber?

Dieses Buch ist das Ergebnis unserer langjährigen Erfahrungen mit
Verkaufstrainings, Beratung und NLP-Anwendung. Wir waren der
Meinung, wir müßten ein Buch schreiben, das sich nicht nur mit den
Fertigkeiten befaßt, die für erfolgreiches Verkaufen gebraucht werden, sondern das vielmehr dazu beiträgt, ein gutes Selbstbild und ein
gutes öffentliches Image dieses Berufs zu schaffen, so daß diese Fertigkeiten auch als solche wahrgenommen werden.

Das Buch enthält eine Reihe praktischer Übungen, die immer wieder im Text eingeschoben sind und außerdem in einem Extraab-
schnitt (Teil 5) am Ende des Buches zusammengefaßt sind. Diese
Übungen bilden die Basis von Verkaufsschulungen, die wir landes-
weit für Vertriebsfirmen veranstalten. Es ist erstaunlich, daß es zwar

im Marketingbereich viele professionelle Qualifikationen gibt, aber keine nennenswerten und keine vergleichbaren für Vertriebsleute.

Aufgrund Ihrer eigenen Erfahrung, Ihrer Ausbildung und der Ihnen bekannten Bücher kommt Ihnen vielleicht manches bekannt vor. Dieses Wiedererkennen von Bekanntem ist geplant, denn wenn Sie zu einem neuen Territorium vordringen, brauchen Sie für den Start festen Boden. Außerdem kann kein Buch perfekt auf die Bedürfnisse des Lesers abgestimmt sein, denn jeder Leser und jede Leserin hat andere Bedürfnisse und Ziele. Sie haben alle unterschiedliche Start-punkte und Bestimmungsorte.

Unglücklicherweise hat die englische Sprache nicht mit dem moder-nen Denken Schritt gehalten. Es gibt kein neutrales Pronomen im Singular. Wir verwenden deshalb abwechselnd „er" oder „sie", um zu zeigen, daß Verkäufer und Kunden männlich oder weiblich sein können. (Diese Haltung ist in der deutschen Übersetzung aufgegrif-fen, Anm. d. Vlg.)

Am Ende des Buches finden Sie ein Glossar. Wir hoffen aber, daß wir Begriffe und Wendungen bereits im Text so erklärt haben, daß die Bedeutung ersichtlich wird.

Sie sind unser Kunde oder unsere Kundin. Wir wollen Ihnen *die* Fertigkeiten vermitteln, mit denen Sie mehr verkaufen können – wenn es das ist, was Sie wollen – und mit denen Sie das von Ihnen gewählte Gleichgewicht zwischen beruflichem und persönlichem Leben finden können. Was auch immer Sie verkaufen und wieviel Erfahrung Sie auch haben, wir hoffen, unser Buch gefällt Ihnen, Sie finden es nützlich und praktisch, und Sie verwenden es, damit Sie in diesem faszinierenden Beruf erreichen, was Sie sich wünschen.

Joseph O'Connor, Robin Prior
im Juni 1994

Anleitung zum Lesen dieses Buches

Dieses Buch wird am besten in einem Stück gelesen, aber Sie können sich auch die für Sie interessanten Abschnitte herauspicken. Überall sind neue Ideen und Übungen enthalten. Das wichtigste sind die praktischen Übungen, die in Teil 5 zusammengefaßt sind. Machen Sie diese Übungen, und lesen Sie das Buch, wenn Sie Ihre Verkaufs-fertigkeiten verbessern wollen.

Teil 1
Wie sich Verkauf und Vertrieb verändert

DER ALTE MARKT

Ein Politiker, ein Architekt, ein Chirurg und ein Verkäufer unterhielten sich darüber, wessen Beruf der älteste sei.

„Nun", sagte der Chirurg, „Gott schuf Eva aus Adams Rippe – das ist doch sicher eine Arbeit für den Chirurgen?"

„Ja", antwortete der Architekt, „aber vorher schuf Gott Ordnung aus dem Chaos, und das ist Arbeit für den Architekten."

Der Politiker meinte einen Volltreffer zu landen, als er selbstgewiß fragte: „Und wer ist ursprünglich für das Chaos verantwortlich?"

Alle erwarteten gespannt die Stellungnahme des Verkäufers. Der sagte: „Und wer überzeugte Gott zunächst einmal, daß das ganze Projekt eine gute Idee sei?"

Alle Berufe haben ein bestimmtes öffentliches Ansehen, und Verkaufen hat ein schlechtes. Man sollte doch meinen, daß die Menschen durch Verkaufen das bekommen, was sie wollen. Aber für viele scheint das nicht zu gelten. „Verkaufen" belebt negative Vorstellungen und Gefühle. Sehr schnell denkt ein jeder an Stereotypen, zum Beispiel an den Gebrauchtwagenverkäufer, der alles verspricht, um nur ja ein Auto zu verkaufen. Der Film *Tin Men* mit Danny de Vito handelt von Verkäufern, die in Amerika Aluminiumverkleidungen für Häuser verkaufen. Sie arbeiten paarweise mit einer Betrugsmasche. Einer von ihnen vermittelt den Auftrag zu einem lächerlich niedrigen Preis an den Hausbesitzer. Etwas später ruft der Partner an, entschuldigt sich und erklärt, der erste Verkäufer hätte

einen Nervenzusammenbruch. Und er bittet die Kunden, den wirklichen Preis zu zahlen, um nicht das Leben des Verkäufers zu gefährden. Und viele zahlen.

Einer meiner Freunde ist fest überzeugt, daß es bei Verkäufen darum geht, die Menschen so zu manipulieren, daß sie Produkte oder Dienstleistungen kaufen, die sie nicht wollen. Er glaubt, daß Verkaufen und Werben die Kunst sei, die Intelligenz eines Menschen so lange auszuschalten, bis man ihm das Geld aus der Tasche gezogen hat. Wenn jemand versucht, ihm etwas zu verkaufen, glaubt er automatisch, daß diese Ware nichts taugt, sonst würde man nicht versuchen, ihn zum Kauf zu überreden. Er entscheidet selbst, was er will, und kauft dann. Er läßt sich kaum von außen beeinflussen, da er voraussetzt, daß Verkäufer versuchen, ihn zu betrügen.

Wenn Kunden mit dieser negativen Einstellung zu Ihnen kommen und Sie als Verkäufer so behandeln, als seien Ihnen die Kundenwünsche sowieso egal oder als seien Sie ein notwendiges Übel, dann wird Verkaufen schwierig und Ihr Selbstwertgefühl beeinträchtigt. Wenn Menschen von Ihnen erwarten, daß Sie ein bestimmtes Verhalten zeigen, sind Sie versucht, sich auch so zu verhalten. Wenn man von Ihnen unethisches Verhalten erwartet, fällt es vielleicht sogar leicht, diese Erwartung zu befriedigen.

Schon allein das Wort „Verkaufen" verstärkt dieses negative Image. Dabei ist Verkaufen nur die eine Hälfte der Geschichte. Ein Verkäufer ohne einen Käufer ist nutzlos. Vergißt man die Beteiligung des Käufers am Geschäft, wird das Verkaufen als Einfluß in eine einseitige Richtung fehlinterpretiert. Eigentlich ist ein Kauf das Ergebnis einer kooperativen Interaktion zwischen Käufer und Verkäufer. Die Vorstellung von Verkaufen als etwas, das den Kunden *angetan* wird, anstelle von etwas, was *mit ihnen gemeinsam* vollzogen wird, ist eine Verzerrung des wirklichen Geschehens.

Manche Bücher über Verkaufen verstärken dieses Negativimage unabsichtlich. Es werden Metaphern verwendet wie (wir zitieren): „Sie

wenden den angemessenen Verkaufsdruck mit den passenden Boh-
rern (den Verkaufsinstrumenten) an, mit denen Sie auch das härteste
Holz (den Kunden) durchbohren." Wir meinen, daß dies keine
nützliche Metapher ist. Außerdem möchte ich als Kunde nicht mit
einem Stück Holz verglichen werden.

Auch Kriegsmetaphern werden verwendet. Verkaufen wird als die
„fachmännische Schlacht" des Verkäufers bezeichnet. Der Feind ist
der Kunde, und Sie selbst werden zum Feind des Kunden. Kunden
und Klienten könnten auf eine solche Haltung reagieren, indem sie
Verkäufer schlecht behandeln, ohne zu überprüfen, was sie wie zu
bieten haben, und indem sie die Ware eigentlich umsonst haben wollen.

Auf dem Weg in das Land des Kunden

Kriegsmetaphern deuten an, daß Sie für Ihr Verkaufsarsenal neue, kompliziertere Waffen brauchen, also werden Bücher über das Verkaufen zu Waffenkatalogen. Wenn Sie sich darauf einlassen, führt das bald zur Kampfermüdung. Es gibt auch Bücher der ganz harten Schule, die davon sprechen, daß Sie den Kunden vor den Altar zerren oder wie einen Fisch anlanden müssen. Andere Bücher vermitteln die Botschaft, daß Verkaufen so schwierig sei, daß Sie sich *und* den Kunden hypnotisieren müssen, um Erfolg zu haben. Geschieht Verkaufen aus dieser Sicht, wird unvermeidlich der Widerstand des Kunden geweckt. Kaufwiderstand ist sein Triumph über die leeren Sprüche des Verkäufers.

Gestaltet sich ein Verkauf schwierig, schwinden Ihre Motivation und Ihre Begeisterung. Je öfter Sie von Kunden schlecht behandelt werden, desto weniger bemühen Sie sich um die Kunden. Wenn diese schwierig werden, könnten Sie meinen, daß Sie nur einige heiße Tips bräuchten, um diesen Verkauf zu tätigen. Tips können durchaus nützlich sein, aber sie sind keine Antwort auf das Grundproblem. Es ist vielmehr so, als würde eine leichte Brigade ihre Säbel schärfen – zur Verteidigung gegen schwere Kanonen. Je mehr Sie sich auf äußere Motivation verlassen, desto weniger setzen Sie Ihre eigenen Ressourcen ein. Die Stimme in Ihrem Kopf drängt vielleicht auf mehr Begeisterung: „Ich sollte mich motiviert fühlen. Was ist los?" Aber Motivation, die wirklich etwas bewirkt, kann nur von *innen* kommen.

Bei diesem altmodischen Verkaufsklima ist es nicht leicht, motiviert zu sein, denn in ihm ist nicht sehr behaglich. In Umfragen wurden Verkäufer gefragt, welche Worte ihnen spontan einfallen, wenn sie „verkaufen" hören. Die Ergebnisse waren interessant: „Angst, Widerstand, Streß und Einsamkeit". Wegen der öffentlichen Meinung über in Verkauf und Vertrieb Tätige fühlen sich auch Berater und Beraterinnen nicht wohl bei dem Gedanken, ihre Dienste zu „verkaufen". Verkaufen ist unter ihrem Niveau – etwas für Leute, die nicht sehr angesehen sind. Es kommt ihnen so vor, als würden sie

sich der Verurteilung und Ablehnung aussetzen, sobald sie als Berater ihre Dienstleistung „verkaufen", also auf dem Markt anbieten.

Verkaufen auf diesem Markt erfordert zwei Eigenschaften. Die erste ist der Ego-Trieb: Wie stark ist Ihr Wunsch, den Verkauf abzuschließen? Das zweite ist Ego-Stärke: Wieviel Ablehnung können Sie einstecken? Gemessen *daran* wären – einigen Studien zufolge – etwa 80 Prozent der Leute im Verkauf nicht für diesen Beruf geeignet.

Wir nennen dieses Verkaufsmodell den „alten Markt": Verkaufen wird als einseitige Einflußnahme betrachtet, und Verkäufer sind in zunehmendem Maße gezwungen, mit allen erdenklichen Mitteln an zunehmend „widerspenstige" Kunden zu verkaufen. Der Verkäufer muß sich zum Verkaufen zwingen und den Kunden bedrängen, damit er sich für das Produkt entscheidet. Es ist ein Kampf der Trickreichsten, das Gewissen hat dabei keinen Platz. Achtung Käufer, aufpassen!

Die Kosten des alten Marktes

Die ungünstigen Folgen des alten Marktes werden immer deutlicher, nicht nur für einzelne Verkäufer und Kunden, sondern für Firmen und ganze Industrien.

Speziell der Markt für Versicherungsgesellschaften macht eine Veränderung durch. Während wir dieses Buch schreiben, laufen Gerichtsprozesse gegen Versicherungsgesellschaften, die Kunden finanzielle Beratung zu Pensionsplänen verkauft hatten: Eine Reihe von Personen waren überredet worden, von Firmenpensionen zu privaten Pensionsverträgen zu wechseln, was für sie finanzielle Nachteile brachte. Die Gesellschaften werden nun für ihre Beratung zur Verantwortung gezogen und müssen Entschädigungen zahlen. Es wird nicht behauptet, daß die Versicherungsvertreter die Kunden absichtlich täuschten (obwohl in der Branche viele insgeheim zugeben würden, daß sie zu Täuschungen, auch von höchster Ebene,

ermutigt wurden), aber der Rat war falsch, und die Gesellschaft ist dafür verantwortlich. Dies ist ein Ergebnis der neuen Gesetzgebung in Großbritannien, die Versicherungsvertreter und deren Gesellschaften sehr viel eindeutiger für die Folgen ihrer Handlungen verantwortlich macht.

In einigen Gesellschaften werden neu abgeschlossene Verträge jetzt sorgfältig durch das gehobene Management geprüft. Hat der Manager irgendwelche Zweifel, ob die Bedingungen der Police der Situation des Kunden und seiner finanziellen Lage entsprechen, wird er die Police kündigen, *auch wenn der Kunde protestiert.*

1994 wurde eine Versicherungsgesellschaft von der *Life Assurance and Unit Trust Regulatory Organisation* (*Lautro*), einem Kontrollorgan für Versicherungen, zu 325 000 englischen Pfund Geldstrafe verurteilt, weil sie ihre Mitarbeiter nicht entsprechend den Regeln der *Lautro* ausgebildet hatten. Die verklagte Firma beurlaubte alle 800 Vertreter, um sie entsprechend dem Lautro-Standard zu schulen, und bot allen Investoren, die falsch beraten worden waren, Schadensersatz an. Donald Dewar, der Sprecher für soziale Sicherheit innerhalb der Labour Partei, sagte: „Die außerordentlichen Ereignisse bei besagter Firma zeigen auf erschreckende Weise die Probleme, mit denen das Vertrauen in Verkaufsmethoden und -standards auf dem Gebiet der privaten Alterssicherung erschüttert wurde."

Dieses Debakel bei der privaten Alterssicherung ist der Grund, daß in Großbritannien und wohl auch weltweit vermehrt besorgte Fragen über die genannte Versicherungsgesellschaft gestellt werden. Können die Einlagen, zu denen die Menschen seit April 1984 ermutigt wurden, die Erwartungen erfüllen? Wurden die Lebensversicherungen durch schlechte Planung, hohe Gebühren und nachlässigen Umgang mit Vorschriften ausgehöhlt? Die Kritik, die den Pensionsverträgen und der Art ihres Verkaufs gilt, gilt sicher genau so für die meisten Investmentpläne, die durch Versicherungen verkauft wurden.

Gemäß den gesetzlichen Vorschriften über Finanzdienstleistungen können Versicherungsvertreter, die bei einer bestimmten Gesellschaft beschäftigt oder an sie gebunden sind, keine Leistungen einer anderen Gesellschaft anbieten. Deshalb verkaufen sie meist eine ihrer eigenen Policen, ohne ihre Kunden darüber zu informieren. Anlagen werden jedoch am besten dort getätigt, wo die Kosten am niedrigsten sind. Und die Kosten können niedrig gehalten werden, wenn keine Provisionen und Unkosten durch Versicherungsvertreter entstehen. Deshalb werden solche Anlagen von Versicherungsvertretern nicht empfohlen! In diesem Fall also wirkt sich die Verkaufsstruktur zum Nachteil der Kunden aus.

Und es gibt noch mehr solcher Nachrichten. In einer Übersicht von 18 Gesellschaften, die von der *Life Insurance Marketing and Research Association (Limra)* erstellt wurde, zeigte sich, daß 42 Prozent der Vertreter 1992 ihre Gesellschaft verließen. Hochgerechnet bedeutet dies, daß fast 80 Prozent der Versicherungsvertreter ihre Gesellschaft innerhalb von zwei Jahren nach ihrem Eintritt bereits wieder verlassen und daß nur 8 Prozent vier Jahre bleiben. Das ist kaum eine Verbesserung gegenüber den Zahlen von 1964, als etwa 50 Prozent im ersten Jahr kündigten und 89 Prozent in den ersten drei Jahren. In 30 Jahren hat sich also nur wenig geändert. Das bedeutet immense Kosten: umsonst gezahlte Gehälter und Trainings, Zeit und Ruf der Versicherung sowie auf Dauer „verbrannte Erde". Das sollte ein Ende haben.

Außerdem gibt es eine Verbindung zwischen häufigem Vertreterwechsel und sinkenden Verkaufsabschlußzahlen. Ein Bericht einer Beraterfirma, der sich auf die letzten Zahlen des britischen *Department of Trade and Industry* stützt, zeigt, daß immer mehr Lebensversicherungspolicen auf Investmentbasis sehr bald gekündigt werden. Fast ein Viertel der Abschlüsse aus dem Jahr 1991 wurden innerhalb eines Jahres gekündigt, da die Kunden merkten, daß sie diese doch nicht wollten. Weniger als 70 Prozent überlebten zwei Jahre. Insgesamt bedeutet das für die Investoren riesige Verluste

durch Strafgebühren. Bei Policen, die von unabhängigen Vertretern verkauft wurden, ist das Risiko einer Kündigung um 20 Prozent geringer als bei Firmenvertretern. Damit ist die Versicherungsbranche das anschaulichste Beispiel dafür, wie sich der alte Markt überall auswirkt.

Ein weiteres Beispiel für den alten Markt bietet die Industrie für Fotokopiergeräte, die aufgrund scharfer Kritik aus dem britischen *Office of Fair Trading* jetzt versucht, Mitglieder und Vertreter zu kontrollieren, damit sich die Verkaufspraktiken bessern. Gesetzliche Verfahrensregeln werden strenger gefaßt, um besseren Schutz für die Kunden zu bieten. Insbesonders geht es dabei um Vertragszeiten, die länger sind als die Lebensdauer der Geräte, außerdem um hohe Strafen bei Stornierung.

Ironischerweise bieten einige Firmenvertreter, die wegen unehrlicher Praktiken entlassen wurden, Kunden ihre Hilfe an, um ihnen aus schwierigen Verträgen herauszuhelfen, indem sie Schlupflöcher im Kleingedruckten ausnutzen. Wie erfolgreich werden sie *diese* Dienste verkaufen?

Dies sind zwei sehr offensichtliche Beispiele für gegenwärtige Veränderungen, aber die Folgen des alten Marktes beschränken sich nicht auf diese beiden Industriezweige. Für die Kunden sind die Folgen schlechte Beratung beim Kauf sowie Produkte und Dienstleistungen, die nicht ihren Erfordernissen entsprechen. Somit werden die Kunden unzufrieden, kaufen das nächste Mal bei einer anderen Firma, und ihre Meinung über Verkaufspersonal wird immer zynischer. Für die Organisation in den Firmen bedeutet das: unzufriedenes Verkaufspersonal, das beständig wechselt. Die Kosten für die Einstellung und das Training von gutem Verkaufspersonal sind sehr hoch, besonders in der Versicherungsbranche, wo gut ausgebildete Vertreter benötigt werden, um die einem Labyrinth gleichenden Policen zu erklären. Die Verkaufsmethoden des alten Marktes sind mit hohen Kosten verbunden.

DER ELEKTRONISCHE MARKT

In den letzten Jahren fielen durch die Spitzentechnologie viele Arbeitsplätze weg. Sie bietet den Firmen einen alternativen Verkaufsweg, und zwar nicht über Verkäufer. Diesen Trend nennen wir den „elektronischen Markt". Wir haben ihn bereits, und seine ungebremste Ausbreitung wird hauptsächlich durch drei Faktoren bestimmt: Erstens müssen die manipulativen Praktiken des alten Marktes aufhören – die ausgleichende Gerechtigkeit wirkt gegen die alten Methoden. Zweitens ist der elektronische Markt kostengünstiger, denn Technik ist billiger als menschliche Arbeit. Der dritte Faktor betrifft den einfachen Einsatz: Die Technik wird von Monat zu Monat besser.

Hier einige Beispiele für den elektronischen Markt: Banken ermitteln mit Hilfe des Computers, ob Kunden kreditwürdig sind; man glaubt, daß Computer weniger Fehler machen als Menschen. Bankmanager, die 1980 die Automatisierung der Bankdienste einleiteten, stellen nun fest, daß auch ihre Arbeit automatisiert wird. Auf dem Sektor der Finanzdienstleistungen wird derzeit die Rolle des Beraters (des früheren Versicherungsvertreters) überflüssig, wieder aufgrund der Überzeugung, daß der Rat des Computers zuverlässiger sei. Es gibt Systeme, bei denen der Kunde fast vollständig die Kontrolle hat. Der Kunde gibt seine Daten wie zum Beispiel Einkommen und Ausgaben, Wünsche und Erwartungen ein, und die Software, nicht der Vertreter, berechnet die günstigste Police. Man könnte sich fragen, wie lange es noch dauert, bis der Kunde einfach nur den Computer betätigt und sich des Verkäufers vollständig entledigt.

Im Dezember wurde eine CD-ROM für interaktives Verkaufen versuchsweise an 30 000 Kunden verschickt. Dieses Programm bietet mehr als nur Fotos von Produkten, Preise und eine Kontaktnummer. Auf der CD sind über ein Dutzend Hersteller vertreten: Der Kunde erhält eine Einrichtungsberatung, die seinen Farbgeschmack

Nehmen Sie bitte Platz!

und seine Stilrichtung berücksichtigt, sie bietet Bestellhinweise
sowie ein Stichwortverzeichnis, um Artikel über Schlüsselwörter zu
finden. Sie können damit einen Kundenkatalog für sich selbst und
für andere erstellen.

Der Beginn dieser Entwicklung waren Kataloge für einen Einkauf
von zu Hause aus. Phase zwei bei diesem Trend sind Kataloge via
Bildschirm sowie Datenbanken, die Produkte über das Internet anbieten (einer weltweiten virtuellen Gemeinschaft, die durch Computer und Modems verbunden ist, über die Bilder, Töne und Video-
sequenzen an jeden Empfangscomputer übermittelt werden).

Letzte Nacht wollte ich einige CDs kaufen und wählte über ein
Modem einen Online-Service an. Von einem Menu auf dem Bildschirm wählte ich mir den entsprechenden Einkaufsbereich aus. Ich

bekam Zugang zu Verbraucherinformationen, Nachrichten und einer Übersicht der neuesten auf dem Markt erhältlichen Produkte. Ich hatte das Gefühl, als könnte ich praktisch alles kaufen. Ich wählte meine CDs aus, gab meinen Namen und meine Adresse sowie die Angaben für die Kreditkarte ein, und jetzt warte ich darauf, daß meine CDs eintreffen. Für diejenigen, die *bereits wissen, was sie wollen,* ist das ein großartiges System.

Die nächste Stufe danach wird eine Maschine sein, die die Konsumenten beständig in Bewegung hält. Käufer fertigen Verbraucherberichte an und geben diese in Archive und Datenbanken ein. Sie werden selbst für die Produktwerbung sorgen. Die Betreiber der Datenbank haben nur noch Überwachungsfunktion, sie liefern das Produkt und berechnen den Firmen ihre Provisionen. Damit kann selbst die Werbung auf den Kopf gestellt werden. Werbefachleute müssen über ihre Werbung nicht mehr Reaktionen hervorlocken, sondern sie antworten statt dessen auf Anfragen von potentiellen Kunden.

Am Horizont zeichnet sich ab, daß diese Dienste über das Fernsehen in jedes Haus gelangen. Besonders die Unterhaltungsindustrie wird diesen Trend fördern. Wenn Sie mit einem Knopfdruck Videos für Ihren Bildschirm wählen können, deren Benutzung Sie später bezahlen, lassen sich auf diesem Weg auch beliebige Produkte verkaufen. Um einzukaufen, muß der Kunde nur telefonisch seine Kreditkartennummer eingeben. Stellen Sie sich interaktive Werbung im Rahmen eines Expertensystems vor, das individuell angepaßte Anlageberatung bietet. Interaktive Einkaufskanäle sind bereits im Kommen. Der Fortschritt auf dem elektronischen Markt ist so rasant, daß dieses Kapitel vielleicht bereits veraltet ist, bis das Buch in den Bücherregalen wirklicher oder virtueller Bücherläden erscheint.

Die Bequemlichkeit, die geringeren Kosten und die Möglichkeiten des elektronischen Marktes erscheinen sehr kundenfreundlich. Was aber sind die Nachteile?

Ein bekanntes Prinzip funktioniert noch immer: Wo man Müll hineingibt, kommt auch wieder Müll heraus (im englischen GIGO-Prinzip: Garbage In, Garbage Out). Auf dem elektronischen Markt haben Sie vielleicht weniger Auswahl, da Sie auf das beschränkt sind, was auf dem Bildschirm angeboten wird. Dinge, die Sie nicht kennen, werden Sie auch nicht vermissen. Natürlich wird es dann Möglichkeiten geben, das System zu manipulieren und Kunden in eine bestimmte Richtung zu drängen. Das könnte um so wirksamer sein, als Kunden und Kundinnen vielleicht geneigt sind, Computer als sachliche und objektive Informationsquelle anzusehen. Aber auch das Gegenteil könnte der Fall sein (und das ist sogar wahrscheinlicher): Sie werden mit zu viel Auswahl konfrontiert. Oder Sie lernen ein Problem kennen, das an Aladins Wunderlampe erinnert: Sie sind von so viel schönen Dingen umgeben, daß Sie nicht wissen, wo Sie anfangen sollen.

Möglicherweise erwächst dann eine neue Art von Verkäufer: die Führer durch das (Computer-) Netz. Diese werden Ihnen nicht direkt etwas verkaufen, sie werden vielmehr Ihre Bedürfnisse und Wünsche ermitteln und Sie dann beraten, wo im Irrgarten magischer Wünsche das von Ihnen Gewünschte auf dem Bildschirm zu finden ist.

Was aber hat mir bei meinem Rundgang durch diesen elektronischen Markt gefehlt? Einfach die Gelegenheit, meine Gedanken und Ideen mit jemandem auszutauschen, von dessen Erfahrung ich profitieren könnte, jemand, der mir vielleicht einen besseren Weg zur Erfüllung meiner Wünsche zeigen könnte. Was mir außerdem fehlte war, daß ich als Partner in einem Prozeß von Kaufen und Verkaufen Nutzen aus der Tatsache ziehen könnte, daß jemand *mit* mir herauszufinden versucht, welches Produkt für mich das beste ist.

Der elektronische Markt gewinnt nicht nur wegen seiner Vorteile an Boden, sondern hauptsächlich aufgrund der Mängel des alten Marktes. Aber es gibt einen anderen Weg: den neuen Markt.

DER NEUE MARKT

Der alte Markt ist unter Druck geraten und verliert schnell an Boden, ein neues Modell tritt an seine Stelle. Der lateinische Ausspruch: „Caveat emptor" (der Käufer möge sich in acht nehmen) zeigt treffend die weitverbreitete Haltung auf dem alten Markt. Die Zeiten ändern sich. Käufer sind anspruchsvoller geworden und sind sich ihrer Rechte bewußter. Über das Fernsehen haben sie erfahren, worauf sie achten müssen und wie sie gegen üble Geschäftsmethoden vorgehen können. Kontrollorgane sind offiziell ermächtigt, Nachforschungen anzustellen, und können Veränderungen der Verkaufspraktiken empfehlen, oft unter Androhung von Sanktionen, die sie auch einsetzen. Jetzt heißt der lateinische Ausspruch: „Caveat venditor" (der Verkäufer möge sich in acht nehmen)!

Das neu entstehende Modell nennen wir den „neuen Markt".

Welches sind die entscheidenden Fertigkeiten, über die Verkäufer und Verkäuferinnen auf diesem neuen Markt verfügen müssen? Der Aufbau einer guten Beziehung als Rahmen für einen Geschäftsabschluß ist eine der Voraussetzungen. Ein guter Verkäufer auf dem neuen Markt ist in der Lage, den Verkaufs- und Kaufprozeß sowohl aus dem Blickwinkel des Kunden als auch aus seiner eigenen Position heraus zu betrachten. Es ist notwendig, daß Sie verstehen, was der Kunde oder die Kundin mit Worten und Signalen sagt, und Sie müssen wissen, ob Ihre Worte und Signale so aufgenommen werden, wie sie gemeint waren. Und Sie müssen daran glauben, daß es möglich ist, nach ethischen Grundsätzen zu verkaufen.

Außerdem ist persönliche Kongruenz auf dem neuen Markt sehr wichtig, das heißt, was Sie sagen und was Sie tun, stimmt überein. Kongruenz ist ein Kind der Ehrlichkeit. Um als Verkäufer oder Verkäuferin kongruent zu sein und dies auch zu vermitteln, muß man von seinen Produkten, seiner Firma und deren Preispolitik überzeugt sein. Der Verkäufer muß mit sich und seiner Karriere

zufrieden sein, und er muß an seinen Wert und den Wert seiner Arbeit glauben können. Er muß von seinen Vorgesetzten so behandelt werden, daß seine Selbstachtung gefördert wird. Ist eine Arbeit befriedigend, sind keine Motivationstrainings oder Reisen als Lohn für guten Einsatz notwendig, die doch nur karger Ersatz für den aufrichtigen Wunsch nach guter Leistung sind.

Auf dem neuen Markt wird es zunehmend wichtig, die bisherigen Kunden zu behalten. Am leichtesten sind wiederholte Geschäfte mit zufriedenen Kunden. Der Maßstab für den Erfolg ist nicht mehr nur die bloße Quantität, sondern die Qualität eines Geschäfts.

Manipulation auf dem alten Markt ist das direkte Gegenstück zu *Einfluß*, der auf dem neuen Markt deren Stelle einnimmt. Beide sind grundsätzlich verschieden. Manipulation ist der Versuch, ein Ziel auf Kosten einer anderen Person zu erreichen, die das auch während oder kurz nach der Begegnung oder Verhandlung merkt. Es ist der Versuch, auf alle Fälle und auf Kosten anderer das eigene Ziel zu erreichen (und das können Sie erreichen oder auch nicht). Manipulation führt kurzfristig zu dem Ergebnis, daß es einen Gewinner und einen Verlierer gibt. Langfristig ist es aber ein Verhältnis von Verlierer zu Verlierer. Im Verkauf führt Manipulation dazu, daß der Käufer das Geschäft bereut, er gibt seine schlechte Erfahrung mit dem Verkäufer und der Gesellschaft weiter, und im Extremfall überschattet die ganze Branche ein schlechter Ruf.

Bei einem Kunden, der eine schlechte Erfahrung gemacht hat, ist die Wahrscheinlichkeit, daß er diese weitergibt, doppelt so groß wie bei einem Kunden, der eine gute Erfahrung gemacht hat. Schlechte Nachrichten verbreiten sich schneller und weitreichender als gute.

Sie üben Einfluß aus, und dies ist generell Zweck jeder Interaktion. Wenn Sie (auch in einem anderen Lebensbereich) mit einem anderen Menschen kommunizieren, bewirken Sie bei ihrem Gegenüber etwas. Daran läßt sich nichts ändern. Meist ist der Einfluß zufällig und ziellos, aber es ist nicht weniger Einflußnahme, als wenn Sie das

vorsätzlich beabsichtigen. In unserer Kultur besteht zur Zeit die seltsame Vorstellung, daß es Manipulation ist, wenn Sie sich bewußt entscheiden, jemanden zu beeinflussen – das ist gerade so, als wäre nur zufälliger Einfluß gut. Das ist Unsinn. Denken Sie nur daran, wie oft Sie täglich etwas bei einem anderen Menschen bewirken wollen. Einfluß hat das Ziel, eine Interaktion von einem Gewinner zu einem anderen Gewinner in der Gegenwart herbeizuführen – und wenn Sie das vorher planen, um so besser!

Die Methoden des NLP bieten viele Fertigkeiten, um Menschen zu beeinflussen – diese Fertigkeiten sind von hervorragenden Kommunikatoren, einschließlich Vertriebsleuten abgeschaut. Im Verkauf werden dieselben Fertigkeiten der Einflußnahme angewendet. Aber sie lassen sich mit einem Messer vergleichen: Menschen können mit ihm befreit oder umgebracht werden. Die Frage ist also, wofür Sie diese Fähigkeiten nutzen: für ein Ergebnis, bei dem es zwei Gewinner oder bei dem es einen Gewinner und einen Verlierer gibt.

Wenn Sie Manipulation mit Einflußnahme verwechseln, kann das dazu führen, daß Sie sich unwohl fühlen, weil Sie Ihre Fertigkeiten überhaupt eingesetzt haben oder weil Sie weniger erreicht haben, als möglich gewesen wäre. Auch Kunden können Einfluß als Manipulation mißverstehen und setzen dann jedem Ihrer Versuche, Ihr Angebot zu unterbreiten, Widerstand entgegen. Wenn Kunden oder Kundinnen auf dem alten Markt unangenehme Erfahrungen gemacht haben, werden Sie als Verkäufer sehr entschieden an Ihrer Absicht festhalten müssen, nur Einfluß zu nehmen und sich nicht dazu verleiten zu lassen, sich den Vorstellungen der Kunden vom alten Markt anzupassen und damit der Manipulation zu verfallen.

Was Kunden von einer Firma erwarten, ist ganz einfach: kompetente und vertrauenswürdige Fachleute in Verkauf und Vertrieb, die qualitativ hochwertige Produkte und Dienstleistungen verkaufen.

Dieses Buch hat zum Ziel, Ihnen einige der Fertigkeiten zu vermitteln, die auf dem neuen Markt benötigt werden. Wir werden Ihnen

zeigen, wie Sie eine offene und ehrliche Kommunikation mit Kunden erreichen, wie Sie sich um Ihr eigenes Wohlbefinden kümmern können, damit Sie sich gut fühlen bei dem, was Sie tun, und wir zeigen auf, wie Sie Mitarbeiter und Mitarbeiterinnen managen können, damit diese den Wunsch haben, Kunden so zu behandeln, wie diese es erwarten. Dann können Sie morgens aus dem Bett springen und rufen: „Hurra, wieder ein Tag, an dem ich etwas verkaufen kann!"

Guten Morgen, Du wunderbarer Mensch!

TEIL 2
DER VERKAUFSPROZESS

Kapitel 1
Warum Menschen kaufen

Warum kaufen Menschen? Menschen erwerben Produkte und Dienstleistungen, damit sie aus ihrer gegenwärtigen Situation in die von ihnen gewünschte Situation gelangen. Ihr Bedarf entspricht der Differenz zwischen dem Jetzt und der Zukunft. Wir im Verkauf glauben vielleicht, der Verkaufsprozeß wäre von unseren Produkten abhängig. Aber den Kunden geht es nicht wirklich um unsere Produkte, sie konzentrieren sich auf ihr eigenes Bedürfnis.

Kunden kaufen ein Produkt, damit es ihnen aus ihrer gegenwärtigen in eine bessere Situation verhilft, egal ob jemand privat einen Schokoriegel kauft oder ob eine Firma einen millionenschweren Auftrag für ein Computersystem vergibt. Erfüllt Ihr Produkt dieses Bedürfnis und kann es als Transportmittel aus der jetzigen in die gewünschte Situation dienen, werden es die Kunden kaufen.

Haben Sie mit einem Kunden zu tun, der für den Verkauf innerhalb einer Organisation zuständig ist, müssen Sie sich mit den persönlichen Wünschen des Kunden *und* den Bedürfnissen der Organisation oder der Firma befassen. Sie finden dann zum Beispiel heraus, daß ein Abteilungsleiter ein Computersystem deshalb kaufen will, weil ihm wichtige Aufstellungen immer wieder verlorengehen und es ihn viel Zeit und Mühe kostet, diese wiederzufinden. Das eigentliche, organisatorische Bedürfnis der Firma besteht hingegen vielleicht darin, die Effektivität der Kundendienstabteilung zu verbessern. Diese beiden Bedürfnisse überlappen, stimmen aber nicht überein.

Sie können bei Kunden kein Bedürfnis erzeugen. Sie können auf einzelne Aspekte ihrer Situation verweisen, die der Einzelne vielleicht nicht in Betracht gezogen hat, und Sie können auf Auswirkungen aufmerksam machen – aber letztendlich entscheiden die Kunden, was sie brauchen.

Die Funktion des Verkaufsprozesses besteht darin, die Einschränkungen der gegenwärtigen Situation zu definieren und die gewünschte zukünftige Situation zu beschreiben. Sie als Verkäufer oder Verkäuferin erörtern, welche Vorteile sich aus der Veränderung ergeben, und Sie präsentieren Ihr Produkt als eine Möglichkeit, diese Veränderung durchzuführen. So schaffen Sie die Verkaufssituation „Gewinner – Gewinner".

Ein Bedürfnis hat zwei Seiten: eine Bewegung *hin zu* der gewünschten Lösung und die Bewegung *weg von* einer Problemsituation. Wenn zwischen dem, was Sie haben, und dem, was Sie wollen, eine Differenz besteht, entspringt die Energie für die Veränderung entweder der Unzufriedenheit mit der Gegenwart oder der Anziehungskraft einer besseren Zukunft. Gewöhnlich ist es eine Mischung aus beidem.

Eine Lebensversicherung hat doppelten Nutzen: Sie stellt eine bestimmte Summe bei Ausscheiden aus dem Arbeitsleben in Aussicht, und sie stellt sicher, daß Ihre Familie im Fall Ihres Todes eine Notsituation vermeidet. Ein neues Auto führt Sie hin zu mehr Status und Prestige und weg von der Gefahr von Pannen, hoher Reparaturkosten und Unannehmlichkeiten öffentlicher Transportmittel.

Je größer das gegenwärtige Problem ist, desto größer ist der Wunsch nach Entwicklung. Je unbequemer die gegenwärtige Situation, desto stärker ist die Motivation für Veränderungen. Wie sehr ein Laib Brot Sie verlockt, hängt davon ab, wie hungrig Sie sind ...

VERSCHIEDENE BEDARFSARTEN

Erstens gibt es Bedürfnisse, bei denen sich zum Beispiel eine Kundin klar bewußt ist, daß zwischen ihrer gegenwärtigen Situation und dem gewünschten Zustand eine Differenz besteht, und sie weiß genau, was sie will, um diese Differenz auszugleichen.

Ein Beispiel dafür ist der Lebensmitteleinzelhandel. Kunden wissen, daß sie kein Essen mehr zu Hause haben, daß sie aber etwas brauchen, und sie gehen deshalb einkaufen. Der Einzelhändler kann nur wenig Einfluß ausüben; er sorgt für guten Service, damit der Kunde wiederkommt.

Um diese erste Art von Bedarf zu befriedigen, braucht ein Verkäufer nur wenig Verkaufsgeschick, und guter Kontakt zum Kunden ist nicht so wichtig (siehe Glossar *Rapport*). Außerdem wurde der Verkauf für diese Art der Bedürfnisse bereits vom elektronischen Markt (siehe Teil 1) übernommen.

Die zweite Bedarfsart liegt dann vor, wenn der Kunde das Gefühl hat, daß sich etwas ändern muß, er weiß aber nicht, auf welche Weise oder mit welchem Produkt er das erreichen könnte.

Hier ist versiertes Verkaufs- und Vertriebspersonal gefragt. Es kann den Prozeß beeinflussen, indem es *hilft*, den gegenwärtigen und den gewünschten Zustand genau zu definieren und außerdem die Auswirkungen und Kosten der Veränderung einzuschätzen. Produkte werden so präsentiert, daß der Kunde erkennen kann, ob sie seinen neu definierten Bedürfnissen entsprechen. Dies geschieht auf dem neuen Markt (siehe Teil 1).

Ein Hausbesitzer beispielsweise findet sein Haus zu kalt und möchte Abhilfe schaffen. Läßt er deshalb Doppelfenster, Dämmstoffisolierung oder zusätzliche Heizkörper einbauen? Der Verkäufer von Holzfenstern, der Vertreter für Isoliermaterial und der Heizungsmonteur bieten unterschiedlichste Lösungen an.

Und was ist zu raten, wenn eine Organisation die Produktivität erhöhen will? Braucht sie eine Mitarbeiterschulung oder Beratung, und wenn, welche Art der Beratung? Oder hilft ein neues Computersystem? Je unklarer der Bedarf ist, desto wichtiger sind Verkaufsfertigkeiten.

Bedürfnisse und Wünsche

Sie definieren Ihren „Bedarf" mit Hilfe Ihrer Logik, über Ihre „Wünsche" entscheiden Ihre Gefühle. Sind die Bücher in meinem Zimmer über den Fußboden verteilt, brauche ich ein Regalsystem. Und dafür gibt es viele Möglichkeiten. Vielleicht möchte ich ein skandinavisches Stecksystem, das eine ganze Wand einnimmt und in dem sowohl die Bücher als auch meine CDs Platz finden. Vielleicht hätte ich gern Regale aus Holzbrettern und Ziegelsteinen. Wünsche kristallisieren sich heraus, wenn der Kunde seine Bedürfnisse durch den Filter seiner Werte und Gefühle betrachtet. Werte sind die Aspekte, die für den Einzelnen wichtig sind, wie zum Beispiel Kosten und Aussehen. Die Werte des Kunden engen die Palette von Produkten ein, die das Bedürfnis befriedigen können.

Ein Verkauf ist dann erfolgreich, wenn Sie mit Ihrem Produkt den Bedürfnissen, den Werten und den Gefühlen des Kunden oder der Kundin entsprechen können (siehe Glossar *Matching*).

Menschen kaufen nie einfach nur ein Produkt, sie kaufen die guten Gefühle, die sie sich von ihm versprechen. Die Anziehung der gewünschten Situation beruht auf den guten Gefühlen, die mit Befriedigung, Sicherheit oder Selbstachtung verbunden sind. Versicherungspolicen geben den Menschen ein Gefühl der Sicherheit. Ein neues Auto vermittelt vielleicht Gefühle von Erfolg und gutem Selbstwert. Ein teures Produkt verleiht Status.

Wir möchten uns alle gut fühlen. Wir streben nach Glücksgefühlen, und alles, was wir kaufen, soll dazu beitragen. Werbung versucht,

Produkte mit guten Gefühlen zu verbinden. Werbeleute wollen, daß Sie Eleganz kaufen, nicht einfach nur Bekleidung, oder daß Sie eine geheimnisvolle sexuelle Attraktivität erwerben, nicht einfach ein Auto.

Manchmal kaufen Menschen Produkte nur wegen des erwarteten „guten Gefühls". Menschen kaufen Ihr Produkt vielleicht auch, weil sie sich in *Ihrer* Gegenwart wohl fühlen.

Merkmale, Vorteile und Nutzen

Hier sind drei Begriffe, die Ihnen als Verkäufer oder Verkäuferin geläufig sein sollten:

Merkmale: die Eigenschaften des Produkts – also das, was es ist.

Vorteile: das, was die Eigenschaften tun oder bewirken.

Nutzen: der Gewinn, den der Kunde daraus zieht, daß seine Bedürfnisse befriedigt sind. Kunden kaufen Nutzen. Der Nutzen ergibt sich aus der Lösung persönlicher oder geschäftlicher Probleme. Ein geflügeltes Wort sagt: „Verkaufen Sie nicht die Mausefalle, verkaufen Sie das Ende der Mäuseplage."

Ein Produkt verkauft sich nicht von selbst. Wenn Sie dem Kunden die Eigenschaften eines Produkts sozusagen an den Kopf werfen, in der Hoffnung, daß wenigstens *etwas* hängenbleibt, kann man das nicht „Verkaufen" nennen. Wenn ich einen Computer zur Textverarbeitung brauche und mir werden statt dessen die Berechnungs- und Bilanzprogramme erklärt, die ich nie benutzen werde, würde ich Geld für etwas ausgeben, was ich nie brauche. Die mathematischen Programme bleiben ungenutzt, und *ich habe dafür bezahlt*. Diese „verschwendete" Möglichkeit läßt das Produkt teuer erscheinen. Und es wird keinen Nutzen bringen. Würden mir anstatt zwei

jeweils drei Schuhe verkauft, würde der dritte Schuh, der unbenutzt in meinem Schrank liegt, die Zufriedenheit mit den zwei getragenen Schuhen stören.

So stellen allein die Eigenschaften nicht die Verbindung zu den Bedürfnissen der Kunden her. Aber die Vorteile auch nicht. Sie sind rein beschreibend. Kunden sind nicht daran interessiert, was Ihr Produkt bewirken kann, für sie ist wichtig, ob es *ihnen* etwas bringt. Die kreative und innovative Aufgabe des Verkäufers oder der Verkäuferin besteht darin, die Verbindung zwischen den definierten Bedürfnissen, den Eigenschaften des Produkts und dem *Nutzen* für den Kunden oder die Kundin herzustellen.

FERTIGKEITEN AUF DEM NEUEN MARKT

Nachdem wir uns nun angesehen haben, warum Menschen kaufen – welche Fertigkeiten brauchen *Sie* dann, um auf dem neuen Markt Ihr Produkt an diese Kunden zu verkaufen? Wie können Sie der Mühsal des alten Marktes entkommen und die Fallstricke des elektronischen Marktes vermeiden?

1. An die Spitze dieser Liste setzen wir die *Fürsorge für Sie selbst.* Je mehr Sie sich wertschätzen, desto mehr tun andere dies auch. Erfolg läßt sich nicht an verkauften Stückzahlen messen, es geht auch um Ihre Lebensqualität als Verkäufer oder Verkäuferin dieses Produkts. Am wichtigsten ist, daß Sie selbst für Ihr Wohlbefinden sorgen, besonders in einer Umgebung, in der Sie trotz größter Bemühungen vielleicht weiterhin als Feind betrachtet werden.

2. Bevor Sie einen Kunden oder eine Kundin treffen, müssen Sie in der Lage sein, Ihre *Arbeit wirkungsvoll zu organisieren*, Sie müs-

sen Ihre „Verkaufspipeline" mit Kunden füllen, indem Sie sich nach möglichen Kunden umtun, die gegenwärtigen Kunden bedienen und den Kontakt zu regelmäßigen Kunden pflegen.

3. *Guten Kontakt zu den Kunden aufzubauen* ist für den neuen Markt besonders wichtig (siehe Glossar *Rapport*). Bedenken Sie, daß es die Beziehung zu einem Menschen ist, die auf dem elektronischen Markt fehlt. Je besser Ihre Beziehungen zu Kunden sind, desto eher vertrauen sie Ihnen und kaufen auch bei Ihnen. Auf Märkten mit starkem Wettbewerbsdruck, auf denen sich die einzelnen Produkte objektiv kaum unterscheiden, wird der Kunde oder die Kundin das Geschäft mit der Person abschließen, zu der er oder sie das meiste Vertrauen hat.

4. Auf dem neuen Markt ist es außerdem lebenswichtig, daß Sie die *Anliegen der Kunden ernst nehmen* und diese nicht nur aus Ihrer Perspektive betrachten. Sie müssen die Dinge aus der Sicht des Kunden sehen können. Es geht darum, daß Sie mit Ihrer Fantasie einen Sprung von Ihrer Position in die Position des Kunden machen – und das ist der kreativste Teil bei der Verkaufstätigkeit.

Dieses mentale Umschalten bedeutet nicht, daß Sie mit den Kunden übereinstimmen oder deren Werte teilen; Sie demonstrieren einfach, daß Sie deren Werte verstehen und anerkennen. Sie machen eindeutig Ihren eigenen Standpunkt klar, Sie anerkennen aber zugleich, daß es auch andere Sichtweisen gibt. Kennen Sie beide Perspektiven, können Sie mental leichter beiseite treten und mit Abstand betrachten, was in dem Verkaufsgespräch, das Sie gerade führen, geschieht. Dann können Sie klarer über Ihr weiteres Vorgehen entscheiden, um sicherzustellen, daß am Ende beide Seiten Gewinner sind.

5. Schließlich gibt es noch die *Fertigkeiten des Zuhörens und des Fragens*. Beide sind zwei Seiten einer Münze. Durch Zuhören gewinnen Sie Rapport und finden heraus, welche Fragen Sie stellen müssen, um die Bedürfnisse, die Werte und die Anliegen der

Kunden herauszufinden und zu klären. Fragen steuern die Aufmerksamkeit. Die Qualität der Informationen, die die Kunden geben, hängt von der Qualität Ihrer Fragen ab.

WARUM MENSCHEN KAUFEN: ZUSAMMENFASSUNG

* Menschen kaufen, um ein Bedürfnis zu befriedigen und um sich aus einem Problemzustand in einen wünschenswerteren Zustand zu begeben.

* Die Bedürfnisse der Kunden werden durch ihre Werte und Gefühle bestimmt. Ein Kauf ist dann erfolgreich, wenn ihre Bedürfnisse entsprechend ihren Werten erfüllt werden.

* Sie als Verkäufer oder Verkäuferin verkaufen ein Produkt, das Eigenschaften, Vorteile und Nutzen aufweist. Kunden kaufen den Nutzen.

* Verkaufsfertigkeiten stellen die Verbindung her zwischen Kundenbedürfnissen einerseits und Produkteigenschaften und dem aus ihnen zu ziehenden Nutzen andererseits.

* Schlüsselfertigkeiten auf dem neuen Markt sind:
  – für sich selbst sorgen
  – die Arbeit organisieren
  – guten Kontakt herstellen (siehe Glossar *Rapport*)
  – die Sichtweise des Kunden oder der Kundin anerkennen
  – Zuhören und Fragen stellen.

Kapitel 2
Fragen

Fragen sind ein Eckpfeiler des Verkaufserfolgs. Die Fertigkeit, gute Fragen zu stellen, führt wie ein roter Faden durch den ganzen Verkaufsprozeß.

Was bewirken Fragen? Warum stellen wir sie? Aus der Sicht des Verkäufers sind die wichtigsten Gründe, Fragen zu stellen, folgende:

- Rapport aufbauen (siehe Glossar) und auf den Kunden zugehen
- die Bedürfnisse der Kunden aufdecken und deren Werte und Anliegen bezüglich des Kaufs herausfinden
- an bereits getätigte Verkäufe anknüpfen.

Gute Fragen regen die Kunden zum Nachdenken an. Gute Fragen vermitteln Ihnen Informationen. Gute Fragen klären, was sich der Kunde oder die Kundin genau wünscht, und schaffen Raum, um weitere Lösungsmöglichkeiten zu erörtern.

Fragen Sie, wenn Sie merken, daß Sie etwas noch nicht wissen. Durch Fragen erzielen Sie eine möglichst klare Vorstellung von den Bedürfnissen des Kunden, und zwar mit seinen eigenen Worten. Gute Fragen führen dazu, daß Sie gemeinsam mit den Kunden herausfinden, ob die Bedürfnisse des Kunden und Ihr Produkt zusammenpassen. Fragen funktionieren nach dem Prinzip „Wo man Müll hineingibt, kommt auch wieder Müll heraus" (im englischen: GIGO-Prinzip: „Garbage In, Garbage Out"). Ist die Frage Müll, ist es die Antwort auch.

Hier mein Lieblingsbeispiel für dieses Prinzip: Führende Manager einer amerikanischen Firma hatten Zweifel bezüglich der Aussagekraft von Kundenbefragungen. Ein bestimmter Teil der Befragten reagierte nicht. Die Firma gab nun eine Umfrage in Auftrag: „Warum beantworten Sie keine Meinungsumfragen?" 54 Prozent der Angesprochenen verweigerten die Antwort.

OFFENE UND GESCHLOSSENE FRAGEN

Die Unterscheidung zwischen offenen und geschlossenen Fragen wird in fast allen Verkaufstrainings vermittelt. Diese Unterscheidung allein ist jedoch nicht sehr hilfreich, wenn dabei nicht auch der Zweck der Frage berücksichtigt wird.

Geschlossene Fragen werden so formuliert, daß die Antwort ein Ja oder ein Nein ist. Ein Beispiel dazu wäre: „Wußten Sie das schon?"

Offene Fragen sind dazu gedacht, ein Thema zu eröffnen und neue Wege zu erkunden. Gewöhnlich beginnen sie mit „wie", „was", „wo", „wann", „welcher/welche/welches" oder „wer" und können nicht mit einem einfachen Ja oder Nein beantwortet werden. Offene Fragen sind ein Weg, um zu Beginn eines Treffens Rapport herzustellen (siehe Glossar); in diesem Augenblick verfügen Sie nur über wenige Informationen, und Ihre Fragen können nicht anders als allgemein sein: „Wie läuft das Geschäft?" oder natürlich „Wie geht es Ihnen?"

Offene Fragen eröffnen Möglichkeiten. Geschlossene Fragen lenken die Aufmerksamkeit auf Informationen. „Wie können wir beide Arten von Fragen möglichst vorteilhaft verwenden?" ist eine offene Frage.

In vielen Verkaufsschulungen wird vor allem der Wert offener Fragen betont, aber auch geschlossene Fragen sind sinnvoll. Letztere bringen den Kunden nicht zum Sprechen – aber es ist fraglich, ob es immer eine gute Idee ist, Kunden zum Reden zu bringen.

Geschlossene Fragen dienen der Überprüfung von Informationen: „Ist in den nächsten zwei Monaten bei Ihnen ein Fortbildungsprogramm geplant?" oder „Können Sie sich bereits heute zum Kauf dieses Produkts entscheiden?"

Geschlossene Fragen helfen, die gegenseitige Verständigung zu überprüfen: „Wenn ich Sie richtig verstehe, wollen Sie nächste Woche beliefert werden, und wenn ich Ihnen das nicht garantieren kann, kaufen Sie nicht bei mir. Das stimmt doch so?" Oder: „Sie sagen, daß Sie zu dieser Software ein Paßwort zum persönlichen Datenschutz brauchen. Sehe ich das richtig?"

Dies sind sogenannte *reflexive* Fragen, da hier die Worte des Kunden rückbezüglich verwendet werden und zu ihm zurückgespiegelt werden. Besonders wichtig ist dies vor Kaufabschluß, wenn Sie den Kunden gewinnen wollen und noch einmal prüfen, wie weit er zum Kauf entschlossen ist.

DIREKTE UND MANIPULATIVE FRAGEN

Wir möchten hier eine grundlegende Unterscheidung treffen, und zwar dem *Zweck* einer Frage entsprechend:

Direkte Fragen sollen zur Wahrheit vorstoßen. Sie erleichtern dem Kunden oder der Kundin zu sagen, was er oder sie sagen möchte, und Sie selbst können besser verstehen, was er oder sie denkt. Eine zentrale Frage in dieser Rubrik wäre: „Was wünschen Sie?"

Manipulative Fragen sollen Kunden dazu bringen, daß sie sagen, was Sie von ihnen hören wollen. Diese Art von Fragen hat zum Ziel,

einen Kunden oder eine Kundin in eine vorbestimmte Richtung zu lenken und ihm oder ihr weniger Wahlmöglichkeiten zu lassen. Das Verkaufstraining einer uns bekannten Firma verlief so, daß eine Liste von 20 aufeinanderfolgenden, geschlossenen Fragen gelehrt wurde, mit denen die Kunden nach und nach in die vom Verkäufer vorgegebene Richtung geführt werden konnten. Hier zeigt sich die Macht des alten Marktes ganz deutlich. Eine typische manipulative Frage wäre: „Sie wollen das doch bestimmt haben?"

Es gibt viele Spielarten, manipulative Fragen zu stellen. Wir bringen im folgenden einige Beispiele dazu. Im Grunde zielen sie alle auf eine Antwort ab, die der Verkäufer hören möchte, nicht auf die Antwort, die der Kunde geben würde, wenn er die Freiheit zu wählen hätte. Wir stellen diese Fragen in diesem Abschnitt dar, und trennen sie von den direkten Fragen, die anschließend behandelt werden (siehe nachfolgend *Schlüsselfragen stellen*). Sie können dann feststellen, ob Sie sie versehentlich anwenden, weil Sie glauben, daß gute Verkäufer so fragen.

Voranstellen oder umrahmen

Bei folgendem Fragetyp stellen Sie Ihrer Frage eine gewichtige Aussage voran, um die Antwort zu beeinflussen. Zum Beispiel: „Wenn Sie an die starke Zunahme von Einbrüchen in diesem Wohngebiet denken, was halten Sie von Alarmanlagen für Privathäuser?" Diese Frage unterscheidet sich sehr von der folgenden: „Was halten Sie von Alarmanlagen als Abschreckungsmaßnahme gegen Einbrüche?"

Eine Variation dazu sind Fragen, in denen die vorangestellten Aussagen durch Zahlen abgesichert werden. Ein Beispiel: „In einer Umfrage wurde kürzlich festgestellt, daß 90 Prozent der Bevölkerung

mit ihrer Einrichtung unzufrieden sind. Teilen Sie diese Ansicht?"
Im allgemeinen lassen sich allerdings nicht sehr viele Menschen von
Zahlen beeindrucken.

Polarisieren

Hier handelt es sich um eine geschlossene Frage, die entweder auf
ein Ja oder auf ein Nein abzielt. Man zwingt Menschen mit ihr an
einen von zwei möglichen Polen, und die Antwort wird dazu benutzt, zur Akzeptanz eines nicht genannten Produkts hinzuführen.
Zum Beispiel: „Machen Sie sich Sorgen um die Zukunft Ihrer Kinder?" Natürlich, aber genug, um eine private Ausbildung zu finan-
zieren? „Ist Ihnen Sicherheit wichtig?" Das schon, aber nicht so, daß
ich doppelt so viel wie geplant für die Ausstattung eines Autos aus-
gebe.

Diese Art von Fragen hat auch das Ziel, beim Angesprochenen negative Assoziationen oder Schuldgefühle auszulösen. Wenn also eine
Mutter keine private Ausbildung bezahlen will, wird ihr mit dieser
Fragetechnik suggeriert, daß sie sich nicht um die Zukunft ihrer Kinder kümmert. In Wirklichkeit gibt es keine zwingende Verbindung
zwischen den beiden Punkten: Eine private Ausbildung *könnte* eine
Möglichkeit der Zukunftssicherung der Kinder sein, wenn Eltern
und Kinder mit der gegenwärtigen Schule unzufrieden sind.

Negative Fragen

Diese Fragen sind negativ formuliert, um Widerspruch bei den
Kunden auszuschalten. „Würden Sie mir in diesem Punkt nicht zustimmen?" Oder: „Ist es nicht so, daß Sie gern ...?" Wenn man nicht
zustimmt, läuft man Gefahr, eine „dumme" Antwort zu geben, da
die Frage voraussetzt, daß eine allgemeingültige Übereinstimmung
mit dem besteht, was der Verkäufer vorgibt.

Feststellungen als Fragen formulieren

Während auf Fragen eine Antwort folgt, folgt auf Feststellungen ein Schweigen, und die nicht gegebene Antwort wird als Zustimmung gewertet. Hier einige Beispiele: „Offensichtlich möchten Sie diese zwei Produkte nehmen." Oder: „Ich nehme an, daß Sie nächste Woche beliefert werden wollen." Oder: „Ganz bestimmt können sich eine Million Menschen nicht irren." Diese (nicht gestellten) Fragen geben die Antwort vor und wirken urteilend. Parlamentarische Anfragen sind extreme Beispiele für dieses Muster. Sie dienen nicht dazu, ernsthaft nachzufragen, sondern sind politische Selbstdarstellungen. Meist beginnen sie wie folgt: „Ist es nicht eine Tatsache, daß ...?" oder „Angesichts ..., glauben Sie nicht, daß ...?" Jede Frage, die mit „offensichtlich" oder ähnlichen Wörtern beginnt, ist offensichtlich ein Urteil, das sich als Frage verkleidet, nicht wahr?

Die Antwort anbieten

Dieses Muster tritt auf, wenn der Fragende eine bestimmte Antwort haben möchte, die entsprechende Information bereits hat oder aber informiert erscheinen möchte. „Wieviele Leute beschäftigen Sie, so etwa 500?" „Was ist für Sie wichtig, wenn Sie ein Auto kaufen – Sicherheit nehme ich an?"

Versteckte Annahmen

Sie stellen eine Frage, der Kunde muß jedoch, um antworten zu können, eine versteckte Annahme akzeptieren. Ein extremes Beispiel: „Welchen Stift wählen Sie, um den Vertrag zu unterschreiben, Ihren oder meinen?" Wenn Sie nicht bereits vorher zugesagt haben, den Vertrag zu unterschreiben, bietet man Ihnen als Kunden hier die falsche Auswahl.

Aber es gibt subtilere Beispiele. „Verstehen Sie jetzt wirklich, warum unser Produkt das beste auf dem Markt ist?" Um ja oder nein zu sagen, müssen Sie die Annahme akzeptieren, daß das Produkt das beste auf dem Markt ist. Besonders raffiniert ist das „wirklich"; es impliziert, daß es etwas gibt, was ich als Angesprochener noch nicht weiß.

SCHLÜSSELFRAGEN STELLEN

Das Neurolinguistische Programmieren (NLP; siehe Glossar) befaßt sich damit, wie wir denken und die Sprache benutzen. Wir verwenden vielleicht alle dieselben Wörter, aber was wir damit meinen, hängt von unserer persönlichen Erfahrung ab.

Schlechte Kommunikation und Mißverständnisse kommen deshalb zustande, weil Menschen mit den gleichen Wörtern unterschiedliche Dinge verbinden. Sie haben vielleicht schon erlebt, daß eine Kundin Ihnen etwas erzählte, und Sie waren sicher, Sie hätten verstanden, was sie meinte ... bis Sie merkten, daß das, was Sie verstanden hatten, nicht das war, was sie gemeint hatte.

Ein Teil von NLP ist die Kunst, Schlüsselfragen zu stellen, um eben solche Mißverständnisse zu vermeiden. In dem Buch *Neurolinguistisches Programmieren. Gelungene Kommunikation und persönliche Entfaltung* (siehe Literaturverzeichnis *O'Connor/Seymour*) wird dies ausführlich dargestellt, und wir verwenden hier die Aspekte, die für den Verkauf besonders nützlich sind.

Informationen bekommen

Der englische Schriftsteller Rudyard Kipling schrieb ein Gedicht:

Ich halte mir sechs ehrliche Diener.
Sie lehrten mich alles, was ich weiß.
Ihre Namen sind wo, warum und wann,
und wer und was und wie.

Bei der Beschäftigung mit offenen Fragen in diesem Kapitel fügten wir „welcher, welche, welches" hinzu, ließen aber das „warum" aus der Liste von Kipling weg. „Warum" ist ein Spezialfall und muß gesondert betrachtet werden.

Die Frage „warum?"

„Warum?" ist im Verkauf die am wenigsten nützliche Frage. Wenn Sie eine Person fragen, *warum* sie etwas getan hat, bekommen Sie eine von zwei möglichen Antworten: entweder die Ereignisse, die zu der Handlung führten, oder den Grund für die Handlung.

Hier ein Beispiel: „Warum haben Sie bei unserem Konkurrenten gekauft?" Eine Antwort könnte sein: „Weil dessen Vertreter mich vor einigen Monaten anrief und ich ihn letzte Woche traf. Er hat mir etwas angeboten, was mir gut erschien. Deshalb habe ich gekauft." Die zweite Antwort könnte so ausfallen: „Weil er ein hervorragendes Angebot zu einem guten Preis bietet."

Auf „Warum"-Fragen erhalten Sie als Antwort Rechtfertigungen und wenig nützliche Informationen. Wenn Sie nachfragen, warum jemand eine bestimmte Meinung hat, wird er Ihnen gute Gründe dafür liefern, die Sie kaum widerlegen können, ohne den Rapport zu verlieren (siehe Glossar *Rapport*). Sie erreichen damit nur, daß Sie sich selbst das Leben schwerer machen, denn Sie fordern eine Reihe von Rechtfertigungen heraus, die der Kunde jetzt verteidigen muß.

„Warum?" wird auch häufig als Anklage aufgefaßt, und dementsprechend gehen die Menschen in die Defensive. Anstatt „warum" zu fragen, stellen Sie Fragen mit „wie" oder „was". So erhalten Sie Informationen, mit denen Sie innerhalb des Verkaufsprozesses etwas anfangen können.

Wenn zum Beispiel eine Kundin sagt: „Ich glaube, daß das Verhältnis von Kosten und Nutzen nicht stimmt", sollten Sie nicht fragen: „Warum nicht?", sondern vielmehr: „*Wie* stellen Sie das Kosten-Nutzen-Verhältnis bei anderen Produkten fest?" „*Was* ist für Sie der Maßstab für das Verhältnis von Kosten und Nutzen?"

Sagt die Kundin dann: „Ich denke, das Produkt ist zu teuer", können Sie fragen: „*Welcher* Preis wäre Ihrer Ansicht nach angemessen?" „*Wie* sind Sie zu diesem Schluß gelangt?"

Kipling war nicht im Verkauf tätig, so werden wir seine Vorstellungen, die er in seinem Gedicht zum Ausdruck bringt, an dieser Stelle etwas nachbessern: Wir belassen „warum" im Bereich der philosophischen Betrachtung, wo es sehr häufig zum Einsatz kommt.

Spezifisch sein

„Wie", „was", „wo", „wann" und „wer" erlauben Ihnen, sich ganz spezifisch auf das zu konzentrieren, was der Kunde oder die Kundin wünscht, und auch die Informationen zu erhalten, die noch nicht zur Sprache gekommen sind. Wie Sie fragen, hängt davon ab, welches Produkt Sie verkaufen und welche Informationen Sie benötigen.

Wie merken Sie, daß Sie etwas, was Sie wissen müssen, noch nicht wissen? Manche Verkäufer schaffen sich innerlich ein Bild von den Bedürfnissen des Kunden, das mit einer dreidimensionalen Skulptur vergleichbar ist. Fehlt ihnen bei ihrem mentalen Bild noch ein Detail, fragen sie nach, um diese Lücke auszufüllen. Dies geschieht

durch die Antworten auf ihre Fragen: Sie praktizieren das solange, bis sie klar sehen, wobei sie sich im Verlauf des Gesprächs immer wieder die Bestätigung des Kunden oder der Kundin holen, daß sie ihn oder sie richtig verstanden haben.

Eine Kundin sagt beispielsweise: „Machen Sie mir das Angebot bitte bis nächste Woche."

Sie könnten dann folgende Fragen stellen:

– „Auf welche Punkte legen Sie in dem Angebot besonderen Wert?"

– „Wie ausführlich sollte das Angebot sein?"

– „An wen soll ich das Angebot richten?"

– „Bis zu welchem Termin müssen Sie das Angebot haben?"

Jede Firma hat bei Angeboten ihre eigenen Maßstäbe, und Ihre Mühe könnte umsonst sein, wenn Sie diese Maßstäbe nicht vorher kennen.

Ein weiteres Beispiel: „Ich lege Wert auf einen guten Kundendienst." Folgende Fragen müßten dann gestellt werden:

– „Können Sie mir genau sagen, was Sie unter gutem Kundendienst verstehen?"

– „Wie oft sollte der Kundendienst zu Ihnen kommen?"

– „Wie schnell muß der Kundendienst kommen, wenn Sie ihn anfordern?"

Diese Fragen erscheinen selbstverständlich, aber Sie geraten leicht in eine Falle, wenn Sie vorschnell denken, Sie wüßten, was die Kunden meinen.

Klären, was die Kunden meinen

Glauben Sie nie, Sie wüßten, was Ihr Kunde oder Ihre Kundin meint. Nicht einmal Philosophen und Linguisten können sich über die Bedeutung von Wörtern einigen, obwohl es ihr Beruf ist. Gerichte benötigen viel Zeit und Geld, um zu entscheiden, wie Rechtsdokumente zu interpretieren sind – und dabei werden diese Dokumente mit der ausdrücklichen Absicht verfaßt, größtmögliche Klarheit zu schaffen.

Viele Menschen glauben, daß jedes Wort eine von außen festgelegte Bedeutung hat, die jeder kennt. Wenn das so wäre, dann wäre das Leben sehr viel einfacher! In der Praxis bedeutet jedes Wort genau das, was jeder Mensch glaubt, daß es das bedeutet. Worte beschreiben Gedanken und Erfahrungen, und unsere Gedanken und Erfahrungen sind höchst einzigartig und individuell. Es herrscht zwar eine gewisse Übereinstimmung hinsichtlich von Bedeutungen, aber in Wirklichkeit sprechen wir alle leicht voneinander abweichende, unterschiedliche Sprachen – und das aufgrund unseres persönlichen Erfahrungsschatzes. Die bestmögliche japanische Übersetzung des Satzes „Aus den Augen, aus dem Sinn" ist „blinder Idiot".

Viele Leute im Verkauf nehmen an, daß Kunden die gleichen Dinge mögen wie sie selbst. Sicherer ist es aber, wenn wir das Gegenteil annehmen. Lassen Sie Gedankenlesen in den bunten Jahrmarktbuden, wo es auch hingehört. Wir wissen natürlich, daß Sie sowieso nicht beabsichtigen, Gedanken zu lesen. Warum auch Gedanken lesen, wenn Sie direkt fragen können?

Die Klärung der Bedeutung führt zu gemeinsamem Verständnis und beugt absehbaren Fallen vor: „Aber ich dachte, Sie meinen ..." Nachfolgend einige der häufigsten Fallstricke, die gegenseitiges Verständnis stören. Dazu bieten wir Ihnen Fragen an, mit denen sie sich vermeiden lassen.

Vergleiche

Ein Kunde sagt: „Ich erwarte mir bessere Beratung als bei meinem letzten Finanzberater." Dieser Kunde stellt einen Vergleich an.

Wenn Sie als Verkäufer oder Verkäuferin einen Vergleich hören, sollten bei Ihnen alle Alarmglocken und Warnlichter angehen. „Besser", „schlechter", „schneller", „langsamer", „mehr" und „weniger" sind Vergleichswörter. Wenn Sie nicht nachfragen, um genau zu verstehen, *wie* der Kunde mißt, wird Ihre Dienstleistung oder Ihr Produkt mit anderen verglichen, und Sie wissen nicht einmal, auf welcher Basis der Vergleich stattfindet.

Fragen Sie: „Können Sie mir sagen, was bei Ihrem letzten Berater nicht zufriedenstellend war, damit ich weiß, wie ich es besser machen kann?"

Ein weiteres Beispiel für Vergleiche: „Ich wünsche mir häufigere Besuche durch Ihren Kundendienst." Fragen Sie: „Wie oft kam der Kundendienst, und wie oft sollte er kommen?"

Eine andere Kundin sagt: „Ich hoffe, daß diese Maschine schneller ist als meine letzte." Fragen Sie: „Wie schnell war Ihre letzte, und wie schnell sollte die jetzige sein?"

Denken Sie daran, daß auch „gut" und „schlecht" Vergleiche sind. Mit einem Vergleich wird ein Maßstab aufgestellt. Wenn Sie diesen Maßstab nicht kennen, sind Sie im Nachteil.

Finden Sie erst heraus, was unbefriedigend war, und anschließend, was der Kunde oder die Kundin statt dessen möchte. Hinterfragen Sie einen Vergleich, indem Sie nach dem Maßstab fragen, den der Kunde ansetzt.

Allgemeine Aussagen

Nehmen wir an, eine Käuferin sagt: „Unsere Mitbewerber werden sehr aggressiv. Kunden kaufen überlegter und preisbewußter. Wir müssen gemeinsam vorgehen, oder wir gehen den Bach 'runter."

Damit haben Sie eine grobe Vorstellung von den Vorstellungen dieser Frau. Aber welche Wettbewerber werden zur Konkurrenz? Wie tun sie das genau? Welche Kunden kaufen „überlegter und preisbewußter"? Wie zeigt sich das konkret?

Fragen Sie: „Wie genau ...?"

Geschäfte machen heißt handeln und tätig sein; sorgen Sie also dafür, daß *Ihnen* klar ist, was der Kunde oder der Manager von Ihnen erwartet. Fragen Sie nicht nur, *was* Kunden von Ihnen erwarten, sondern auch, *wie* sie etwas erledigt sehen wollen. Sie werden einige Fragen mit „wie genau ..." oder ähnlichen Formulierungen stellen müssen: „Wie soll die Lieferung im einzelnen ablaufen?" oder „Wie genau soll ich die Demonstration planen?"

Dazu gehört auch die Frage, *was* der Kunde genau will. Ein Beispiel: „Ich wüßte gern, was diese Maschine leistet." Fragen Sie: „Wie würden Sie das im Detail gern testen?"

Möglichkeiten schaffen bei verallgemeinernden Wörtern

Achten Sie auf allgemeine Begriffe wie „immer", „nie" und „jeder". Diese Wörter blockieren die Wirkung eines jeden Arguments, und sie lassen keine Ausnahmen zu. Dennoch wissen wir, daß es auch bei „immer" (fast) immer eine Ausnahme gibt. Wenn jemand sagt: „Ich kaufe immer bei XYZ", könnten Sie fragen: „Woran liegt es, daß Sie XYZ so zufriedenstellend finden?" Damit erfahren Sie, was diese Firma macht, das so ausgesprochen wichtig für den Kunden ist.

Auch Sie können vielleicht bessere Leistungen vorweisen und erbringen, wenn Sie die Vorstellungen des Kunden genau kennen. Stellen Sie dann eine Folgefrage zur ersten Frage: „Unter welchen Umständen wären Sie bereit, bei diesem Kauf eine Ausnahme zu machen?" oder „Wenn wir das besser machen, würden Sie dann bei uns kaufen?"

„Nie" ist paradoxerweise auch einschränkend. Zum Beispiel: „Ich hätte nie die Zeit, ein neues Softwareprogramm zu lernen." Darauf können Sie unterschiedlich antworten; zum Beispiel sagen Sie erstaunt: „*Nie?*" Wenn Sie das Wort besonders betonen, schränkt der Kunde seine Aussage vielleicht ein: „Nun ja, fast nie."

Zweitens könnten Sie direkt nach einer Ausnahme fragen: „Sind Sie sicher, daß Sie das noch *nie* geschafft haben?" Und Sie könnten unserem Beispiel entsprechend weiterfragen: „Wenn Sie das schon einmal geschafft haben, wie haben Sie damals die Zeit dafür gefunden?"

Auf die Aussage „Das macht heute niemand mehr so", könnten Sie antworten: „Meinen Sie wirklich *niemand?*" oder „Mein letzter Klient wäre nicht gern ein Niemand!" (Bedenken Sie: *Dazu* brauchen Sie aber einen guten Rapport!) Oder schließlich könnten Sie auch fragen: „Können Sie mir Gründe dafür nennen, daß das so ist? Bringt das irgendwelche Vorteile?"

Verallgemeinerungen schränken Möglichkeiten ein. Hinterfragen Sie Verallgemeinerungen, indem Sie *nach Ausnahmen fragen* und Ihr weiteres Gespräch auf diese Ausnahmen aufbauen. Können sich die Kunden an keine Ausnahme erinnern, bitten Sie sie, sich eine vorzustellen.

Schließlich sollten auch Sie selbst im Umgang mit diesen Verallgemeinerungen vorsichtig sein. Kunden könnten Ihre allgemeinen Aussagen in Frage stellen, und Sie müßten diese dann näher bestimmen. Lassen Sie sich nicht hinreißen zu Aussagen wie: „Alle unsere

Kunden sind da Ihrer Meinung" oder „Wir haben noch nie zu spät geliefert" – es sei denn, dies trifft wirklich zu. Verwenden Sie eine Verallgemeinerung nur, wenn sie auch allgemein zutrifft.

Möglichkeiten schaffen bei Regeln

Wörter, die auf Regeln hindeuten, sind „sollen", „müssen" und das jeweilige Gegenteil „sollen nicht", „müssen nicht". Diese können so etwas wie ein Minenfeld im Verkauf sein – seien Sie also vorsichtig.

Im Verkaufskontakt bestimmen die Kunden bzw. die Firmen die Regeln. „Um ein Treffen zu verabreden, müssen Sie zuerst mit uns telefonieren." „Dieses Formular muß bei uns dreifach ausgefüllt werden." Passen Sie sich, soweit möglich, den Regeln der Firmen oder der Kunden an – es bringt wenig, darüber zu streiten. Widersprechen Sie nur, wenn es Ihnen für den Verkaufsprozeß nötig erscheint, zeigen Sie aber selbst dann Respekt. Je unsinniger die Regel, desto mehr wird ein Kunde diese Ihnen gegenüber rechtfertigen müssen.

Manchmal stellen Kunden übertriebene Ansprüche. Zum Beispiel: „Ich brauche diese Lieferung nächsten Donnerstag." Wenn dieser Termin für Sie nur schwer einzuhalten ist, fragen Sie nach den Konsequenzen: „Was wäre, wenn es erst bis Freitag ginge?" Die Folgen sind vielleicht gar nicht so schlimm.

Wenn Sie hören, daß etwas geschehen „soll" oder „muß", können Sie das in Frage stellen: „Was würde geschehen, wenn das nicht der Fall ist?" Ein Beispiel: „Sie müssen mich nächsten Freitag anrufen." Fragen Sie: „Ich werde nächsten Freitag nicht im Büro sein. Könnte es auch ein anderer Tag sein?"

Wenn Sie hören, etwas „sollte nicht" oder „müßte nicht" geschehen, können Sie fragen: „Was wäre, wenn das doch der Fall wäre?" Ein

weiteres Beispiel: „Sie sollten das Treffen nicht vor Mittag ansetzen." Fragen Sie: „Was wäre, wenn ich das aufgrund bestimmter Umstände tun muß?"

Wenn „sollte" einem Holzzaun vergleichbar ist, dann ist „kann nicht" eine Steinmauer. Es ist ein Hinweis auf eine stärkere Regel. „Ich kann das noch nicht entscheiden" oder „Wir können Ihnen diesen Auftrag jetzt nicht geben", beides klingt endgültig.

Auch dafür gibt es Schlüsselfragen. „Warum nicht?" ist sehr direkt. „Was hält Sie davon ab?" ist eleganter. Verschiedene Gründe sind möglich: Vielleicht braucht der Kunde die Zustimmung vom Management, eventuell zögert er noch, oder er verfährt nach der Regel: „Nur hartnäckige Verkäufer bekommen von uns einen Auftrag."

Durch Fragen erhalten Sie Informationen, mit denen Sie etwas anfangen können. Sind die Regeln für Sie „versteckt", heißt das noch nicht, daß der Kunde nicht bekommt, was er will und wann immer er es will.

Wenn Sie „kann nicht" hören, fragen Sie nach möglichen Hindernissen und Problemen: „Was verhindert, daß das geschieht?" Ein Beispiel: „Ich kann Ihnen den Auftrag heute nicht geben." Fragen Sie: „Was hält Sie davon ab, mir den Auftrag heute zu geben?"

Eine Kundin sagt: „Es tut mir leid, aber meine Abteilung kann nicht noch mehr von Ihren Produkten kaufen." Fragen Sie: „Tatsächlich? Wo liegt das Problem?"

Fragen zu Anschlußkäufen

Mit Fragen eröffnen Sie die Möglichkeit weiterer Aufträge. Sie wollen nicht nur neue Kunden finden, Sie wollen außerdem herausfinden, was Sie noch für Ihre bisherigen Kunden tun können.

Eine Frage dazu wäre: „Wie können wir Ihre Wünsche in Zukunft erfüllen?" Oder andere:

- „Wie kann ich Ihnen noch helfen?"
- „Wo sehen Sie noch Möglichkeiten, daß meine Firma von Ihnen weitere Aufträge bekommt?"
- „Was fehlt bei unserem Produktangebot, was Sie noch gern hätten?"
- „Kennen Sie in Ihrer Firma oder außerhalb noch jemanden, der ähnliche Bedürfnisse hat und an unserem Produkt interessiert sein könnte?"

WIE FRAGEN GESTELLT WERDEN

Jetzt zu einigen Fallen, die es zu vermeiden gilt. Sie wollen nicht, daß die Kunden das Gefühl haben, sie würden durch Ihre Fragen einem Verhör unterzogen. Also ist es wichtig zu wissen, wann man aufhören sollte, Fragen zu stellen. Kiplings Diener (siehe in diesem Kapitel *Schlüsselfragen stellen*) mit ihren spezifischen Fragen sind sehr nützlich. Aber wie bemerken Sie, ob sie den Verkaufsprozeß unterbrechen und stören, *indem* Sie ständig fragen (natürlich sehr höflich), ob Ihre Kunden noch etwas wünschen?

Achten Sie darauf, wann Sie genug Informationen haben. Wie detailliert muß Ihr Bild von den Bedürfnissen des Kunden sein? Merken Sie, wenn Sie immer wieder auf Gesagtes zurückgreifen und Fragen zu Einzelaspekten stellen, die Ihnen entgangen sind? Ist das der Fall, deutet das darauf hin, daß Ihre Fragen spezifischer werden müssen.

Genauso irritierend ist das Gegenteil, wenn Sie weiterfragen und keine neuen Informationen bekommen.

Fragen abschwächen

Beständiges Fragen kann als aggressiv aufgefaßt werden und eine defensive Haltung auslösen, deshalb sollten Sie allgemeine Bemerkungen und Diskussionen zwischenschieben. Verwenden Sie Abschwächungen, wenn Sie die Fragen dennoch für notwendig halten.

Sie können Fragen auf zwei Arten abschwächen: Ein Weg ist die Veränderung des Tonfalls. Eine aggressive, unhöfliche oder laute Stimme erzeugt Widerstand. Die Kenntnis der natürlichen Satzmelodie einer Frage kann Ihnen helfen: Bleiben Sie mit der Stimme am Ende des Satzes auf der gleichen Höhe, erwecken Sie den Eindruck einer Aussage. Geht Ihre Stimme am Ende des Satzes nach unten, klingt das wie ein Befehl. Für eine Frage geht die Stimme am Ende nach oben.

Machen Sie ein Experiment. Sagen Sie: „Das kannst du machen", so wie eben beschrieben, jedes Mal mit anderer Betonung, und achten Sie darauf, wie das auf Sie wirkt.

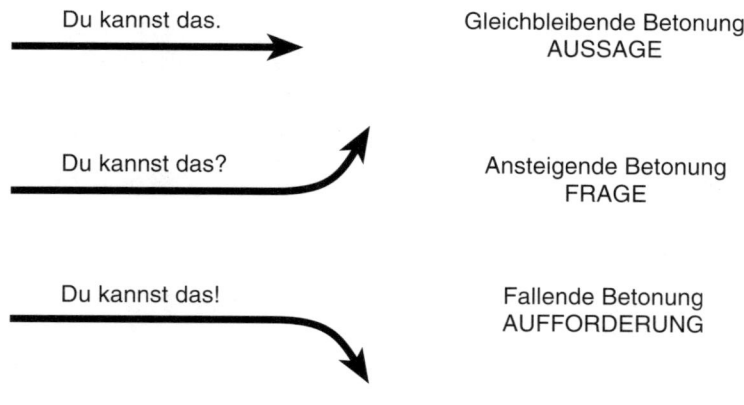

Möglichkeiten zur Veränderung des Tonfalls

Andererseits können Sie den fragenden Tonfall aus Ihrer Stimme weglassen, wenn Sie Feststellungen treffen wollen. Probieren Sie folgendes: Sagen Sie den Satz „Wir haben ein außergewöhnliches Produkt" zunächst mit gleichbleibender Stimme, dann mit ansteigender Stimme. Mit ansteigender Stimme wird ein Frage daraus, gerade so, als könnten Sie selbst nicht glauben, was Sie sagen – so als bäten Sie den Kunden um Bestätigung. Nur eine kleine Veränderung der Stimme ist nötig, um diese Wirkung zu erzielen. Manche Verkäufer verlieren auf diese Art ihre Glaubwürdigkeit, ohne zu wissen, wie das geschieht.

Die zweite Form der Abschwächung Ihrer Fragen geht über die Wortwahl:
- „Ich wüßte gern, ob ..."
- „Ich frage mich ..."
- „Würden Sie mir bitte mitteilen ..."

Sie können Fragen auch ankündigen. Das bedeutet, daß Sie den Kunden vorwarnen, so daß er auf eine Frage vorbereitet und dann vielleicht aufnahmebereiter ist.

Ein paar Beispiele:
- „Ich möchte Sie gern etwas fragen ..."
- „Ich würde diesen Punkt gern klären und Sie fragen ..."
- „Wenn ich noch bei diesem Punkt bleiben und klären könnte ..."
- „Macht es Ihnen etwas aus, wenn ich Sie frage ..."

Lange Fragen und Mehrfachfragen

Vermeiden Sie einen weit verbreiteten Fehler, und stellen Sie keine Mehrfachfragen. Dies ist der Fall, wenn der Fragende mehrere Fragen stellt, entweder weil er mehr Klarheit schaffen oder eine Beziehung aufbauen will, oder weil er meint, er müßte den Großteil des Gesprächs übernehmen.

Ein Beispiel: „Waren Ihre Ferien schön? Ich meine, war es warm? Sie sehen gut aus, war das Hotel gut? Und wie war das Essen?" „Ja."

Und für welchen Teil des Fragenfeuerwerkes gilt dann dieses Ja? Warten Sie die Antwort auf eine Frage ab, bevor Sie eine weitere stellen. Wenn Sie mehr als eine Frage gleichzeitig stellen, verwirren Sie die Kunden.

Ein weit verbreiteter Fehler sind auch die Fragen vom Typ „Krieg und Frieden". Diese Fragen führen in langsamem Tempo um den Wald herum und über die Felder, den Strand entlang und den Berg hinauf und wieder hinunter durch den Wald, bevor sie endgültig ankommen. Die meisten Leute haben Schwierigkeiten, einer mündlichen Frage oder Feststellung von mehr als 20 Wörtern zu folgen.

FRAGEN:
ZUSAMMENFASSUNG

- Gute Fragen haben ein Ziel.

- Fragen werden genutzt:
    - um guten Kontakt aufzubauen (siehe Glossar *Rapport*)

    - um die Bedürfnisse der Kunden aufzudecken und um ihre Werte und ihre Bedenken hinsichtlich des Kaufs herauszufinden

    - um an bereits getätigte Geschäfte anzuschließen.

- *Offene Fragen* können nicht mit einem Ja oder einem Nein beantwortet werden. Sie lassen Ideen und Diskussionen aufkommen.

- *Geschlossene Fragen* werden mit einem Ja oder einem Nein beantwortet. Sie sind nützlich, um Informationen zu überprüfen.

- *Direkte Fragen* beziehen sich auf die Bedürfnisse der Kunden.

- *Manipulative Fragen* wollen die Kunden so führen, daß sie so antworten, wie der Verkäufer möchte.

Verwenden Sie direkte Fragen

- Verwenden Sie direkte Fragen, um spezifische Informationen zu erhalten: Fragen Sie „wie", „was", „wo", „wann", „welche", „welche", „welches", „wer".

- Verwenden Sie direkte Fragen, um zu klären, was die Kunden meinen:
  - vermeiden Sie „Gedankenlesen"
  - hinterfragen Sie Vergleiche
  - hinterfragen Sie Verallgemeinerungen
  - hinterfragen Sie Aufforderungen, die unklar sind.

- Schaffen Sie Möglichkeiten:
  - hinterfragen Sie Verallgemeinerungen („nie", „immer", „niemand", „jeder")
  - hinterfragen Sie Regeln („müssen", „sollen", „müssen nicht", „sollen nicht").

- Stellen Sie Anschlußfragen, um mit bisherigen Kunden weitere Geschäfte zu ermöglichen.

- Schwächen Sie Fragen ab:
  - durch Stimmodulation
  - durch Formulierungen (zum Beispiel „Ich frage mich ...")
  - durch Vorankündigen einer Frage („Ich würde Sie gern etwas fragen ...").

- Stellen Sie immer nur jeweils eine Frage.

- Halten Sie Fragen kurz und klar.

Kapitel 3
Den Verkaufsprozeß planen

Verkaufen ist eine Angelegenheit, bei der Sie dem Kunden oder der Kundin von Angesicht zu Angesicht begegnen. Nur in der Interaktion mit einem Kunden haben Sie das Gefühl, Ihre Verkaufsfertigkeiten und -kenntnisse voll einzusetzen. Persönlicher Kontakt ist der aufregendste und kreativste Teil der Arbeit: Das ist es, was Verkaufen *wirklich ausmacht*. Planen und Organisieren ist etwas, was Sie allein ausführen. Nichts daran ist bezaubernd. Man sagt, daß nur langweilige Menschen planen. Menschen gelten als langweilig, wenn sie die Koffer schon Tage vor ihrer Abreise in den Urlaub packen. Sie haben dann alles dabei, was sie mitnehmen wollten. Wirken nicht solche Menschen anregender, von denen Sie hören, daß sie ihre Taschen erst kurz vor der Abfahrt packen? Manchmal müssen sie schmutzige Kleider mitnehmen, und sie vergessen immer etwas und benötigen ihren ganzen Einfallsreichtum, um aus einer Situation das Beste zu machen.

Wenn Sie beruflich nicht alles bis zuletzt durchplanen, ergeben sich viele Gelegenheiten, um Ihren Einfallsreichtum, Ihre Reaktionsfähigkeit sowie Ihre Abneigung gegen Konformität und Konventionen zum Ausdruck zu bringen. Und dennoch unterstützen Ihre Organisation und Planung all Ihre übrigen Fertigkeiten und schaffen mehr Zeit für den aufregenderen Teil der Arbeit. Die Art und Weise, wie Sie Ihren *Arbeits- und Zeiteinsatz* planen und organi-

sieren, hat einen direkten Einfluß auf Ihre Verkaufszahlen und auf Ihr Einkommen. Es bringt wenig, wenn Sie im direkten Kontakt mit Menschen sehr überzeugend, zugleich aber so schlecht organisiert sind, daß Sie selten so weit kommen, den Leuten auch wirklich persönlich gegenüberzutreten. Gute Planung sichert Ihnen aussichtsreiche Kunden und produktive Besprechungen. Schlechte Planung bedeutet verlorene Zeit. Eine Untersuchung der Arbeit von Softwarevertretern ergab, daß sie 32 Prozent ihrer Zeit mit *Warten* verbrachten, 24 Prozent mit Verwaltung und Besprechungen, 5 Prozent mit Beratungstelefonaten und nur 39 Prozent mit Verkaufstätigkeit.

Für diejenigen von Ihnen, die ins Management aufsteigen wollen, ist ein Organisationstalent absolut wichtig. Mitarbeiter im Verkauf werden nur selten wegen Ihrer Spitzenleistungen befördert, höchstens dann, wenn sie mit Kündigung drohen und die Firma es sich nicht leisten kann, sie an die Konkurrenz zu verlieren. Normalerweise werden Leute befördert, weil sie den Verkaufsprozeß beherrschen, weil sie die Produkte, den Markt und die Firma gut kennen, weil sie gute Beziehungen zu anderen unterhalten und den Vorgesetzten gute Ergebnisse und fast keine Probleme präsentieren. Letzteres wird beurteilt, indem man überprüft, wie gut jemand organisiert ist.

Organisation ist nicht das Gegenteil von Kreativität und hat fast nichts mit Ordnungssinn zu tun. Es bedeutet nicht, langweilig zu sein. Organisieren funktioniert ganz einfach: Sie entscheiden, was Sie wollen, was Sie tun werden, um es zu erreichen, und wieviel Zeit das in Anspruch nehmen wird. Wenn Sie diese Aspekte nicht beachten, entgehen Ihnen Gelegenheiten zum Verkaufen, Sie verschwenden Zeit mit wenig erfolgversprechenden Klienten und brauchen letztlich *mehr* Zeit als nötig für organisatorische Arbeiten.

In diesem Kapitel soll demonstriert werden, wie Sie mit minimaler Arbeit maximale Ergebnisse erzielen können. Sollten Sie bereits gut

organisiert sein, dann herzlichen Glückwunsch! Wir bieten Ihnen einige neue Möglichkeiten und Wege, wie Sie noch effektiver werden können.

Der Weg zu guter Organisation führt über vier Stufen:
1. Ziele setzen
2. Ziele in überschaubare Tätigkeiten aufteilen
3. Prioritäten setzen
4. Erledigen Sie Ihre Aufgaben *innerhalb eines Zeitverlaufs.*

ZIELE SETZEN

Ziele oder Zielvorstellungen festzulegen ist der Kern beruflichen Erfolges. Ohne Ziele gibt es nichts zu planen und zu organisieren. Ziele sind das, was Sie erreichen wollen. Erfolg ist die progressive (fortschreitende) Verwirklichung Ihrer als lohnenswert vorbestimmten Ziele. Sie setzen Ziele, die Sie von dort, wo Sie jetzt stehen, in einen gewünschten Zustand versetzen, und Sie genießen sowohl den Weg als auch die Erreichung Ihres Ziels. Reisen dauern einige Zeit, und es ist entscheidend, wie Sie die Zeit nutzen. Zeitmanagement ist ein irreführender Begriff. Sie können Zeit nicht „managen", dies besorgt die Zeit schon selbst. Sie können lediglich managen, was Sie in der vorhandenen Zeit tun. Und jeder hat die gleiche Zeit zur Verfügung: 24 Stunden pro Tag. Managen Sie Ihre Ziele, dann managt die Zeit sich selbst.

Wenn Sie den nachfolgenden Prozeß der Zielfindung durcharbeiten, ist es hilfreich, wenn Sie Ihre Ergebnisse aufschreiben.

Es ist nicht nötig, Ihr Gehirn als Aktenablage zu benutzen. Es ist weder von seiner Substanz noch von der Form her dazu geeignet. Als Sean Connery in der Rolle des Vaters von Indiana Jones in dem

Film *Der letzte Kreuzzug* nach einer Information gefragt wurde, die er auf einem Fetzen Papier notiert hatte, antwortete er: „Ich habe sie aufgeschrieben, damit ich nicht daran denken *muß*."

– Denken Sie an die Verkaufsprojekte, die Ihnen im Augenblick am wichtigsten sind, egal ob es sich um kurz-, mittel- oder langfristige Projekte handelt. Welches sind Ihre Ziele für diese Projekte? Was wollen Sie jeweils erreichen? Fassen Sie das in einem Satz zusammen.

– Setzen Sie für jedes Projekt eine Frist.

– Gehen Sie jedes Projekt durch, und überprüfen und notieren Sie folgende Punkte:

Denken Sie positiv: Bewegen Sie sich auf das *hin*, was Sie *erreichen* wollen, nicht auf das, was Sie vermeiden wollen. „Ich möchte bei der Verkaufspräsentation am Mittwoch mit der Firma X ins Geschäft kommen", ist positiv; negativ dagegen ist: „Ich möchte keine Probleme mit dem Kunden von der Firma Y." Etwas Negatives können Sie nicht erreichen wollen. Schreiben Sie auf, was Sie wollen, nicht das, was Sie nicht wollen.

Stellen Sie sicher, daß Sie *Ihren Erfolg beurteilen* können. Wie wissen Sie, daß Sie ein Ziel erreicht haben? Was sehen, hören oder fühlen Sie, wenn Sie dieses Ziel erreicht haben? Ein Beispiel: Wäre Ihr Ziel, mit der Firma X ins Geschäft zu kommen, wollen Sie wahrscheinlich den Auftrag *sehen*, die Bestätigung *hören* und Ihre Begeisterung über den Erfolg *spüren*.

Überprüfen Sie *vorhandene Ressourcen*, durch die Sie das Ziel erreichen können. Welche Personen können Ihnen helfen? Über welche Kontakte, über welche persönlichen Eigenschaften, Hilfsmittel und Fertigkeiten, die hilfreich sein könnten, verfügen Sie selbst?

Gehen Sie jetzt mehr ins *Detail*: Wer wird beteiligt sein? Wo findet das Geschehen statt und wann? Wie lange wird es dauern?

Überprüfen Sie *die Folgen für sich selbst und für andere*. Brauchen Sie die Hilfe anderer, und können Sie sich auf sie verlassen? Bedeutet das Erreichen Ihres Ziels, daß Sie in der nächsten Woche jeden Tag 20 Stunden arbeiten müssen? Was müssen Sie aufgeben, um diese Ziele zu erreichen?

Und schließlich: Ist dieses Ziel noch *realistisch* angesichts der Dinge, die Sie bisher herausgefunden haben?

Überprüfen Sie jedes Ihrer Ziele mit der SMART-Formel. Ist Ihr Ziel
- spezifisch
- meßbar
- machbar und erreichbar
- realistisch
- termingerecht geplant?

ZIELE IN ÜBERSCHAUBARE TÄTIGKEITEN AUFTEILEN

Sie haben im vorhergehenden Abschnitt Ihre Ziele bestimmt. Sehen Sie sich jetzt Ihre Ziele an und überlegen, was geschehen muß, damit Sie diese erreichen. Was hindert Sie daran, sie sofort zu verwirklichen? Sie können auf zweierlei Art fortfahren:

1. Sie stellen sich die Zeit zwischen dem Jetzt und dem Zeitpunkt vor, an dem Sie die Aufgabe vollenden. Welche Schritte müssen Sie unternehmen, um das Ziel zu erreichen?

2. Sie stellen sich vor, daß Sie Ihr Ziel bereits erreicht haben. Stellen Sie sich dann vor, Sie schauen von diesem Punkt in der Zukunft zurück in die Gegenwart. Welche Schritte und Stufen können Sie zwischen dem Zeitpunkt in der Zukunft und dem Jetzt erkennen?

Unterteilen Sie jedes Ziel in nicht mehr als sieben Tätigkeiten, die notwendig sind, um das Ziel zu erreichen. Legen Sie einen *Aktionsplan* mit einer vorläufigen Reihenfolge fest:

Das Ziel: Die Firma XYZ als Kunden gewinnen.

Erfolgsnachweis: Wenn ich mein Ziel erreicht habe, werde ich den Auftrag sehen, verbal die Bestätigung per Telefon bekommen, mein Vorgesetzter wird mir seine Anerkennung aussprechen, und ich spüre meinen Stolz auf meine Leistung.

Ressourcen: Es stehen mir meine eigenen Verkaufsfertigkeiten unterstützend zur Verfügung; ebenso das technische Fachwissen der Kundendienstabteilung, die Unterstützung meines Vorgesetzten und Ermutigung sowie Interesse von Seiten des Verkaufsdirektors, vielleicht sogar dessen Mitwirkung.

„Wer", „wo", „wann" erfragen: Ich werde mit meiner Vorgesetzten und dem Verkaufsdirektor zu tun haben. Bei der Firma XYZ werden deren Verkaufsdirektorin, der Endverbraucher und der Leiter der Buchhaltung beteiligt sein. Das Verkaufsgespräch wird in den Büros der Firma XYZ stattfinden; zudem ist eine Demonstration in unserem Präsentationsraum geplant. Die Anlaufphase wird etwa drei Wochen in Anspruch nehmen, der Verkaufsabschluß sechs Monate.

Auswirkungen: Positive Auswirkungen wären finanzielle Verbesserungen für mich persönlich; ich werde an Ansehen und Einfluß gewinnen, und ich könnte durch die Art und Weise, wie ich diesen Abschluß tätige, zeigen, daß ich eine

Beförderung verdiene. Mögliche negative Auswirkungen wären, daß ich jetzt sehr viel Einsatz bringen muß, der erst später belohnt wird. Darunter könnten meine kurz- und mittelfristigen Ergebnisse leiden, und ich müßte länger arbeiten. (Beide Punkte sind in meinem Plan zu berücksichtigen.)

Was muß ich aufgeben? Um mein Ziel zu erreichen, muß ich meine sozialen Aktivitäten einschränken. Das wird sich auf meinen Partner/meine Partnerin auswirken. (Damit er oder sie das Erreichen meines Ziels nicht sabotiert, werde ich, als Bestandteil meines Plan, mit ihm oder ihr darüber diskutieren, und ich brauche seine oder ihre Unterstützung.)

Realistisch? Das Ziel ist realistisch. Die Firma XYZ verwendet bereits Produkte, die ähnlich wie unsere sind. Wir haben gegenüber dem Konkurrenten einen Wettbewerbsvorteil bezüglich Qualität und Lieferzeit. Wir waren bereits früher im Gespräch mit XYZ, die Verkaufsverhandlungen scheiterten jedoch an unserer Verhandlungsführung.

Überschaubare Tätigkeiten:
- mit meinem Partner die Auswirkungen einer kurzfristig höheren Arbeitsbelastung diskutieren
- mit meiner Vorgesetzten den besten Einstieg bei der Firma XYZ abstimmen
- akzeptieren, daß es weniger kurzfristige Resultate gibt
- kontrollieren, ob die erwarteten Ressourcen zur Verfügung stehen
- Anrufe tätigen, um mich mit meinem Namen als Kontaktperson einzuführen
- mit Leuten sprechen, die in der Vergangenheit vergeblich versuchten, an die Firma XYZ zu verkaufen.

Es gibt auch bereits Computersoftware, die Sie durch den Prozeß der Zielfestsetzung leitet und Ihnen die Ergebnisse ausdruckt (siehe Teil 6 *Beratung*).

In diesem Prozeß werden Ihre Ziele in eine Serie kleiner, überschaubarer Aufgaben unterteilt, die täglich zu erledigen sind. Sie werden auch gründlich auf Gespräche mit Ihren Vorgesetzten vorbereitet, in denen Sie über den Fortgang berichten.

Mit dieser Prozeßplanung lassen sich zwei große Fallen in der Zeiteinteilung und Zielsetzung vermeiden:

– Die eine Falle wäre die, daß Sie über die kleinen täglichen Aufgaben Ihr großes Ziel, das Sie mit ihnen erreichen wollen, aus den Augen verlieren. Ein Telefonanruf ist nichts Besonderes und erweckt sicher nicht gerade Ihre Begeisterung; wenn Sie aber überlegen, daß dies ein weiterer Schritt zu Ihrem geplanten Verkaufsabschluß ist, fällt er Ihnen leichter.

   Stellen Sie die Verbindung zwischen Ihren kleinen Routinetätigkeiten und Ihren Zielen her.

– Die zweite Falle wäre, daß Sie sich vom Umfang einer Aufgabe überwältigt fühlen, daß Sie mehr abbeißen, als Sie kauen können, und meinen, Sie müßten alles auf einmal machen. Unser Verstand neigt dazu, uns alle unsere Ziele auf einmal darzubieten. Wie ißt man einen Elefanten? Indem man einen Bissen nach dem anderen nimmt. Sie können immer nur einen Schritt machen, und Sie müssen auch nur einen Schritt auf einmal machen. Jedes Mal, wenn Ihnen eine Aufgabe zu groß erscheint, sollten Sie diese in kleinere Aufgaben unterteilen.

   Unterteilen Sie umfangreiche Ziele in überschaubare Tätigkeiten.

PRIORITÄTEN SETZEN

Jetzt haben Sie eine Liste mit Ihren Tätigkeiten und können die tägliche Planung angehen.

Unterteilen Sie die Tätigkeiten in zwei Kategorien: „dringend" und „nicht dringend". Unter „dringend" fallen die Tätigkeiten, die unbedingt erledigt werden müssen. Sie können direkt oder indirekt mit Ihren Zielen zu tun haben. Dringende Aufgaben erfordern Ihre sofortige Aufmerksamkeit, alles übrige ist dann „nicht dringend".

Als nächstes nehmen Sie eine Unterteilung in zwei weitere Kategorien vor: „wichtig" und „nicht wichtig". Wichtige Tätigkeiten führen zu Ergebnissen und haben direkt mit Ihren Zielen zu tun. Das sind die Dinge, die Sie an Ihrem Beruf schätzen. Stephen Covey benutzt diese Unterscheidungen in seinem Buch *The Seven Habits of Highly Effective People* (in seinem Kapitel über Zeitmanagement):

– Tätigkeiten, die Sie als *dringend und wichtig* betrachten, erhalten durch Ihre Wertung Priorität. Wenn Sie die meiste Zeit mit solchen Aufgaben verbringen, könnte es sein, daß Sie Dinge zu leicht als dringend betrachten. Wenn ein großer Teil Ihrer Zeit für diese Kategorie benötigt wird, sollten Sie sich analysieren: Inwiefern führen Sie diese Situation selbst herbei, indem Sie Arbeit vernachlässigen, die zwar wichtig, aber nicht dringend ist. Wenn Sie wichtige, aber nicht dringende Dinge zu lange liegenlassen, werden diese dringend. Wenn Sie Ihre Zeit damit verbringen, daß Sie Feuerwehr spielen und Notfälle beheben, bedeutet das unnötigen Streß.

Sehr viele Aufgaben, die der Kategorie *dringend und wichtig* zugeordnet sind, belasten die Planung. Sie sind zeitaufwendig, lenken ab und – wenn wir das so sagen dürfen – sie sind aufregend. Nach einem Tag voller dringender und wichtiger Arbeiten haben

Sie wirklich das Gefühl, daß Sie sich Ihr Geld verdient haben. Aber diese dringenden Arbeiten bringen Sie meist Ihren Zielen nicht näher, sie schieben nur Katastrophen hinaus. Wenn Sie besser planen, werden Sie feststellen, daß Sie weniger Zeit für Derartiges verwenden. Daß Sie besser organisieren, merken Sie dann, wenn Sie weniger Zeit für diese verzweifelten Bemühungen brauchen. Sie müssen nicht härter arbeiten, sondern *klüger* – ein Unterschied, den Workaholics nicht zu schätzen wissen: Solche Menschen sind süchtig nach Arbeit, nicht nach Ergebnissen oder Erfolgen.

– Bei den *wichtigen und nicht dringenden* Tätigkeiten erhalten Sie mit sehr wenig Anstrengung die besten Ergebnisse. Mit ihnen erreichen Sie Ihre Ziele. Wenn Sie sich Ihre Zeit und Ihre Arbeit besser einteilen, werden Sie feststellen, daß Sie immer mehr Tätigkeiten dieser Kategorie zuordnen. Dies ist der Punkt, an dem Sie eingreifen können, um viele der Krisen aufzuhalten, die Ihre Zeit bisher beanspruchen. Krisen wird es immer geben, aber Sie können diese auf ein Minimum beschränken. Zielbestimmung, der Aufbau guter Beziehungen mit Kunden, langfristige Planung und Vorbereitung von Besprechungen gehören auch in diesen Bereich.

– *Dringende, aber nicht wichtige* Arbeiten sorgen vor allem für Zeitverschwendung, denn wir halten sie oft für wichtig. Gewöhnlich sind es kurzfristige Aktivitäten, und häufig sind es Dinge, die andere Leute von Ihnen erwarten. Zwei Hauptschuldige gibt es dabei:

Das *Telefon* läutet nicht nur, es ist beharrlich, wie jemand, der unaufhörlich an Ihrem Ärmel zieht. Es hat Macht über uns, denn bevor wir nicht den Hörer abnehmen, wissen wir nicht, wer am anderen Ende der Leitung ist. Könnte es dieser wichtige Kunde sein, auf den wir schon lange warten? Oder die Auskunft über jene wichtige Adresse? Ein Notfall?

Seien Sie ehrlich, wahrscheinlich nicht. Wenn Sie einen wichtigen Anruf erwarten, dann brauchen Sie nur jemanden, der den Anruf entgegennimmt. Haben Sie einen Mitarbeiter, kann er den Anruf annehmen und ihn dann weitergeben, oder er kann Ihre Nachricht übermitteln, daß Sie zurückrufen, wenn es bei *Ihnen* paßt. Haben Sie keinen Mitarbeiter, verabreden Sie mit Kollegen oder Kolleginnen, daß diese die Anrufe für Sie entgegennehmen. Schalten Sie den Anrufbeantworter ein, oder nehmen Sie den Hörer von der Gabel.

Post ist der andere Hauptschuldige. Sie fällt in drei Kategorien an: Abfall, den Sie wegwerfen können; Briefe, die Sie nur einmal durchlesen, aber nicht beantworten, sondern nur ablegen müssen; und schließlich Briefe, die Sie beantworten müssen. Teilen Sie diese letzte Gruppe wiederum auf in „dringend“, „nicht dringend und wichtig“ und „nicht wichtig“, und nehmen Sie sie entsprechend in Ihren Tagesplan auf.

– Schließlich gibt es die *nicht dringenden und nicht wichtigen* (und auch nicht nötigen) Tätigkeiten. Wahrscheinlich wissen Sie bereits, welche das sind. Denken Sie an das Sprichwort: „Die Zeit totschlagen ist kein Mord, es ist Selbstmord.“ Die nicht dringenden und nicht wichtigen Tätigkeiten erfordern unsere Beachtung, bevor Sie zu einem Problem werden.

Ein Teil der Dienstreisezeit kann in diese Kategorie gehören. Persönliche Treffen kommen Firmen und Kunden teuer. Zunehmend mehr Geschäfte können telefonisch abgewickelt werden, und teilweise geschieht dies bereits.

Trennen Sie aber solche Aktivitäten, die keine Ergebnisse erwarten lassen, von Tätigkeiten, die Ihrer Entspannung und Ihrem Wohlbefinden dienen. Ihre Gesundheit gehört ganz sicher in die Kategorie „wichtig“ und könnte auch zu den „dringenden“ gehören.

Sich zu viel aufhalsen

Viele kleine Regentropfen summieren sich zu einem Platzregen, gleichen Sie also die Verpflichtungen Ihrer eigenen Leistungsfähigkeit an (siehe Glossar *Pacing*). Wenn Sie viel auf sich nehmen, um anderen zu gefallen, erreichen Sie genau das Gegenteil, weil Sie nämlich dann unter Umständen ein Geschäft wegen Überlastung schleifen lassen. Wenn Sie „nein" oder „später" sagen, kann das sehr befriedigend sein. Sie können es durch die Blume oder direkt sagen, das hängt davon ab, mit wem Sie sprechen. Bei einem Vorgesetzten könnte es schwierig werden, „nein" zu sagen. Versuchen Sie es vielleicht auf folgende Weise: „Sicher werde ich das tun; lassen Sie mich nur aufzählen, was ich im Moment sonst noch zu tun habe."

Zeigen Sie Ihren Vorgesetzten, welche Projekte Sie gerade bearbeiten. Je besser diese organisiert sind, desto eindrucksvoller wird die Demonstration. Danach können Sie zum Beispiel sagen: „Ich habe mir ausgerechnet, daß ich damit die nächsten Tage ganz schön beschäftigt sein werde. Wenn ich mache, was Sie mir gerade aufgetragen, muß ich etwas anderes liegenlassen. Was sollte ich Ihrer Meinung nach aufschieben oder umplanen, damit ich letzteres erledigen kann?"

Was wir bisher dargestellt haben, ist wichtig und nicht neu. Wir wissen alle, wie wichtig eine gute Zeiteinteilung ist. Und um das praktisch umzusetzen, sollten Sie sich die vergangene Woche ansehen und überlegen, wieviel Ihrer Zeit Sie mit Kundenkontakten verbracht haben. Berechnen Sie dann den Wert dieser Zeit, indem Sie die Einkünfte zusammenstellen, die Sie aus diesen persönlichen Kontakten erzielt haben. Es könnten beeindruckende Werte sein. Wenn Sie also eine Stunde pro Tag mehr für persönliche Kontakte einsetzen, könnten Sie Ihre Auftragseingänge um ein Mehrfaches dieses Wertes erhöhen, ohne Ihre Verkaufsfertigkeiten zu verbessern.

Was hält Sie also davon ab, Ihre Zeit so zu nutzen, daß Sie die Ergebnisse erzielen, die Sie sich wünschen?

ERLEDIGEN SIE IHRE AUFGABEN
INNERHALB EINES ZEITVERLAUFS

In diesem Themenbereich kann das Neurolinguistische Programmieren (NLP, siehe Glossar) einen einzigartigen Beitrag leisten. Pläne für ein ausgewogenes Zeitmanagement erscheinen jedem vernünftig, und dennoch wenden viele Menschen sie nicht an und können das auch nicht. Solchen Plänen liegt die Annahme zugrunde, daß wir Zeit immer in derselben Weise erleben. Aber das tun wir nicht. Die Ironie liegt darin, daß Zeiteinteilung für *die* Menschen erstrebenswert erscheint, die bereits gut organisiert sind und entsprechend denken. Bei einigen Menschen ist das „natürlich", bei anderen nicht, und der Grund dafür ist, daß wir die Zeit *subjektiv* unterschiedlich erleben. Und an diesem Punkt ist NLP sehr hilfreich.

Wenn es Ihnen schwerfällt, Ihre Zeit einzuteilen, wird sich für Sie eine gewaltige Erleichterung einstellen, wenn Sie verstehen, *wie* Sie die Zeit erleben. Wenn es Ihnen jetzt schon leichtfällt, fällt es Ihnen danach noch leichter.

Denken Sie darüber nach, wie Sie die Zeit in Ihrem Innern erleben. Im Außen messen wir Zeit an Entfernungen und Bewegungen, zum Beispiel mit einem beweglichen Zeiger auf dem Zifferblatt. Aber in unserer subjektiven Wahrnehmung sortieren wir alle unsere Erinnerungen auf unsere eigene Weise und planen die Zukunft nach individuellen Maßstäben. Machen Sie das folgende kurze Experiment, und finden Sie heraus, wie *Sie* die Zeit erleben:

Zeitlinien

Die meisten Menschen erleben die Zeit als eine Linie, die Vergangenheit und Zukunft verbindet. Denken Sie kurz an etwas, was gestern geschah. Etwas, was Sie sahen und hörten. Dann denken Sie an

eine Erfahrung, die einige Wochen zurückliegt. Beide sind Vergangenheit. Aus welcher Richtung scheinen diese Erlebnisse zu kommen? Von rechts oder von links, von oben oder unten, von hinten oder vorn?

Denken Sie jetzt an ein Ereignis, das Sie in der Zukunft erwarten. In welcher Richtung scheint dieses Ereignis zu liegen?

Wenn Sie ein Gefühl dafür entwickelt haben, wo sich vergangene Erinnerungen und zukünftige Hoffnungen befinden, achten Sie darauf, wie diese durch eine Linie verbunden sind. Dies ist *Ihre* Zeitlinie. Beobachten Sie, wo das Jetzt auf Ihrer Zeitlinie liegt. Scheint es in Ihrem Körper oder außerhalb von Ihnen zu sein?

Zeitlinien lassen sich grob in zwei Kategorien einteilen. Zur ersten Kategorie gehören die Zeitlinien, bei denen Sie das Jetzt als außerhalb Ihres Körpers, gewöhnlich direkt vor Ihnen erleben. Es ist so, als könnten Sie etwas außerhalb des Zeitstroms stehen und seinen Verlauf beobachten. Meistens scheinen sowohl vergangene wie auch zukünftige Erfahrungen vor Ihnen zu liegen, auf einer Linie, die von einer Seite zu der entgegengesetzten Seite (von rechts nach links oder von links nach rechts) verläuft. Das nennt man das Erleben „durch die Zeit".

Bei der zweiten Kategorie erleben Sie das Jetzt *in* Ihrem Körper. Das nennt man das Erleben „in der Zeit". Dabei wird auf Ihrer Zeitlinie die Vergangenheit oft hinter Ihnen und die Zukunft vor Ihnen sein.

Im Rahmen von NLP-Anwendungen wurde viel über individuelle Zeitlinien geforscht, und vielleicht wollen Sie einige Bücher lesen, die sich detaillierter mit diesem Thema befassen (siehe zum Beispiel Literaturverzeichnis *Tad James: Time Line. NLP-Konzepte*). Menschen, die *durch die Zeit* wahrnehmen, fällt das Planen sehr viel leichter. Da die Zeit quasi *vor* ihnen ausgebreitet ist, ist ihnen die Reihenfolge anstehender Arbeiten leichter ersichtlich und planbar. Diese Menschen treffen präzise Verabredungen und halten diese

auch ein. Sie setzen ohne Schwierigkeiten Termine fest und nehmen diese ernst, erwarten dasselbe aber auch von anderen. *Durch die Zeit* zu organisieren, ist im Geschäftsleben vorherrschend, denn dort heißt es: „Zeit ist Geld".

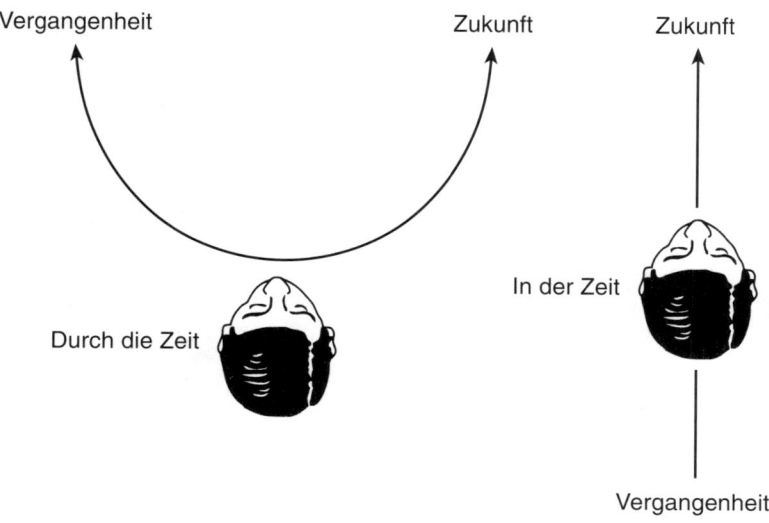

Erleben „durch die Zeit" und „in der Zeit"

Menschen, die *in der Zeit* orientiert sind, konzentrieren sich mehr auf den gegenwärtigen Augenblick und erleben die Dinge so, wie sie geschehen. Sie können im wahrsten Sinn des Wortes „die Vergangenheit hinter sich lassen". Sie leben weniger geordnet, und es ist typisch für sie, daß sie keine Termine festsetzen. *In der Zeit*-Menschen erscheinen weniger zuverlässig und interpretieren Verabredungen flexibler. Ihnen fehlt es nicht an Energie oder an Fähigkeiten, sie verbinden einfach die Gegenwart nicht unbedingt mit einer geplanten Zukunft.

Keine dieser beiden Einstellungen, weder *durch die Zeit* noch *in der Zeit*, ist für Sie an sich besser als die andere. Es hängt davon ab, welche Ziele Sie haben und was Sie tun wollen. Da gibt es viele Aktivitäten, bei denen Sie voll in der Gegenwart sein wollen – also *in der Zeit*. Leute im Verkauf sind meist *in der Zeit*, da sie sich dann bei Verkaufsgesprächen auf den Kunden konzentrieren können. Um Ziele zu setzen und Treffen zu planen ist die Ausrichtung *durch die Zeit* wirksamer.

Wir brauchen kein Preisrätsel daraus zu machen, welcher Typ Zeitmanagementpläne aufstellt und sie auch einsetzt: Es sind *Durch die Zeit*-Menschen, die vom Zeitmanagement predigen.

Wählen Sie Ihre Zeitlinie

Für bestimmte Tätigkeiten können Sie Ihre Zeitlinie verändern, Sie sollten Sie jedoch nicht generell ändern. Benutzen Sie eine *Durch die Zeit*-Linie, um Ihre Ziele zu finden, um sie in kleinere Aufgaben zu unterteilen und um Prioritäten zu setzen.

Als erstes überprüfen Sie, ob Sie zu den Menschen gehören, die *durch die Zeit* wahrnehmen, während Sie planen; sind Sie nicht *durch die Zeit*, sondern *in der Zeit,* wechseln Sie dorthin. (Gehören Sie zu letztgenanntem Typ, gehen Sie wieder zu Ihrer normalen Zeitlinie zurück, wenn Sie fertig sind.) Der Prozeß ist folgender:

1. Sie suchen sich einen ruhigen Platz. Dort stellen Sie sich vor, daß Sie von Ihrer Zeitlinie heruntertreten, so als würden Sie auf den Gehsteig treten, um die Straße entlang zurückzuschauen. Stellen Sie sich vor, daß Sie die Straße sehen, die sich in beiden Richtungen erstreckt. Bestimmen Sie das eine Ende der Straße als „Zukunft", das andere als „Vergangenheit". Die Stelle, an der Sie stehen, entspricht der Gegenwart.

2. Sie gehen jetzt durch den Prozeß der Zielsetzung, wie vorher beschrieben. Unterteilen Sie die Ziele in kleinere Aufgaben, und setzen Sie Prioritäten. Übertragen Sie mental all Ihre Aufgaben, die
   Sie zuvor schriftlich geplant haben, auf diese Straße – sie entspricht Ihrer Zeitlinie, so wie Sie diese vor sich sehen. Legen Sie
   die Arbeiten so auf dieser Straße aus, daß die am weitesten ent-
   fernten auch erst in ferner Zukunft erledigt werden. Sofort zu er-
   ledigende Arbeiten liegen Ihnen am nächsten.

   Wenn Sie sich das alles nicht gut mental vorstellen können, voll-
   ziehen Sie den ganzen Prozeß auf dem Fußboden: Schreiben Sie
   jede Aufgabe auf ein Blatt Papier, und legen Sie alle der Reihe
   nach vor sich hin.

3. Sobald Sie beginnen, die Ziele in Aufgaben aufzuteilen und Termine festzusetzen, aktivieren Sie Ihre Vorstellungskraft: Stellen
   Sie sich vor, wie Sie jede Aufgabe in der Zukunft erledigen. Stellen Sie sich vor, daß Sie jede Arbeit erfolgreich abschließen. Stellen Sie sich Ihre Befriedigung vor, die Sie empfinden, wenn sich
   jede Aufgabe erfolgreich an die andere anschließt.

4. Üben Sie nun mental, was Ihrer Meinung nach geschehen sollte.
   Stellen Sie sich Ihren Arbeitstag vor. Finden Sie heraus, welche
   natürlichen Unterbrechungen Sie daran erinnern können, auf
   Ihren Plan zu sehen. Stellen Sie sich vor, wie Sie in diesen Pausen
   auf den Plan schauen. Oder vielleicht stellen Sie sich vor, daß Sie
   einen gut organisierten *Durch die Zeit*-Freund oder -Kollegen
   bitten, Sie zu erinnern.

5. Sind Sie fertig, stellen Sie Ihre normale Zeitlinie wieder her,
   indem Sie in die Gegenwart gehen.

Sie können diesen Prozeß anhand dieses Buches ausführen, aber
manche Menschen haben dabei vielleicht Schwierigkeiten. Leichter
geht es mit einer Gruppe oder in einem Verkaufstraining.

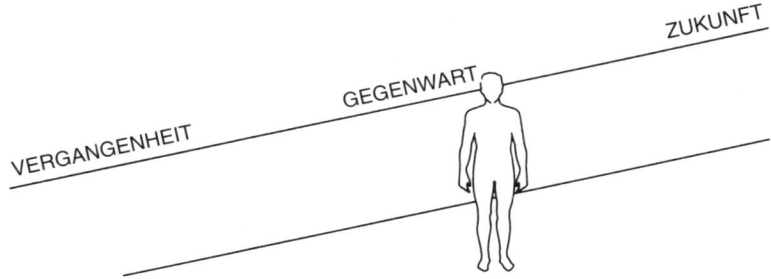

Aus der Zeitlinie heraustreten

Sie haben jetzt Ihre Ziele, Aufgaben und Termine auf Ihrem schriftlichen Plan und auf Ihrer mentalen Zeitlinie fixiert. Wenn Sie *durch
die Zeit* orientiert sind, merken Sie möglicherweise, daß Sie all das
bereits unbewußt tun.

Behalten Sie Ihren schriftlichen Plan bei sich im Büro oder wo
immer er sinnvoll ist. Schauen Sie täglich in den auftretenden Pausen
darauf. Stellen Sie sich Ihren Plan, wenn Sie ihn anschauen, mental
auf Ihrer Zeitlinie vor. Einige Aufgaben werden Sie dann bereits in
Ihrer Vergangenheit erledigt sehen. Andere befinden sich noch auf
der Zeitlinie der Zukunft. Jedes Mal, wenn Sie das machen, wird die
Verbindung zwischen dem schriftlichen Plan und dem Zustand
durch die Zeit gestärkt.

Im NLP wird dieser Prozeß, Assoziationen aufzubauen, als *Ankern*
bezeichnet (siehe auch Glossar). Gegenstände und Ereignisse werden mit Gefühlen und Handlungen verbunden.

Indem Sie Ihre schriftliche Liste wiederholt mit Ihrem Aktionsplan
durch die Zeit verbinden, bauen Sie eine stärkende Assoziation auf.
Und diese Assoziation ist angenehm, da Sie sich bereits vorgestellt
haben, Sie hätten die Aufgaben erledigt; das entsprechend gute Gefühl des Erfolgs haben Sie bereits vorweggenommen.

Dieser Prozeß macht Planen und Organisieren viel einfacher und effektiver, und er macht es auch weniger stressig. Der Prozeß läßt sich auch dazu verwenden, einen guten emotionalen Zustand vorzubereiten (siehe Kapitel 15).

An dieser Stelle haben Sie sichergestellt, daß der Zustand *durch die Zeit* an den Blick auf Ihren Arbeitsplan geankert ist. Ihre Konzentration im Zustand *in der Zeit* bewahren Sie für andere Situationen auf, in denen das für Sie vorteilhaft ist.

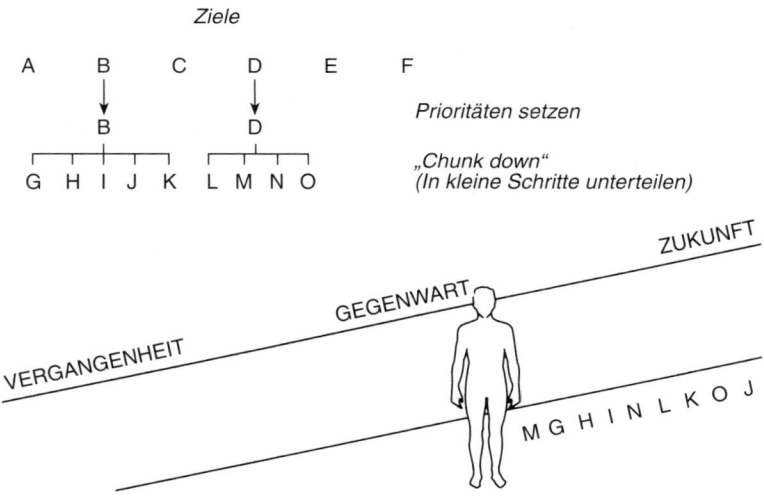

Ziele setzen, Prioritäten finden, Blickwinkel ändern (siehe Glossar *Chunking*), Ziele über einen Zeitverlauf hinweg erledigen

IHR VERKAUFSGEBIET ORGANISIEREN

Wie Sie Ihr Verkaufsgebiet organisieren, hängt sehr von folgenden Faktoren ab:

– *Wie werden Sie beurteilt*: Wenn das Management von seinen Mitarbeitern und Mitarbeiterinnen erwartet, daß sie viel Treibstoff verbrauchen und als Beweis für ihren Einsatz Rückenschmerzen haben, dann werden Sie Ihr Verkaufsgebiet wahrscheinlich so organisieren, daß Sie diese Beweise liefern können.

– *Wo leben Sie*: Wenn Sie lange Strecken fahren müssen, um zu Ihrer jeweiligen Arbeitsstelle zu kommen, planen Sie Ihre Verkaufstätigkeit anders, als wenn Sie in der Nähe Ihres Einsatzgebietes wohnen.

– *Häufigkeit von Kundenkontakten*: In manchen Verkaufsabteilungen müssen Sie 15 Kontakte pro Tag nachweisen, in anderen nur drei in der Woche. Dieser Aspekt hat sicher einen Einfluß auf die Planung Ihrer Tätigkeit.

– *Ihre Einstellung zu Ihrer Arbeit*: Wie auch bei anderen Organisationsformen ist die Planung Ihrer Tätigkeit wahrscheinlich ein besserer Indikator für Ihre Motivation und Ihre Einstellung zur Arbeit als Ihr Auftreten vor Kunden.

– *Ihre Lieblingsprogramme im Radio*: Gehören Sie zu denen, die Ihren Verkaufsbereich und Ihre Reisen – bewußt oder unbewußt – unter Umständen so planen, daß Sie während der Fahrt Ihre Lieblingssendung hören können?

– *Wie reaktiv sollten Sie sein*: Wenn sich Probleme ergeben, die Sie lösen müssen, sollten Sie das innerhalb Ihres Verkaufsgebietes erledigen können – dazu brauchen Sie entsprechende Kontakte.

– *Der geschäftliche Ausgleich*: In einigen Verkaufsgebieten erbringen kleine Bereiche prozentual viele Geschäfte. Die Geschäftsdichte sollte Ihren Plan stärker beeinflussen als die tatsächliche Flächengröße.

– *Die Gesamtgröße und das Volumen*: In der Innenstadt von München beurteilen Sie Ihr Verkaufsgebiet nach anderen Kriterien als in einer Kleinstadt.

Wenn Sie Ihr Verkaufsgebiet planen, kann es sinnvoll sein, genau so vorzugehen wie bei der Planung einer Besichtigungstour: Wir organisieren uns gewöhnlich so, daß wir bei minimalen Urlaubsreisekosten möglichst viel sehen.

Aus dem Blickwinkel des „geizigen Touristen" können Sie Ihr Verkaufsgebiet nicht als einen Ort sehen, an dem Sie wöchentlich 40 Stunden verbringen müssen, sondern als ein Land, aus dem Sie mit minimalen Kosten und Anstrengungen maximale Erträge mitnehmen wollen. Auf diese Weise können Sie die Versuchung reduzieren, nach jedem Besuch ins Büro zurückzukehren (Sie kehren im Urlaub ja auch nicht nach jeder Tour direkt ins Ferienhotel zurück).

Der Schlüssel zu einer effektiven Planung des Verkaufsgebietes ist eine Methode mit klaren geschäftlichen Zielen und Gründen – und jeder Plan ist besser als dieser: „Ich mache das, worauf ich gerade Lust habe."

ORGANISATION UND PLANUNG: ZUSAMMENFASSUNG

- Gute Planung heißt, daß Sie weniger Zeit mit Planen und mehr Zeit mit Ihrer Verkaufstätigkeit verbringen.

- Ziele setzen ist der erste Schritt zu einer guten Organisation:
  - Stellen Sie Ihre gegenwärtig wichtigen Verkaufsziele zusammen.
  - Prüfen Sie diese Ziele anhand der SMART-Checkliste: spezifisch, meßbar, machbar und erreichbar, realistisch, terminerecht geplant.

- Unterteilen Sie die Ziele in überschaubare Aufgaben:
  - Schreiben Sie diese Arbeiten auf.
  - Ordnen Sie sie nach Prioritäten.

- Teilen Sie die Arbeiten in *dringend* und *nicht dringend* auf.

- Unterscheiden Sie die Arbeiten zwischen *wichtig* und *nicht wichtig*.

- Konzentrieren Sie Ihre Bemühungen auf die Tätigkeiten, die *nicht dringend und wichtig* sind.

Zeit

- Es gibt zwei Möglichkeiten, die Zeit zu erfahren:
  - *In der Zeit* heißt, den gegenwärtigen Augenblick *innerhalb* des eigenen Körpers zu erleben. Meist liegt dabei auf Ihrer Zeitlinie die Vergangenheit hinter Ihnen und die Zukunft vor Ihnen.

  - *Durch die Zeit* heißt, die Gegenwart als außerhalb Ihres Körpers zu erleben. Die Zeit verläuft im Außen. Auf Ihrer Zeitlinie liegen gewöhnlich sowohl Vergangenheit als auch Zukunft vor Ihnen (siehe Abbildung).

- Wählen Sie zum Planen und zur Zielfindung eine *Durch die Zeit*-Linie.

- Etablieren Sie zum Beispiel mit der im Kapitel dargestellten Prozeßanleitung eine automatisierte Assoziationskette: Sobald Sie auf Ihren schriftlichen Plan schauen, befinden Sie sich auf der *Durch die Zeit*-Linie.

Verkaufsbereich

Übernehmen Sie bei Ihrer Organisation den Blickwinkel des „geizigen Touristen".

Kapitel 4
Neukunden und Erstkontakte

Denken Sie an eine Zeit, in der Sie wirklich kongruent davon überzeugt waren, daß Ihr Produkt den Bedürfnissen des Kunden oder der Kundin entsprach. Trotz Ihrer Überzeugung hatten Sie vielleicht Erfolg oder auch nicht. Der Kunde war vielleicht von Ihrem Angebot überzeugt oder aber selbst Ihre größten Bemühungen führten zu keinem Ergebnis und waren verschwendet.

Um zu verstehen, warum ein Kunde trotz Ihres Einsatzes möglicherweise nicht überzeugt war, sollten Sie sich an eine Situation erinnern, in der Sie selbst Kunde waren und sich von einem Verkäufer nicht überzeugen ließen. Seine Argumente erschienen *ihm* selbst offensichtlich glaubwürdig, Sie meinten aber, diese träfen für Sie nicht zu.

Ist es schon einmal vorgekommen, daß Sie ein Verkaufs- bzw. Kaufgespräch zwischen zwei Personen beobachten konnten und besser als die Beteiligten wußten, was zwischen den beiden ablief? Die außenstehende Position einzunehmen, ist manchmal recht nützlich – besonders wenn Verkäufer und Kunde nicht zu einer Einigung kommen.

Wenn Sie Ihre persönliche Realität wahrnehmen und Ihren eigenen Standpunkt recht gut kennen, wird dies im NLP die *erste Position* genannt (siehe Glossar *Wahrnehmungsebenen*). Gute Verkäufer müssen eine starke erste Position haben, um ihr Produkt kongruent zu verkaufen.

Sind Sie sich der Realität und des Standpunktes eines anderen Menschen bewußt, in diesem Fall Ihres Kunden, wird das die *zweite Position* genannt.

Sie haben sicher schon erlebt, daß Sie sich in Einklang mit einer anderen Person befanden und das Gefühl hatten, Sie wüßten, was diese Person denkt. Ohne die zweite Position können Sie keinen Einfluß auf einen anderen Menschen nehmen, weil Sie nicht wissen, wie er die Welt sieht.

Sind Sie in einer Position, in der Sie beide Standpunkte überblicken können, so ist das die *dritte Position.*

Je besser Sie die Position des Kunden und den gesamten Verkaufsprozeß überblicken, desto mehr Verkaufserfolge können Sie verbuchen.

In unseren Verkaufstrainings lassen wir die Teilnehmer Rollenspiele durchführen: Sie spielen sich selbst, um sich auf ihre eigenen Ziele und Fertigkeiten zu konzentrieren (erste Position), sie übernehmen die Rolle von Kunden, damit sie besser verstehen, was Kunden wollen und worauf sie ansprechen (zweite Position), und schließlich beobachten sie auf Video beide Seiten im Prozeß, damit sie objektiv und mit Abstand urteilen können (dritte Position).

Als Verkäufer gehen Sie nur allzu leicht in der ersten Position auf, Sie streben ohne Rücksicht auf den Kunden nach dem eigenen Gewinn (fehlende zweite Position), und Sie sind nicht in der Lage, Abstand zu gewinnen und sich anzusehen, was zwischen Ihnen und dem Kunden abläuft (fehlende dritte Position).

Wir verstehen den Verkaufsprozeß besser, wenn wir ihn aus allen drei Positionen betrachten, bevor wir überlegen, wer wofür verantwortlich ist.

DER VERKAUFSPROZESS		
Ebenen	Standpunkt des Verkäufers	Standpunkt des Kunden
Qualifikation	Suche nach Neukunden	Bedürfnisse erkennen
Kontakt	Rapport aufbauen	Erster Eindruck
	Bedürfnisse und Werte herausfinden	Wahlmöglichkeiten vergegenwärtigen
Der Verkauf	Einwänden und Bedenken begegnen	Probleme lösen
Kundenservice	Abschluß	Entscheiden
	Ausführung	In Gebrauch nehmen
	Anschlußfragen, Referenzen	

KUNDEN SUCHEN UND SONDIEREN

Der erste Schritt in dieser Handlungskette ist die Suche nach Kunden. Sondieren bedeutet, daß man sich nach einer kostbaren Ressource umsieht. Eine Ölgesellschaft bohrt nicht Hunderte von Löchern in der frommen Hoffnung, daß sie schließlich fündig wird. Sie verschafft sich einen Überblick und sammelt Informationen, bevor sie entscheidet, wo gebohrt wird. Eine Bohrung ist eine teure Angelegenheit.

Im Verkauf gehört zum Sondieren der Kunden, daß Sie sie identifizieren und beschreiben: Sie vergewissern sich, wer diese Kunden sind und daß sie ein Bedürfnis und eventuell auch Interesse an dem haben, was Sie anbieten. Als goldene Regel gilt: *Verschwenden Sie nicht Ihre Zeit mit Menschen, die Ihr Produkt nicht brauchen.*

Ein Verkaufsbesuch ist teuer. McGraw-Hill veröffentlicht jedes Jahr die durchschnittlichen Kosten für diesen Posten. 1988 wurden die entsprechenden Kosten in den Vereinigten Staaten mit rund 260 Dollar (etwa 400 DM), in Großbritannien mit rund 300 Dollar (etwa 450 DM) angegeben. Wenn Sie für einen Verkaufsabschluß drei bis sechs Besuche machen, werden die Kosten für den Verkauf erschreckend hoch.

Denken Sie an Ihre gegenwärtige „Kundenpipeline". Mit einem Teil Ihres übergeordneten Organisierens und Planens stellen Sie sicher, daß beständig eine Anzahl von Kunden die verschiedenen Ebenen des Verkaufsprozesses durchläuft, daß es also keine „Engpässe" in der Nachfrage gibt. Dazu ist es notwendig, *durch die Zeit* zu arbeiten (siehe Kapitel 3). Sie müssen sich mit dem gesamten Kreislauf befassen, damit jeder einzelne Teil funktioniert. Eine Ölgesellschaft, die das meiste Geld in Raffinerien investiert, steht dumm da, wenn kein Nachschub an Rohöl mehr erfolgt und kein Geld für die Prospektion neuer Bohrungen vorhanden ist. Die Raffinerien haben dann nichts mehr zum Verarbeiten. Wenn Sie also viel Zeit mit einigen wenigen Kaufabschlüssen verbringen, könnten Sie plötzlich keine Kunden mehr haben, mit denen Sie zu neuen Abschlüssen kommen könnten.

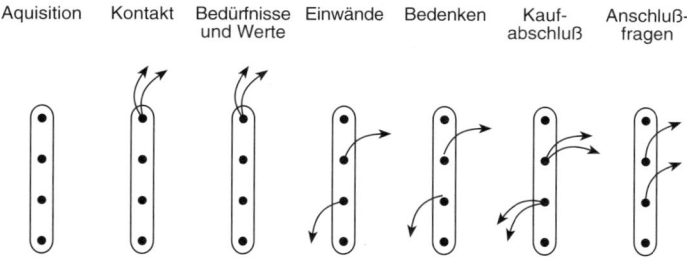

Die „Kundenpipeline"

Um dies zu verhindern, berechnen Sie das Verhältnis von Abschlüssen und Aquisition. Wenn Sie mit 10 Prozent Ihrer Kunden zu einem Abschluß kommen, brauchen Sie ständig zehnmal so viele mögliche Kunden in Ihrer „Kundenpipeline".

Eine „Kundenpipeline" aufbauen

Wie kommen Sie zu immer wieder neuen Kunden? Marketingstrategien und Werbung bringen Sie mit möglichen Kunden in Kontakt. Vielleicht kauft Ihre Firma Listen mit Interessenten und schreibt diese direkt an, vielleicht rufen Sie auch einfach auf Verdacht bei möglichen Kunden an.

– Denken Sie an die *Vorteile Ihres Produkts:*
  Welche Probleme lassen sich mit ihm lösen?
  Wie könnten Sie einige Fragen zusammenstellen, durch die Sie herausfinden, ob ein eventueller Kunde dieses Problem hat?

– Wenn Sie nach Kundenfirmen suchen, sollten Sie sich in Industriezweigen umschauen, die *zukünftiges Wachstum* versprechen oder bereits im Wachsen begriffen sind – weniger nach Firmen, die sich im Abstieg befinden oder stabil sind. Während sich die Zukunft allgemein nur schwer vorhersagen läßt, sind Hochtechnologie und Kommunikationsindustrie sichere Kandidaten für Verkaufserfolge in der Mitte der neunziger Jahre.

– Sie können sich *auf ein Marktsegment spezialisieren:*
  Welcher Teil lockt Sie?
  Mit welchen Kunden können Sie gut umgehen?
  In welchem Bereich kennen Sie sich am besten aus?
  Wenn Sie sich spezialisieren, lernen Sie die Anforderungen in diesem bestimmten Marktsegment besser kennen. Wenn Sie persönlich bekannt sind und Erfahrung gesammelt haben, bekommen Sie über die Kooperation mit Firmen Kunden geliefert. Sie müssen nicht an jeden Bereich verkaufen.

Den Kundenstamm nutzen

Erstellen Sie das Profil Ihrer typischen Kunden und Kundinnen. Was haben sie gemeinsam?

Wenn Sie an Organisationen verkaufen, erstellen Sie ein Profil von dem Firmentyp, bei dem Sie bisher erfolgreich waren: Notieren Sie die Daten zu Industriezweig, Größe und Firmenkultur. Dann fertigen Sie ein Profil des jeweiligen Einkäufers innerhalb der Firmen. Auf welcher Managementebene befindet er oder sie sich? In welcher Abteilung?

Analysieren Sie noch Ihren Kundenstamm. Wer sind Ihre schlimmsten Kunden? An wen hätten Sie besser nicht verkauft? Entwickeln Sie ein „Problemprofil", damit Sie in Zukunft schwierige Kunden meiden können.

Zufriedene Kunden sind Ihre beste Ressource bei der Suche nach Neukunden. Sie empfehlen Ihr Produkt an andere weiter. Unzufriedene Kunden schrecken andere ab. Zufriedene Kunden schließen wiederholt bei Ihnen Aufträge ab und empfehlen Sie weiter.

Empfehlungen

Empfehlungen sind qualifizierte Kontaktadressen, die Sie von Menschen bekommen, die ein gutes Verhältnis zu der jeweiligen Person pflegen. Wie kommen Sie zu einer Empfehlung? Indem Sie fragen. Warum sollte Sie jemand weiterempfehlen? Zufriedene Leute teilen gern anderen mit, daß sie zufrieden sind. Wenn andere ihren Entscheidungen folgen, wird diese Entscheidung dadurch noch glaubwürdiger.

Manche Verkäufer fragen direkt: „Kennen Sie jemanden, der auch an diesem Produkt interessiert wäre?" Diese Frage ist zu allgemein ge-

halten. Kunden werden zögern, all ihre Kontakte zu sichten und weiterzugeben. Sie könnten fragen: „Herr Jonas, wir habe die Erfahrung gemacht, daß Manager, die in mittelgroßen Firmen wie der Ihren mit Organisationsentwicklung befaßt sind, besonders an unserem Produkt interessiert sind. *Wen* kennen Sie in diesem Bereich, den ich ansprechen könnte?" Das ist eine Methode, die den Fokus eingrenzt und dem Kunden sortieren hilft.

ERSTKONTAKTE

Die Kontaktebene ist von verschiedenen Aspekten abhängig: von dem Produkt, das Sie verkaufen, von der Frage, ob die Firma des Klienten bereits ein Konkurrenzprodukt bezieht, und davon, ob Ihr Produkt neu oder innovativ ist. Außerdem spielen die Kosten eine Rolle.

Je mehr Ihr Produkt oder Ihre Dienstleistung kostet, desto höher muß der Status Ihres Ansprechpartner oder Ihrer Ansprechpartnerin sein, der oder die dann auch den Kauf genehmigt.

Wir bieten Ihnen im folgenden verschiedene Methoden an:

„Von der Spitze nach unten"

Diese Methode bedeutet, daß Sie im Erstkontakt so weit wie möglich „oben" ansetzen, also zumindest auf Abteilungsleiterebene, vorzugsweise aber auf Geschäftsführungsebene. Für Sie als Verkäufer oder Verkäuferin hat dieser Kontakt den Vorteil, daß Sie sich, wenn Sie der Person an der Spitze Ihre Idee oder Ihr Konzept verkaufen können, bei den Verhandlungen mit weiteren Entscheidungsträgern oder Benutzern des Produkts auf die Autorität des

Vorgesetzten berufen können. Die Leute werden Sie behandeln, als seien Sie ein Repräsentant des oberen Managements und nicht ein Außenseiter, der den Weg ins Geschäft sucht.

Ein Bereichsleiter hat wahrscheinlich den größeren Überblick über die Firma als ein Abteilungsleiter. Wenn Sie ihn ansprechen, erhöhen sich auch die Chancen, komplette Bereiche zu finden, in denen Bedarf besteht, und nicht nur Teilbereiche.

Der Nachteil dieser Methode ist, daß Kontakte zum oberen Management nicht so leicht herzustellen sind. Termine werden nur zögernd und oftmals sehr langfristig abgesprochen. Daran läßt sich nichts ändern, Sie können nur ausdauernd sein. Meist wird auch mit der Zeit gegeizt, so daß Sie eine Präsentation kurz und einfach gestalten und einen Gesamtüberblick vermitteln sollten.

Wenn die Methode „von der Spitze nach unten" in Ihrem Marktbereich und mit Ihren Produkten funktioniert, dann sollten Sie sie nutzen. Die Gefahr von Fallstricken ist hier am geringsten. Sie merken es zumindest bald, wenn Sie Ihre Zeit verschwenden.

„Von der Mitte nach oben"

„Von der Mitte nach oben" heißt, zunächst Kontakte auf Abteilungsleiterebene zu schaffen, wobei das Ziel darin besteht, einen „internen Vermittler" oder „Mentor" zu finden. Das ist jemand, der von den Vorteilen Ihres Produkts überzeugt ist. Sein Rat ist von unschätzbarem Wert, da er Ihnen sagen kann, wen Sie ansprechen und wie Sie bei Besprechungen und Demonstrationen vorgehen sollten.

Der Vorteil dieser Methode liegt darin, daß Ihnen jemand einen Gefallen tut, dem man kein persönliches Interesse unterstellt und der keine finanziellen Vorteile hat. Vielmehr kennt er die internen Abläufe und die Politik der Kundenfirma, und er tritt für Sie ein, wenn Sie nicht anwesend sind.

Der Nachteil dieser Methode ist, daß sich die Kaufkriterien des internen Vertreters vielleicht von denen der Entscheidungsträger unterscheiden. Der „interne Verkäufer" ist möglicherweise nicht umfassend über die Ziele und die Politik der Firma informiert. Die Fachleute, die wirklich entscheiden, ziehen vielleicht Konkurrenzprodukte in Betracht. Zudem besteht die Gefahr, daß beim Ausscheiden dieses internen Vertreters aus der Firma auch das Interesse an Ihren Produkten schwindet.

„Von unten nach oben"

Die Erstkontakte finden bei dieser Methode auf einer relativ niederen Hierarchieebene statt – gewöhnlich mit den Anwendern des Produkts. Ist der Preis Ihres Produkts niedrig genug für deren Budget, besteht keine Notwendigkeit, der Firma ein größeres Konzept zu verkaufen. Diese Methode funktioniert, indem andere Ihr Produkt im Einsatz prüfen und es sich aufgrund seines Nutzens selbst verkauft.

Diese Methode ist nicht so schwach wie sie erscheint. In manchen Firmen verlief die Einführung ganzer Computersysteme auf diese Weise. Wo ein großer Hersteller den Verkaufsrahmen bereits vorgibt, ist es unrealistisch und zeitaufwendig, wollte man als kleine Firma diese Politik mit einem Schlag verändern. Schlagen Sie lieber ein Stück nach dem anderen von dem Monolithen ab, bis er verschwunden ist.

Welche Methode Sie auch nutzen, Sie müssen mit bestimmten Personen in der Firma sprechen:
- Diese sollten den Bedarf der Organisation in ihrem Produkt- oder Dienstleistungsbereich kennen oder sich mit den Problemen befassen, die durch Ihr Produkt abgedeckt sind.
- Diese müssen über das Budget verfügen und die Entscheidung zum Kauf treffen können, oder sie müssen in dieser Hinsicht

Einfluß haben. Wenn Sie einen neuen Kunden treffen, sollten Sie die vorgegebenen Wege innerhalb der Firma für den Einkauf Ihres Produkts kennen.

Kommt Ihr erster Kontakt auf einer übergeordneten Ebene zustande, gibt es meist noch zwei andere Personen, die Sie treffen und überzeugen müssen. Einmal ist das der- oder diejenige, der oder die das Produkt einsetzt oder andere dazu bringt, es zu benutzen. Oft gibt es außerdem jemanden, der die technischen Bedingungen des Produkts beurteilt.

Ein Team einer Computerfirma verkaufte ein umfassendes Computersystem an eine Firma. Sie erklärten den technischen Experten das System. Für diese Experten war das wichtigste Kriterium, daß sie modernste Technologie installieren wollten. Sie wußten, daß das System andernfalls bald überflüssig sein würde und nicht mehr mit den übrigen Systemen in der Firma kompatibel wäre. Die technischen Experten empfahlen das System, und die Entscheidungsträger unterschrieben den Auftrag.

Die Benutzer wurden jedoch nicht angemessen befragt. Aus zwei Gründen waren sie nicht glücklich: Erstens hatten Sie das Gefühl, daß man ihnen das System aufzwang. Und zweitens, was noch wichtiger war, ließ sich die Arbeit, die sie erledigen mußten, mit dem neuen System nicht leicht durchführen. Ihr Kriterium war nicht die Technologie, sondern die Frage, wie die anstehenden Arbeiten damit bewältigt werden konnten. Die Anwender beklagten sich und wollten das System nicht benutzen, und damit war das Ergebnis insgesamt enttäuschend.

SUCHE NACH KUNDEN UND ERSTER KONTAKT: ZUSAMMENFASSUNG

Der Verkaufsprozeß sieht für den Kunden und den Verkäufer unterschiedlich aus.

Sondieren

• Gutes Sondieren neuer Kunden beeinflußt den Verkaufserfolg sehr stark.

• Verschwenden Sie Ihre Zeit nicht mit Leuten, die Ihr Produkt nicht brauchen.

• Stellen Sie eine Liste mit möglichen Kunden zusammen, damit der Kundennachschub konstant bleibt.

• Erstellen Sie ein Kundenprofil, damit Sie die Erfolgsaussichten beurteilen können.

• Lassen Sie sich Empfehlungen von zufriedenen Kunden geben.

Kontaktebene

• Hier drei Methoden für Erstkontakte in Firmen:
von der Spitze nach unten
von der Mitte nach oben
von unten nach oben.

• Verkaufen Sie, wenn möglich, an Kontaktpersonen, die den Bedarf der Firmen kennen und/oder die Entscheidungsbefugnis für den Kauf haben.

• Konsultieren Sie die technischen Experten in der Firma.

• Konsultieren Sie die Anwender Ihres Produktes, wenn Sie an Firmen verkaufen.

Kapitel 5

Das Telefon

Die meisten Sondierungen und Erstkontakte entstehen über das Telefon. Wie machen Sie also am besten Gebrauch davon? Am Telefon können Sie nur mit Ihrer Stimme und mit Ihren Worten einen guten ersten Eindruck machen und dadurch Ihrem Gegenüber Ihre Vertrauenswürdigkeit und berufliche Kompetenz vermitteln. Viele Fachleute in Verkauf und Vertrieb halten das Fehlen visueller Kommunikation für einen Nachteil. Daß sie die Körpersprache, den Gesichtsausdruck und die Gesten der Kunden nicht sehen können, nehmen sie als Einschränkung wahr. Das Telefon kann jedoch erste Kontakte erleichtern und diese sogar fördern. Wie kommt das? Weil Sie sich auf *einen* Wahrnehmungskanal konzentrieren und diesen gut trainieren können, ohne daß die anderen Sinneskanäle Sie ablenken.

Mit Ihrer Stimme Rapport gewinnen

Wenn Sie Rapport, also Übereinstimmung mit einem Menschen erreichen (siehe Glossar *Rapport*), gewinnen Sie dessen Vertrauen und bauen eine Beziehung auf, in der jeder dem anderen interessiert begegnet. Es bedeutet, zuzuhören und die Ansichten des anderen Menschen anzuerkennen. Aber wie kann diese andere Person über

das Telefon wissen, wie Sie wirklich sind? Wie können Sie zeigen, daß Sie auf sie eingehen und daß Sie sich von dem, was sie sagt, bewegen lassen?

Das geschieht zweifach: durch das, was Sie sagen, und wie Sie etwas sagen – ein passendes Bild ist der Sänger und der Gesang. Wir verändern unsere Stimmqualität automatisch, wenn wir jemanden bewegen wollen und eine positive Beziehung mit einem Menschen am anderen Ende der Leitung anstreben.

Untersuchungen, die Ende der sechziger Jahre durchgeführt und danach durch Wiederholungsstudien bestätigt wurden, zeigten, daß sich die Wirkung einer Kommunikation durch die Körpersprache, den Tonfall der Stimme und durch die Worte entscheidet. Für die Glaubwürdigkeit einer Botschaft ist der Tonfall der Stimme nachweislich fünfmal wichtiger als die Worte.

Denken Sie an ein beliebiges Telefongespräch, das Sie kürzlich führten. Wahrscheinlich erinnern Sie sich besser an die Stimme der Gesprächspartnerin und an den allgemeinen Grundton der Unterhaltung als an die genauen Worte.

Um also zum Beispiel mit einer Kundin Rapport zu erreichen, „matchen" Sie sie mit Ihrer Stimme: Matchen heißt, Sie hören gut zu, was sie sagt, und verwenden in Ihrer Antwort einige ihrer Wörter und Redewendungen. Und genauso wie ihre Worte matchen Sie ihre Stimme in bestimmten Aspekten – Sie gleichen sich zum Beispiel in Sprechtempo, Lautstärke und Stimmlage an.

Stellen Sie sich zwei Musiker vor, die ein Duett improvisieren. Je mehr sie zu einem gemeinsamen Rhythmus und zu einer gemeinsamen Harmonie finden, desto besser wird der musikalische Ausdruck. Um das zu erreichen, hört jeder auf den anderen und blendet seine Darbietung in dessen Variation ein, damit *gemeinsame* Musik entsteht. Seien Sie jedoch vorsichtig. Die Stimme zu matchen heißt nicht imitieren, sondern in Einklang sein.

Matchen Sie zunächst die Lautstärke und das Tempo, denn diese sind wichtig, und gleichzeitig ist es am leichtesten, sich diesen anzugleichen. Menschen sprechen gewöhnlich in dem Tempo, in dem sie auch am besten zuhören können. Wenn Sie mehr Übung und Erfahrung mit dieser Methode gewonnen haben, können Sie sich anderen Merkmalen der Stimme angleichen, zum Beispiel den Pausen, dem Timbre und dem Rhythmus.

Wenn Ihre Stimme dem Kunden widerstrebt, wird er nicht positiv reagieren – auch wenn Sie sorgfältig vorbereiten, was Sie sagen, und die technischen Details sehr gut beherrschen. Wenn Sie jedoch die Stimme matchen, kommt ein Kunde nicht an Ihnen vorbei, da Ihre Stimme der seinen ähnlich ist.

Die Beobachtung von guten Telefonverkäufern bestätigt, daß sie die Stimme am anderen Ende der Leitung matchen. Die erfolgreichsten Verkäufer haben für jede Gelegenheit eine andere Stimme. Diese verändert sich wie automatisch und paßt sich dem jeweiligen Gesprächspartner an. Vielleicht matchen auch Sie bereits mit der Stimme, ohne es zu wissen. Menschen versuchen von Natur aus, sich mit der Stimme mit einem Gegenüber in Einklang zu bringen – angefangen bei den ersten Worten des Kleinkindes; etwas in ihrem Inneren, der Wunsch nach Beziehung, veranlaßt sie dazu.

Es gibt vier Fertigkeiten, mit denen Sie am Telefon Rapport erreichen können:

• Machen Sie sich ein mentales Bild von Ihrem Kunden oder Ihrer Kundin. Es spielt keine Rolle, wie zutreffend es ist, aber Sie gelangen mit einem konkreten inneren Bild zu dem Gefühl, daß die körperlose Telefonstimme zu einem wirklichen Menschen gehört. Wenn Sie so vorgehen, hören Sie in seiner Stimme Interesse, Belustigung, Langeweile, Gereiztheit oder Vergnügen und können diese Gefühle auf die Erscheinung der Person, die Sie sich mental vorstellen, übertragen.

- Machen Sie Ihren Geist frei von Selbstgesprächen oder inneren Dialogen. (Innerer *Monolog* ist wohl eine zutreffendere Beschreibung.) Um die Stimme zu matchen und auf den Kunden zu reagieren, müssen Sie *ihm* und nicht Ihren eigenen inneren Monologen zuhören.

- Matchen Sie die Worte oder Redewendungen des Kunden oder der Kundin, wenn Sie Fragen stellen, und überprüfen Sie, daß Sie ihn oder sie richtig verstanden haben.

  Ein Kunde benutzt genau diese Worte, weil er damit vermittelt, was er meint. Wenn Sie dieselben Worte verwenden, lassen Sie ihn nicht nur wissen, daß Sie zuhören, sondern daß Sie auch die Bedeutung der Worte respektieren, anstatt sie zu umschreiben und zu verdrehen.

- Nutzen Sie auch die Fertigkeiten, die zum Thema Selbstmanagement (Teil 3) beschrieben sind, damit Sie in einem guten Zustand und einer guten geistigen Verfassung sind.

  Wenn Sie viele Anrufe mit einer ähnlichen Botschaft tätigen müssen, kann das auf Dauer ermüdend sein. Die Kunden am Telefon hören vielleicht aus Ihrer Stimme heraus, daß Sie gelangweilt sind und nehmen es persönlich. Bereiten Sie sich gut vor. Wenn Sie ein gutes Gefühl bei dem haben, was Sie sagen, klingt auch das, was Sie sagen, gut.

Klarheit über den Zweck Ihres Anrufs

Was wollen Sie *mindestens* mit diesem Anruf erreichen? Warum rufen Sie überhaupt an? Vielleicht wollen Sie ein persönliches Treffen vereinbaren, vielleicht wollen Sie bei einem Kunden oder einer Kundin nachfragen, ob alles gut läuft. Möglicherweise gibt es ein Problem, und Sie wollen sich darüber informieren, bevor Sie eine Lösung vorschlagen. Gelegentlich möchten Sie vielleicht ein Geschäft abschließen.

Sie müssen sich nicht auf ein Ziel beschränken. Vielmehr sollten Sie sich bei jedem Anruf, unabhängig von Ihrem sonstigen Ziel, vornehmen, eine Beziehung aufzubauen. Und Sie sollten neben Ihrem Ziel nicht blind sein für die anderen Möglichkeiten, die sich während eines Gesprächs von selbst ergeben.

ERSTKONTAKTE

Angenommen, Sie sprechen mit einer interessierten Kundin. Matchen Sie ihren Gruß genau. Sagt sie „Guten Morgen", erwidern Sie den Gruß mit den gleichen Worten. Gleichen Sie Ihre Stimme an die Lautstärke und an das Tempo der Kundin an.

Vergewissern Sie sich, daß Sie mit der richtigen Person sprechen. Haben Sie ihren Namen über einen Kontakt erhalten, fragen Sie zum Beispiel direkt nach: „Spreche ich mit Susanne Blanke?"

Ist Ihnen der Name nicht bekannt, sagen Sie etwa folgendes: „Ich würde gerne die Dame oder den Herrn in der Schulungsabteilung sprechen – jemanden, der für Softwareschulungen zuständig ist. Bin ich bei Ihnen an der richtigen Adresse?" Fragen Sie sehr genau nach.

Geben Sie Ihren Namen und den Namen Ihrer Firma an. Dann fragen Sie nach dem Namen Ihres Gesprächspartners, sofern Sie diesen noch nicht kennen.

Haben Sie den Namen des Angerufenen von einem anderen Kunden erhalten, fragen Sie, ob dieser schon mit dem Gesprächspartner Kontakt aufgenommen hat. Sagen Sie zum Beispiel: „Guten Morgen. Mein Name ist Johann Jonas von der Firma XYZ. Ich bin Softwareberater. [Machen Sie hier eine kurze Pause, damit der Kunde oder die Kundin das aufnehmen kann.] Ich habe vor kurzem Frau X

von der Firma Y beraten. Sie gab mir Ihren Namen und meinte, Sie wären vielleicht an einem Gespräch interessiert. Hat Frau X bereits mit Ihnen gesprochen?"

Hier machen Sie wieder eine Pause, damit Ihr Gesprächspartner Zeit hat, sich zu erinnern. Mit dem Wort „bereits" deuten Sie an, daß Frau X versprochen hatte, sie würde den neuen Kunden informieren.

Dann fragen Sie: „Haben Sie gerade einige Minuten Zeit für mich?" Sagt der Kunde nein, verabreden Sie einen Termin für einen neuen Anruf. Also sagen Sie: „Ich sehe, daß Sie beschäftigt sind. Wann würde es Ihnen passen, daß ich zurückrufe?" Machen Sie eine feste Zeit aus, danken Sie Ihrem Gesprächspartner, daß er sich die Zeit genommen hat, und verabschieden Sie sich. Rufen Sie zum verabredeten Zeitpunkt wieder an.

Während des Gesprächs

Kettenkontakte

Kettenkontakte herzustellen, ist eine Methode, die dann gut funktioniert, wenn Sie an das mittlere Management verkaufen oder wenn Sie Produkte oder Dienstleistungen anbieten, die von verschiedenen Abteilungen unterschiedlich eingesetzt werden. Wenn Sie zum Beispiel Kommunikationstrainings anbieten, wissen Sie zunächst vielleicht nicht, an wen Sie sich wenden sollen. Es könnten die Personalabteilung oder die Abteilung für Personalentwicklung oder Fortbildung zuständig sein.

Haben Sie keine Empfehlung, erfragen Sie die Funktionsbezeichnungen und Abteilungen und wählen jemanden aus, der Ihnen vermutlich weiterhelfen kann. Vielleicht nehmen Sie zunächst Kontakt

zur Abteilung für Fortbildung auf. Am Telefon lassen Sie sich dann den Namen des Abteilungsleiters geben. Erreichen Sie diesen, sagen Sie zum Beispiel: „Guten Tag, spreche ich mit Janet Schmidt? Mein Name ist Jonas, Firma XYZ. Vielleicht haben Sie schon von uns gehört?"

Fahren Sie dann fort: „Ich suche nach der Person, die für Kommunikationstrainings zuständig ist. Bin ich bei Ihnen an der richtigen Stelle?"

Bekommen Sie eine Bestätigung, können Sie erklären, wer Sie sind und was Sie anbieten. Verneint der Angesprochene, erklären Sie kurz Ihr Angebot, bis Sie die Auskunft bekommen: „Dazu müssen Sie sich an Martha Davenport in der Abteilung XYZ wenden."

Ein solches Gespräch wird Ihnen sicher einfach fallen, da Sie an dieser Stelle nichts direkt verkaufen.

Bedanken Sie sich für die Auskunft, und dann können Sie die genannte Person anrufen oder einen Brief an sie schreiben. In jeden Fall können Sie sich darauf berufen, daß Sie den Namen von Janet Schmidt aus der Weiterbildungsabteilung erhalten haben.

Wenn Sie dann mit Martha Davenport sprechen, kann sich zeigen, ob sie die richtige Ansprechpartnerin ist, sonst kann sie Sie wiederum weiterempfehlen. Vielleicht kann sie Ihnen auch Hinweise auf andere interessierte Firmen geben. Manche Verbindungen ergeben gute Geschäfte, manche verlaufen im Sande. Sie müssen nur einen unvorbereiteten Anruf („cold call") tätigen, nämlich den ersten – und das ist leicht, da es sich noch nicht um den Verkauf handelt, sondern zunächst darum, Hilfe zu erbitten.

Sollte Ihre erste Kontaktperson offensichtlich nicht verstehen, worum es bei Ihrem Angebot geht, ist das ein sicheres Zeichen, daß Sie auf der falschen Firmenebene gelandet sind. Sie müssen weiter oben ansetzen: Rufen Sie jemanden auf einer höheren Managementebene an.

Es kann Ihnen auf jeder Stufe passieren, daß der oder die Angesprochene Sie abweist und den Hörer auflegt. Vielleicht hat er oder sie einen schlechten Tag oder verfügt über schlechte Erfahrungen mit Ihren Konkurrenten. Man kennt weder Sie noch Ihr Produkt, und jetzt wird man beides wahrscheinlich nie kennenlernen.

Wenn Sie abgewiesen werden, können Sie die Telefonnummer aufschreiben und sich einen Grund dafür ausdenken, warum man Ihnen derart begegnet ist. (Denken Sie sich etwas wirklich Drastisches aus: Die Manschettenknöpfe Ihres Gesprächspartners sind in den Abfluß gerutscht, er hat Kaffee über seinen Anzug gegossen, sein Zug hatte Verspätung, und er ist heute zu spät zur Arbeit gekommen.)

Übertragen Sie irgendwelche unguten Gefühle, die Sie aufgrund des Anrufs haben, auf Papier, schreiben Sie sie auf, oder malen Sie etwas, was diese Gefühle für Sie darstellt. Atmen Sie aus, zerknittern Sie das Papier, ... und pfeffern Sie es in den Papierkorb.

Das Gespräch lenken

Wer Fragen stellt, lenkt damit das Gespräch. Stellen Sie während des Gesprächs Fragen, mit denen Sie Informationen sammeln und die Position des Kunden näher bestimmen.

Achten Sie immer darauf, wie gut Ihr Kontakt zum Kunden ist, und gleichen Sie sich der Stimme des Kunden in Bezug auf Tempo und Lautstärke an (siehe Glossar *Rapport* und *Matching*).

Für Telefongespräche gibt es ungeschriebene Regeln, wer wann spricht, um ein Abschweifen zu verhindern. Wenn Sie Ihre Frage gestellt haben, machen Sie eine Pause, damit Ihr Gesprächspartner antworten kann. Stellen Sie nicht mehr als eine Frage gleichzeitig, und vermeiden Sie, zuviel in einem Satz unterzubringen.

Der Gebrauch unterschiedlicher Perspektiven

Denken Sie an die drei Arten, ein Gespräch zu lenken (siehe Glossar *Wahrnehmungsebenen*):
- *Ihr eigener Standpunkt:* Warum rufe ich an? Was verkaufe ich? Was möchte ich sagen?
- *Der Standpunkt des Kunden oder der Kundin:* Was empfindet sie? Was möchte sie? Warum spricht sie mit mir?
- *Der distanzierte Standpunkt:* Wie verläuft dieses Gespräch? Haben wir Rapport? Welche nützliche Frage stelle ich als nächstes?

Diese drei Sichtweisen im Auge zu behalten ist eine sehr wesentliche Fertigkeit für den Verkauf.

Der distanzierte Standpunkt ist besonders dann nützlich, wenn Sie merken, daß Sie sich mit einem Kunden oder mit einer Kundin in ein Streitgespräch einlassen oder versuchen, ihn oder sie von etwas zu überzeugen. Sie stecken dann möglicherweise in Ihrer eigenen Meinung fest; wahrscheinlich lehnen sich dabei nach vorn und beugen sich über das Telefon. Sie scheinen geradezu in eine schwierige Situation hineingesaugt zu werden. Wenn Sie sich bewußt werden, daß Sie in eine derartige Situation geraten, sollten Sie sich zurücklehnen und einen distanzierten Standpunkt einnehmen. Durch das Vorbeugen sind Sie mit dem Körper *in* dem Streitgespräch, aus dem Sie sich durch Zurücklehnen herausziehen. Überprüfen Sie dann den Rapport, zeigen Sie Anerkennung für den Standpunkt des Kunden, und fassen Sie das Gesagte zusammen, um zu überprüfen, worum es wirklich geht.

Fassen Sie auch während eines Gespräches immer wieder das Gesagte zusammen, und benutzen Sie dabei möglichst die Worte des Kunden. Warten Sie jeweils die Zustimmung ab, bevor Sie fortfahren. Ein Beispiel: „Wenn ich Sie richtig verstehe, sind Sie also an einem dreitägigen Kommunikationstraining interessiert, und zwar

im letzten Quartal dieses Jahres, bei einer Teilnahme von etwa 50 Leuten aus Vertrieb und Verkauf. Die Kosten müßten dabei vorher genehmigt werden. Ist das so richtig?"

DAS GESPRÄCH BEENDEN

Wie beenden Sie ein Telefongespräch?

Das geschieht mit Worten und mit der Stimme: „Vielen Dank, daß Sie sich die Zeit genommen haben. Ich will Sie nicht länger aufhalten. Wir treffen/sprechen uns dann am ..." Während Sie das sagen, mismatchen Sie die Stimme des Kunden: das heißt, sie tun das Gegenteil von Matchen und stören den Gleichschritt der Begegnung. Sie können zum Beispiel beginnen, schneller zu reden. Dadurch übermitteln Sie mit Worten und Stimmlage die gleiche Botschaft.

Wenn Sie ein bestimmtes Telefongespräch nicht so leicht beenden können, ist Mismatchen sehr wirksam, um die Unterhaltung zu einem natürlichen Abschluß zu bringen.

Wann beenden Sie ein Telefongespräch?

Beenden Sie das Gespräch, wenn Sie Ihr Ziel erreicht haben. Können Sie das in diesem Gespräch nicht erreichen, sollten Sie auf alle Fälle einen nächsten Schritt vereinbaren – ein Treffen oder ein weiteres Telefongespräch –, oder Sie kündigen an, daß Sie per Post schriftliche Unterlagen schicken.

Ziehen Sie sich nie aus einem Gespräch zurück, wenn der Kunde sagt, er werde Sie anrufen. Zu 90 Prozent wird er das nicht tun.

Übernehmen Sie bereits beim ersten Anruf die Verantwortung für den nächsten Kontakt. Verspricht der Kunde, daß er Sie innerhalb einer Woche anrufen wird, sagen Sie etwa folgendes: „Gut, ich erwarte Ihren Anruf bis nächsten Freitag. Sollten Sie zuviel zu tun haben und den Anruf vergessen, bis wann kann ich mich wieder melden?"

Vielleicht antwortet er: „Warten Sie bis zum darauffolgenden Dienstag." Dann sagen Sie: „In Ordnung. Welche Zeit ist Ihnen am liebsten?" Treffen Sie eine feste Verabredung.

Sagt ein Kunde: „Ich werden mich wieder melden", und läßt er sich nicht weiter festnageln, dann ist er vielleicht nicht interessiert, will Ihnen das aber nicht direkt sagen. Akzeptieren Sie das, und nehmen Sie an, daß er nicht anrufen wird. „Rufen Sie mich in einem halben Jahr wieder an" bedeutet eigentlich nur: „Verschwinden Sie." Manchmal hat jemand aber auch gute Gründe, und es gibt bereits eine feste Verabredung zu einem bestimmten Termin.

Vielleicht kommt es vor, daß der Kunde einen Termin mit Ihnen vereinbart, aber nicht da ist, wenn Sie kommen. Sie haben eine längere Anfahrt hinter sich und sind verständlicherweise verärgert. Ihr Kunde ist entweder einfach unhöflich oder nicht interessiert. Denken Sie an Ihr Telefongespräch zurück. Vielleicht haben Sie zu sehr gedrängt, und er hat einer Verabredung nur zugestimmt, um Sie zu beschwichtigen. Vielleicht lief das Gespräch so, daß meist nur Sie redeten und der Kunde lediglich höflich beipflichtete: „Hm, sicher ..., ja, ja, ... hm."

Akzeptieren Sie keine Verabredung, denen nicht beide Seiten eindeutig zugestimmt haben. Bestätigen Sie diese, wenn möglich, schriftlich. Ergibt sich ein Terminproblem, wird der Kunde Sie anrufen und einen neuen Termin ausmachen, weil er Sie treffen will – nicht weil er meint, daß er das tun muß.

ANSCHLUSSGESPRÄCHE

Bis zu dem Zeitpunkt, an dem Sie ein Anschlußgespräch („follow up") führen, kennen Sie den Kunden, und Sie haben eine Beziehung aufgebaut – wenn auch eine flüchtige. Dennoch lohnt es sich, den Kunden an Ihren Namen und an Ihre Firma zu erinnern und ihm den Grund für Ihren zweiten Anruf zu nennen.

Beziehen Sie sich auf Ihr letztes Gespräch und an das, was Sie gemeinsam vereinbart haben. Fahren Sie fort, indem Sie auf eine erfreuliche oder interessante Sache Bezug nehmen. Sie wollen sicher nicht, daß der Kunde Sie mit dem letzten Absturz des Computers oder mit dem schrecklichen Tag in Verbindung bringt, an dem eine Leitung platzte.

Fragen Sie nach, ob der Zeitpunkt für einen Anruf paßt, denn dann haben Sie einen guten Start.

„Guten Tag, hier ist Jonas von der Firma XYZ. Wir sprachen letzten Dienstag über unser Angebot für ein Training, und ich erinnere mich, wir sprachen auch über Ski fahren." „Oh ja, Guten Tag." „Wir hatten vereinbart, daß ich Sie heute anrufe. Paßt es bei Ihnen, wenn wir uns jetzt unterhalten?"

Manchmal hatte der Kunde noch keine Zeit, über Ihren Vorschlag nachzudenken oder die ihm zugesandten Unterlagen zu lesen. Sollte das der Fall sein, sagen Sie: „Gut. Wie gehen wir dann am besten vor?"

Gewöhnlich ist es besser, wenn Sie einen weiteren Anruf vereinbaren. Wenn Sie wieder anrufen und der Kunde hat sich noch immer nicht mit Ihrem Vorschlag beschäftigt, dann sollten Sie vorsichtig sein. Schlagen Sie noch einen dritten Anruf vor, wobei dies aber dann der letzte ist. Verhalten spricht oft deutlicher als Worte, und vielleicht ist der Kunde nicht interessiert. Seien Sie direkt. Direktheit und Ehrlichkeit sind manchmal unangenehm, aber die Kunden werden Sie dafür schätzen.

Halten Sie sich nicht mit Kandidaten auf, die zeigen, daß sie nicht wirklich interessiert sind; beteiligen Sie sich nicht an komplizierten Heucheleien. Sagen Sie zum Beispiel: „Mir fällt auf, daß ich Sie bereits mehrmals angerufen habe. Wir kommen ohne einen Beitrag von Ihnen nicht weiter. Kann ich irgendwie helfen? Ich möchte Ihre Zeit nicht verschwenden ... und meine Zeit auch nicht [das murmeln Sie halblaut vor sich hin] ... außer Sie wären interessiert und glauben, daß wir etwas zu besprechen hätten."

Jetzt ist der Kunde an der Reihe. Vielleicht antwortet eine Kundin, daß sie nach reiflicher Überlegung doch nicht interessiert ist. Und dann haben Sie nichts verloren – Sie haben sich vielmehr einen weiteren erfolglosen Anruf gespart. Fragen Sie nach einer Empfehlung. Sie ist Ihnen etwas schuldig, da sie Ihre Zeit in Anspruch genommen hat, weil sie nicht gleich ehrlich war. Sie sagen: „Ich verstehe, daß Sie unser Produkt nicht brauchen. Gibt es in Ihrer Organisation sonst jemanden, der interessiert sein könnte?" Bitten Sie um eine Empfehlung, die Ihrem Kundenprofil entspricht. Sie haben nichts zu verlieren. Dann verabschieden Sie sich taktvoll.

Aufzeichnungen

Machen Sie für jeden Kunden und jede Kundin Aufzeichnungen zu folgenden Aspekten:
- Datum des Anrufs
- was wurde vereinbart?
- seine oder ihre wichtigsten Punkte (*mit seinen oder ihren genauen Worten* – schreiben Sie sich während des Gesprächs oder gleich danach einige auf)
- weitere interessante Punkte, die besprochen wurden
- Aktionen, die Sie starten müssen
- Aktionen, die der Kunde oder die Kundin versprochen hat
- verabredeter nächster Kontakt (Tag und Zeit).

Sekretariate

Eine vertraute Szene: Sie sind überzeugt, daß der Projektmanager der Organisation XYZ von Ihrem Produkt begeistert wäre, wenn Sie ihn nur zwei, vielleicht sogar nur eine Minute sprechen könnten. Sie haben, worauf er lange gewartet hat: die Antwort auf seine Gebete. Es gelingt Ihnen, mit seinem Sekretär oder seiner Assistentin zu sprechen, der oder die Ihnen zusagt, Ihre Botschaft weiterzugeben; aber Sie hören nichts mehr.

Waren Sie je in dieser Situation? Betrachten Sie Sekretäre und Sekretärinnen als böswillige Hindernisse, die ausgetrickst werden müssen, damit Sie zu der Person gelangen, mit der Sie sprechen wollen?

Verändern Sie Ihre Sichtweise. Arbeiten Sie mit dem Sekretär und nicht gegen ihn. Er kann Ihr Verbündeter werden. Mit wem Sie auch sprechen, Ihr erstes Ziel muß es sein, eine Beziehung herzustellen. Matchen Sie bereits bei einem ersten Anruf die Begrüßung mit der Stimme (siehe Glossar *Matching*).

Sagen Sie zum Beispiel: „Hier ist Jonas, Firma XYZ. Ich weiß nicht genau, mit wem ich sprechen sollte. Kann ich Ihnen erklären, warum ich anrufe, damit Sie mich mit der richtigen Stelle verbinden?"

Wenn Sie mit dem direkten Chef dieses Sekretärs sprechen müssen, bitten Sie ihn, eine kurze Botschaft an seinen Chef weiterzugeben: Sie geben Ihren Namen und den Namen Ihrer Firma an und fragen nach dem passenden Zeitpunkt für einen Rückruf. Der Sekretär kann eine Menge für Sie tun. Er kann Ihnen Namen, Funktionen und Zeitpläne von Mitarbeitern geben, mit denen Sie vielleicht sprechen müssen. Verlassen Sie sich darauf, daß der Sekretär den Zeitplan und die Arbeit seines Chefs kennt und daß er Sie an die passenden Stellen weiterleiten wird.

Erfahrungsgemäß ist es Zeitverschwendung, Botschaften bei dem automatischen Sekretär der neunziger Jahre – auf Anrufbeantwortern – zu hinterlassen.

KUNDENDIENST

Pflegen Sie bestehende Kundenkontakte, und fragen Sie nach, ob alles läuft, wie erwartet. Kunden und Kundinnen haben oft den Verdacht, daß Verkäufer nur an ihrem Auftrag interessiert sind – und manchmal haben sie auch recht damit. Bleiben Sie mit Ihren Kunden in Verbindung, und hören Sie ihnen zu. Finden Sie heraus, ob Sie etwas für sie tun können oder ob sie Probleme haben.

Schlechte Nachrichten übermitteln

Kennen Sie Murphys Gesetz? Es besagt: „Was schiefgehen kann, geht schief, wenn man nur lange genug wartet." Über kurz oder lang gibt es eine verspätete oder falsche Lieferung, oder ein Seminar kann nicht rechtzeitig beginnen, und der Kunde muß sich mit den Folgen befassen. Vielleicht müssen Sie ihm eine schlechte Nachricht übermitteln. Hier ein Beispiel:

„Guten Tag, Herr Schmidt. Hier ist Jonas, Firma XYZ."
„Guten Tag, was macht der Auftrag?"
„Nun, ich habe leider schlechte Nachrichten, ich habe das kürzeste Streichholz gezogen und muß es Ihnen sagen."
„Lieferschwierigkeiten?"
„Leider ja. Uns ist ein Fehler unterlaufen, und wir sind im nächsten Monat überlastet. Ich möchte als neuen Termin den 5. März festsetzen. Die Sache ist mir sehr peinlich, und ich sage Ihnen das nicht gern. Kann ich etwas tun, um die Folgen etwas abzumildern?"

„Ich weiß nicht. Unsere Leute sind in Wartestellung, ich werde es ihnen sagen müssen."

„Soll ich es Ihnen schriftlich geben, dann können Sie die Leute über einen Aushang genau informieren?"

„In Ordnung."

„Ich kann die Lieferung für den 5. März versprechen."

„In Ordnung. Können Sie mir einen Preisnachlaß als Ausgleich für die Unannehmlichkeiten geben?"

„Ich bin mir nicht sicher. Vielleicht, aber das muß ich erst mit meinem Vorgesetzten klären. Kann ich mich deswegen wieder bei Ihnen melden?"

„Geht in Ordnung."

„Kann ich sonst etwas tun, um diese Nachricht zu mildern?"

„Ich nehme an, ein lebensgroßes Bild Ihres Firmenchefs für ein Freudenfeuer ist auf dem Weg zu uns."

„Den Wunsch kann ich gut nachvollziehen."

„Nun, schreiben Sie mir diesen Brief an die Mitarbeiter, und benachrichtigen Sie mich wegen eines Preisnachlasses."

„Ich werde mich morgen melden."

Umgang mit Beschwerden

Das Angleichen der Stimme ist besonders wichtig, wenn Sie schlechte Nachrichten übermitteln, und es ist entscheidend, wenn Sie Beschwerden entgegennehmen (siehe Glossar *Matching*). Wer ärgerlich ist, spricht meist schneller und lauter als üblich. *Matchen Sie das, aber nicht ganz so stark.* Wenn Sie die Stimme eines Kunden genau matchen, hält er Sie vielleicht für kämpferisch und wird noch wütender. Ein Matchen der Stimme des Kunden mit etwas geringerer Intensität gibt Ihrer Stimme den Anschein von Eindringlichkeit und Schärfe, und zeigt, daß Sie guten Kontakt wünschen.

Ein Beispiel: „Es ist schon wieder zusammengebrochen. Unglaublich!"

„Da wäre ich auch wütend. Geben Sie mir Details, und ich werde an der entsprechenden Stelle Dampf machen!"

Nehmen Sie Beschwerden nicht persönlich. Empfinden Sie die Wirklichkeit des Kunden oder der Kundin nach. Sie werden ihn oder sie nicht beeinflussen können, wenn Sie sich ihm oder ihr nicht vorher anschließen.

Wenn wir auf einen ärgerlichen Menschen treffen, besteht die natürliche Tendenz, daß wir sanft und beruhigend sprechen – aber das wirkt selten. Eine sanfte Stimme macht einen solchen Menschen nur noch ärgerlicher, da er vielleicht denkt, daß Sie ihn nicht ernst nehmen oder sich gönnerhaft geben. Wenn Sie ihn matchen, können Sie ihn langsam zu einer kooperativen Haltung bringen, in der er wieder logisch und sachlich denken kann. Setzen Sie sich dann das Ziel, herauszufinden, was schiefging und was Sie machen können, um die Sache wieder geradezubiegen.

DAS TELEFON NUTZEN: ZUSAMMENFASSUNG

- Bauen Sie guten Kontakt am Telefon durch Angleichen Ihrer Stimme auf (siehe Glossar *Rapport* und *Matching*):
  - Matchen Sie das Tempo und die Lautstärke der Stimme des Kunden oder der Kundin.
  - Matchen Sie die Schlüsselwörter und zentrale Redewendungen.

- Machen Sie sich ein inneres Bild von dem Kunden oder der Kundin.

- Machen Sie Ihren Geist frei von inneren Dialogen (Selbstgesprächen).

- Behalten Sie einen guten emotionalen Zustand.

- Bleiben Sie sich im klaren über den Zweck Ihres Anrufs.

Erstkontakte am Telefon

- Matchen Sie die Stimme Ihres Gesprächspartners am anderen Ende der Leitung.

- Nennen Sie Ihren Namen, und beschreiben Sie kurz, was Sie machen und anbieten.

- Fragen Sie, ob der jetzige Zeitpunkt für den Anruf paßt.

Während des Gesprächs

- Lenken Sie die Unterhaltung durch Ihre Fragen.

- Benutzen Sie die drei verschiedenen Standpunkte (siehe Glossar *Wahrnehmungspositionen*):
  - Ihren eigenen
  - den des Kunden oder der Kundin
  - den distanzierten Standpunkt.

- Fassen Sie regelmäßig das Gesagte zusammen, und überprüfen Sie das gegenseitige Verständnis.

Das Gespräch beenden

- Setzen Sie Ihre Worte und den Tonfall Ihrer Stimme ein, um anzuzeigen, daß Sie das Gespräch beenden wollen.

- Mismatchen Sie die Stimme des Kunden, das heißt, stören Sie den Gleichschritt des Kontaktes (siehe Glossar *Mismatching*).

- Verabreden Sie den nächsten Kontakt.

Kundendienst

- Machen Sie Notizen von Ihren Gesprächen.

- Bauen Sie Rapport mit Sekretären und Sekretärinnen auf, und behandeln Sie sie wie Verbündete.

- Umgang mit Beschwerden:
  - Matchen Sie die Stimme des Kunden mit etwas geringerer Intensität.
  - Lassen Sie Ihre Stimme allmählich sanfter werden, damit der unzufriedene Kunde sich auch beruhigt.
  - Sammeln Sie Informationen, damit Sie überlegen können, was als nächstes zu tun ist.

Kapitel 6
Mit gutem Rapport Beziehungen aufbauen

Vor einigen Jahren wurde ein Experiment durchgeführt: Im Zentrum von London sprach ein Mann Passanten an und bot Ihnen im Austausch für eine Fünfpfundnote eine Zehnpfundnote an. Das war logischerweise ein narrensicheres Geschäft. Dennoch nahmen die meisten die Zehnpfundnote nicht an. Warum? Es war zu gut, um wahr zu sein. Sie kannten ihn nicht und hatten auch kein Vertrauen zu diesem Menschen, der ihnen einfach so fünf englische Pfund Gewinn versprach. Sie dachten, das wäre sicher ein Trick, und kurz darauf käme womöglich ein Mitarbeiter mit seiner versteckten Kamera aus dem Hinterhalt.

Die meisten Leute nehmen ein vielversprechendes Angebot nicht an, es sei denn, sie vertrauen dem Menschen, der es ihnen anbietet.

Das läßt sich auf unser Thema übertragen: Denn bei einem persönlichen Treffen mit einem Kunden oder einer Kundin besteht die wichtigste Fertigkeit darin, eine vertrauensvolle Beziehung und Rapport herzustellen (siehe Glossar *Rapport*). Rapport ist der Boden, auf dem alle anderen Fertigkeiten gedeihen. Er ist der Bestandteil, der dem elektronischen Markt fehlt (siehe Teil 1). Diese Tatsache sichert dem Verkaufspersonal, ungeachtet des technologischen Fortschritts, die Zukunft.

Kultureller Rapport

Rapport ist auf vielen Ebenen wirksam, und die erste von ihnen ist die kulturelle. Wenn Sie international im Verkauf tätig sind, sollten Sie kulturelle Gepflogenheiten kennenlernen und beachten. Während die Briten beispielsweise Humor schätzen und diesen auch in Verkaufsbesprechungen einbringen, würde es in vielen anderen europäischen Ländern als unklug oder gar dumm angesehen, wenn Sie einen Witz erzählten.

Große Firmen haben außerdem ihre eigene Firmenkultur – und die müssen Sie kennen, wenn Sie in Verhandlungen mit dieser Firma Erfolg haben wollen.

Dann gibt es so etwas wie ein kulturelles Image. Wir haben schon darauf hingewiesen, daß Mitarbeiter im Verkauf allgemein ein schlechtes Image haben. Mit diesem Buch versuchen wir, eine Veränderung einzuleiten. Ärzte sind eine sehr geschätzte Berufsgruppe, und sie müssen nicht in dem Maße wie Verkäufer besonderen Rapport herstellen, damit man ihnen vertraut.

Sicherheitsbedürfnisse berücksichtigen

Solange Sie nicht ein Streitgespräch über kontroverse Themen wie Religion oder Politik führen, werden Sie kaum eine persönliche Bedrohung für den Kunden oder die Kundin darstellen. Aber vielleicht tut das Ihr Produkt. Wenn Sie ein großes Geschäft abschließen, stören Sie vielleicht die persönlichen Interessen Ihrer Kundschaft. Es klingt absurd, aber je besser Ihr Produkt ist, desto größer ist die Bedrohung für die Kunden. Kaufen bedeutet Veränderung, und viele Menschen fühlen sich durch Veränderungen bedroht.

Eine Methode, Veränderungen möglichst gering zu halten, bestünde darin, die Veränderung einzugrenzen, zum Beispiel durch eine

Probeeinführung des Produkts in nur einer Abteilung. Eine andere Methode wäre, daß Sie betonen, inwiefern Ihr Produkt oder Ihre Dienstleistung den Kunden ermöglicht, alles wie bisher zu machen, nur *besser*. Ein neues Computersystem ist vielleicht ganz anders als das bisherige System, aber es macht die *gleiche* Arbeit schneller.

Schulungen und Beratungen werden verkauft mit der Aussicht auf bessere persönliche Leistungen und auf verbesserte Leistungsfähigkeit von Abteilungen.

Zeigen Sie, was gleich bleibt und was sich ändert. Während einige Menschen radikale Veränderungen bevorzugen und andere alles immer gleich haben möchten, sind die meisten mit einer Mischung zufrieden.

Persönlicher Rapport

Persönlicher Rapport ist das Entstehen gegenseitigen Vertrauens bei einer persönlichen Begegnung. Wir kommunizieren und üben Einfluß hauptsächlich über drei Kanäle aus: über unsere Körpersprache, unsere Stimme und die Worte, die wir verwenden.

Rapport wird aufgebaut und beibehalten, indem wir uns in diesen drei genannten Kanälen angleichen (siehe Glossar *Matching*). Menschen mögen Menschen, die wie sie selbst sind.

Der Aufbau einer vertrauensvollen Beziehung und das kongruente Angleichen der Körpersprache ist eine erlernbare, natürliche Fähigkeit, und die besten Kommunikatoren in verschiedenen Beruf haben dies gelernt. Im Verkauf, im Management, in den Bereichen Medizin und Erziehung ist der Aufbau von Rapport durch Matchen eine durchgängig zu beobachtende Methode, die die wirklich guten Leute anwenden.

Körpersprache

Äußere Erscheinung

Der zunächst ganz offensichtliche Teil der Körpersprache sind Ihre Bekleidung und Ihr Erscheinungsbild. Sich so zu kleiden, daß man in einer Geschäftskultur akzeptiert wird, ist ein Weg, sich mit dieser Kultur in Beziehung zu setzen. Wir bilden uns sehr schnell einen Eindruck von anderen Menschen – in weniger als zehn Sekunden –, und dieser erste Eindruck gründet sich überwiegend auf Bekleidung und Erscheinungsbild.

Niemand ist sich genau darüber im klaren, welche persönlichen Urteile und Vorurteile in diesen ersten Sekunden Früchte tragen. Einige Menschen sind derart schnell mit ihren starren Urteilen, daß zum Beispiel in Großbritannien nur ein weißer Angelsachse mittleren Alters mit kurzen Haaren, bekleidet mit einem teurem Anzug und entsprechenden Schuhen ihr Wohlwollen erwirbt. Dieser urteilende Typ, zu dem viele Manager gehören mögen, hat sich seine eigene Zwangsjacke gestrickt und ist sich vielleicht gar nicht bewußt, daß er sich diese Scheuklappen selbst aufgesetzt hat.

Lassen Sie sich bei Ihrer Kleidung und Ihrem Erscheinungsbild nicht nur von der Gewohnheit leiten – passen Sie sich der jeweiligen Kultur an. Verbinden Sie den Stil der Kultur, in der Sie verkaufen wollen, mit Ihrem persönlichen Stil und Ihren Vorlieben.

Ihr Erscheinungsbild teilt anderen mit, wie Sie selbst zu sich stehen. Wenn Sie sich selbst akzeptieren, ist es wahrscheinlicher, daß andere Sie akzeptieren. Wenn Sie trotzdem vorschnell und unfair abgelehnt werden, vergegenwärtigen Sie sich, daß der Fehler dann nicht bei Ihnen liegt, sondern daß die Welt des anderen zu eng für Sie ist.

Haltung und Bewegung

Rapport herstellen gelingt auch, indem wir uns die Haltung und die Bewegungen des Gegenübers aneignen. Wenn Sie das nächste Mal in einer Gruppe von Menschen sind, die miteinander reden, können Sie sich umschauen und darauf achten, wer Ihrer Meinung nach gut mit dem anderen zurechtkommt und wer nicht. Intiutiv erkennen Sie das daran, inwieweit beide die Körpersprache des anderen matchen.

Das Angleichen der Körpersprache ist für andere bis zu einem gewissen Grad leicht zu erkennen. Setzt sich der Kunde hin, tun wir das auch; stehen die Kunden, ist es angenehmer, wenn wir das auch tun. Hat Ihr Gesprächspartner eine lebhafte Gestik, fällt es Ihnen wahrscheinlich schwer, still zu halten. Sie können die Haltung im Ganzen matchen, und Sie können zum Beispiel Kopfnicken und Gewichtsverlagerungen übernehmen.

Intensiver Augenkontakt bewirkt nicht unbedingt Rapport. Halten Sie nur soviel Augenkontakt wie der Kunde oder die Kundin ihrerseits, damit er oder sie sich dabei wohlfühlt.

Beschränken Sie das Matchen der Körpersprache allgemein auf die Haltung, auf das Tempo von Gesten und auf den Augenkontakt. Matchen Sie mit Verzögerung und nicht gleichzeitig. Sie können auch über Kreuz matchen, das heißt, Sie matchen mit einem anderen Körperteil. Wenn der Kunde zum Beispiel sein Bein hin- und herschwingt, tun Sie nicht das gleiche, Sie bewegen vielmehr die Hand zeitlich versetzt im gleichen Tempo.

Denken Sie daran, daß Matchen nicht Mimikry (also Nachahmung) bedeutet. Mimikry wäre offensichtliches und genaues Kopieren des Verhaltens des Gesprächspartners und hätte genau die gegenteilige Wirkung.

Zur Körpersprache gehört auch unser Umgang mit dem „Raum". Wir alle brauchen einen persönlichen Freiraum um uns herum, und

wir fühlen uns unwohl, wenn dieser ohne Erlaubnis betreten wird – wir fühlen uns dann in unseren Grenzen verletzt. In Europa kann dieser „Raum" so groß sein, daß er im Stehen einem Abstand von etwa einem halben Meter um uns herum entspricht. Die Menschen ziehen sich unmerklich zurück, wenn Sie diese Grenze überschreiten. Zeigen Sie entsprechende Sensibilität.

Wenn Sie mit einem Kunden verhandeln, ist es hilfreich, wenn Sie sich neben ihn stellen, so daß Sie die Themen besser kooperativ und distanziert behandeln können. Schreiben Sie die Themen, um die es geht, beispielsweise auf eine Stellwand auf der anderen Seite des Raumes. Gehen Sie dann wieder zum Kunden, setzen Sie sich neben ihn, und fragen Sie ihn: „Wie können *wir* das lösen?"

Matchen funktioniert – nutzen Sie es gut

Sich der Körpersprache anzugleichen ist so, als würden Sie einen Tanz entwickeln. Tanzpartner kopieren nicht exakt die Bewegungen des anderen, sondern die Bewegungen ergänzen sich. Ein gutes Beispiel für diese Ergänzung ist das Angleichen über Kreuz. Dabei beantworten Sie quasi die Körpersprache einer anderen Person mit einer anderen, adäquaten Bewegung. Wenn die Person zum Beispiel die Beine übereinanderschlägt, können Sie die Arme verschränken. Sich auf die Körpersprache eines Gegenübers zu beziehen, ist ein natürlicher Ausdruck menschlichen Interesses. Es ist eine Methode, und zwar eine sehr wirksame, um Rapport zu schaffen. Wenn Sie zunächst mit dieser Methode experimentieren, fühlen Sie sich vielleicht unbeholfen. Und zwar deshalb, weil Sie plötzlich bewußt wahrnehmen, was Sie eigentlich ganz selbstverständlich tun. Aber jetzt haben Sie die Wahl, wann und wie sehr Sie sich in einer Kommunikation angleichen wollen. Es ist wie beim Einfädeln der Schnürsenkel: Es geht am besten ohne Nachdenken.

Aber Vorsicht! Erstens sollten Sie mit Ihren Experimenten in sicherer Umgebung, also in der Familie, mit Freunden und Kollegen beginnen. Erst danach sollten Sie bewußt Kunden und Kundinnen matchen. Zweitens kann Rapport, der sich auch durch Körpersprache ausdrückt, nur dann entstehen, wenn Sie wirklich am Kunden interessiert sind und ihn kennenlernen wollen. Wenn Sie Matching als eine mechanische Technik benutzen, um Kunden zu manipulieren, an denen Sie nicht interessiert sind und mit denen Sie eigentlich nicht reden wollen, dann erzeugt es beim Kunden ein unbehagliches Gefühl – und das ist auch gut so. Diese Inkongruenz *sieht* unangenehm und falsch aus, führt zu einem unbehaglichen Gefühl und scheint irgendwie gekünstelt zu sein.

Rapport ist keine Verkaufstechnik, die man Kunden „antut". Es ist ein wirksamer Weg, um in ihre Welt einzutreten und sie besser kennenzulernen.

Was Körpersprache bedeutet

Zunächst bedeutet Körpersprache als solche nichts. Die Bewegungen und Gesten eines bestimmten Kunden haben eine spezielle Bedeutung, *die Sie nicht im voraus kennen können.* Manche psychologische Schulen behaupten, daß bestimmte Haltungen oder Gesten immer dieselbe Bedeutung haben. Wir haben zum Beispiel gelesen, daß ein Kunde immer dann, wenn er die Arme verschränkt, nicht interessiert ist; daß ein Kunde, der sich zurücklehnt, sich zurückzieht, und daß Nasereiben bedeutet, daß er lügt, usw. Das ist nicht der Fall. Realistischerweise können Sie nicht sagen, daß eine Geste immer dasselbe bedeutet, egal wer sie ausführt. Sie müssen beobachten, was Ihr jeweiliger Kunde tut. Wenn er interessiert ist, mag er sich nach vorn beugen. Erst wenn Sie dies zwei- oder dreimal beobachtet haben, können Sie eine Verbindung zwischen Geste und Interesse annehmen. Ein weiterer Kunde lehnt sich vielleicht zurück, wenn er

interessiert ist. Ein dritter Kunde reibt sich womöglich die Nase, wenn er lügt, ein vierter aber reibt sich deshalb die Nase, weil er an Heuschnupfen leidet. Die Worte, die Menschen sagen, und ihre Gesten sind individuell und persönlich. Die Bedeutung spezieller Gesten bei bestimmten Kunden zu erkennen, wird im Neurolinguistischen Programmieren *Kalibrieren* genannt. Für die Anwendung dieser Methode sind sorgfältige Beobachtungen nötig und nicht nur das Erlernen einer festgelegten Merkmalsliste.

SPRACHE

Stimmqualität

Die Stimmqualität ist der zweitwichtigste Kommunikationskanal. Wir haben bereits davon gesprochen, wie man mit der Stimme am Telefon Rapport herstellt (siehe Kapitel 5). Das Angleichen an das Tempo und die Lautstärke des Kunden wirkt auch bei persönlichen Treffen.

Mitgehen und Führen

Angleichen ist eine Möglichkeit für das, was im NLP *Pacing* genannt wird. Pacing heißt, sich der anderen Person in ihrer „Welt" anzuschließen und ihre Sichtweise anzuerkennen. Angleichen von Körpersprache und Stimmqualität ist Pacing auf der nonverbalen Ebene. Es handelt sich auch um Pacing, wenn Sie mit jemandem im gleichen Tempo gehen und sich dabei unterhalten. Bleiben Sie zurück oder gehen Sie zu schnell, ist die Unterhaltung beendet.

Sie als Verkäufer oder als Verkäuferin ergreifen die Initiative, also liegt es an Ihnen, mit dem Kunden mitzugehen (also ihn in seiner

Art zu pacen). Wenn Sie ihn dann pacen, können Sie Ihr Tempo leicht verlangsamen oder beschleunigen, und wenn Sie guten Rapport haben, wird er Ihnen folgen und ebenfalls sein Tempo leicht verlangsamen oder beschleunigen. Das wird im NLP *Führen* (*Leading*) genannt.

Ein Beispiel dazu haben wir bereits beschrieben: Sie matchen die Stimme eines ärgerlichen Kunden mit etwas geringerer Intensität und werden dann langsam leiser. Wenn Sie bereits eine gute Beziehung aufgebaut haben, wird er kooperativer werden. Genauso wird ein Kunde eher gesprächsbereit sein, wenn Sie ihm zeigen, daß Sie zuhören und anerkennen, was er sagt, indem Sie seine Worte benutzen und wenn Sie gelegentlich überprüfen, ob Sie einander verstanden haben. Seinen Standpunkt zu verstehen heißt aber nicht, daß Sie mit ihm übereinstimmen müssen.

Immer wenn Sie bei einem Verkaufsgespräch nicht wissen, was Sie als nächstes tun sollen, konzentrieren Sie sich darauf, die Körpersprache und die Stimme des Kunden zu pacen. Lassen Sie sich einen Augenblick von ihm führen. Sobald Sie wissen, was er beabsichtigt, werden Sie wissen, was Sie zu sagen haben.

Worte

Worte sind wichtig, aber nicht so wichtig wie wir denken. Diese Erkenntnis wird durch Untersuchungen gestützt, die herausfanden, daß Menschen häufig nur etwa 50 Prozent von dem hören, was gesagt wird, und nur 10 Prozent von diesen 50 Prozent behalten. Damit hören und behalten Kunden also 5 Prozent Ihrer Worte. Deshalb legen wir in diesem Buch weniger Wert auf Gesprächsskripten. Bedeutungsvoller als die Worte selbst ist, wie Sie sie sagen und was Sie tun, während Sie sprechen.

Wenn Ihr Kunde oder Ihre Kundin nur einen derart kleinen Anteil Ihrer Worte behält, können Sie vorher entscheiden, welche Dinge er oder sie Ihrer Meinung nach behalten sollte. Fixieren Sie wichtige Fakten schriftlich.

Am besten erinnern wir uns an Dinge, die zu Beginn oder am Ende eines Treffens geschehen. Bringen Sie also wichtige Botschaften zu diesem Zeitpunkt vor. *Betonen* Sie mit Ihrer Stimme die Dinge, an die Ihr Kunde sich erinnern soll. *Markieren* Sie sie auch mit einer Geste, um die Botschaft zu verstärken. Behalten Sie das durchgängig bei, und verwenden Sie immer dieselbe Geste, um einen bestimmten Punkt bei der Wiederholung zu markieren. Und das bringt uns zum nächsten Punkt ...

Nichts zu machen

Zuhören und zusammenfassend wiederholen

Wir haben bereits auf das *Backtracking* (wörtlich „zurückgehen") hingewiesen: Sie verwenden im Gespräch dieselben Schlüsselworte wie der Kunde. Wir befassen uns jetzt ausführlicher damit, da es sich um eine wichtige Fertigkeit handelt.

Zunächst ist Backtracking – also das Zurückgehen auf etwas, was bereits gesagt wurde – der hörbare Beweis für den Kunden, daß Sie zuhören. Wenn er *das* weiß, ist er bereit für einen vertieften Kontakt.

Wie erkennen Sie seine Schlüsselworte? Er *betont* sie stimmlich. Und vielleicht *markiert* er sie mit einer Geste. Ebenso setzen Sie Schlüsselworte bewußt ein – der Kunde hingegen tut das unbewußt. Hören Sie auf diese Worte. Hören Sie genau hin, wie er beschreibt, was er will und braucht. Hören Sie hin, was für ihn wichtig ist. Wenn Sie das Gespräch zurückverfolgen und es zusammenfassend wiederholen (das ist Backtracking), markieren Sie die Schlüsselworte auf dieselbe Art wie der Kunde.

Manche Verkäufer prüfen das Verständnis, indem sie das Gesagte umschreiben. Aber Worte haben für verschiedene Menschen unterschiedliche Bedeutung, und wenn Sie umschreiben, übersetzen Sie etwas in Ihre Bedeutung. Sie gebrauchen dann vielleicht ein Wort, das für Sie zwar die gleiche Bedeutung hat, den Kunden aber nicht anspricht. Umschreiben bewirkt gewöhnlich eine Verzerrung, die hier nicht gewollt ist.

Ein Beispiel:
Kunde: „Ich wünsche mir, daß die Leute mit dieser Schulung *motiviert* und *aufgebaut* werden (man nennt das im NLP *empowern*). Lassen Sie uns einige Details herausarbeiten, wie Sie das tun können ... Ich möchte, daß die Leute auch schriftliche *Kursunterlagen* mitbekommen; wir müssen also darüber sprechen, wie diese verteilt werden ... Und ich glaube auch, daß *freie Diskussionsrunden* bei

einer Schulung wie dieser wirklich nützlich sind. Bei der letzten Schulung wurde dies nicht berücksichtigt, und ich glaube, darunter hat die Schulung gelitten."

Verkäufer: „In Ordnung. Wir werden diesen Kurs wirklich stark und inspirierend gestalten. Es werden laufend Unterlagen verteilt ... und wir werden sicherstellen, daß Brainstorming-Sitzungen eingebaut werden."
Kunde: „Nein, das will ich ganz und gar nicht."

Ein Zurückgehen nach der Backtracking-Methode verliefe folgendermaßen:

Verkäufer: „Gut. Ich verstehe Ihren Wunsch, daß dieser Kurs *motivierend* und *aufbauend* ist. Sie wollen, daß die Teilnehmer *Kursunterlagen* bekommen ... und an *freien Diskussionsrunden* teilnehmen."
Kunde: „Genau."

Zurückgehen verhilft zu Rapport und Übereinstimmung. Nehmen Sie nie als selbstverständlich an, daß Sie verstehen, was der Kunde oder die Kundin meint. Er oder sie lebt in einer anderen Welt.

Haben Sie dann zu den Schlüsselworten Ihres Kunden oder Ihrer Kundin gefunden, müssen Sie diese in Worte und Handlungen übersetzen, die Sie selbst verstehen. In unserem Beispiel würde der Verkäufer weiterfragen:

– „Können Sie mir eine Idee oder ein Beispiel einer Schulung nennen, das motiviert und aufbaut?"
– „Wie würden Sie wissen, ob die Schulung Ihre Leute motiviert und aufbaut?"

Mit diesen Fragen beginnen Sie die Schlüsselworte „motivierend" und „aufbauend" auszupacken, damit Sie den Kunden und seine Kriterien verstehen. Dann machen Sie mit seinen Begriffen der „Kursunterlagen" und der „freien Diskussionsrunden" weiter:

- „An welche Kursunterlagen dachten Sie?" (Vielleicht denkt er oder sie gar nicht an Arbeitsblätter, an die *Sie* gedacht hatten.)
- „Wie stellen Sie sich die freien Diskussionsrunden vor? Wie würden diese ablaufen?"

Zurückgehen nach der Backtracking-Methode hat viele Vorteile:

- *Übereinstimmung überprüfen:* Damit werden die Punkte herausgestellt, in denen Sie mit dem Kunden oder der Kundin übereinstimmen.
- *Rapport aufbauen und demonstrieren:* Eine Kundin beschreibt mit den Schlüsselworten, was ihr wichtig ist, also erkennen Sie diese an und demonstrieren, daß Sie aufmerksam zugehört haben.
- *Mißverständnisse aufdecken und verringern:* Wenn Sie zusammenfassend wiederholen, werden Sie Dinge entdecken, bei denen Sie noch unsicher sind. So können Sie dann Fragen stellen, um Klarheit zu schaffen. Wenn Sie zurückgehen, fragt ein Kunde vielleicht: „Nun ja ..., wenn ich so darüber nachdenke, das ist doch nicht genau das, was ich möchte." So können die Dinge auch für den Kunden klarer werden.
- *Ein Gespräch in Gang halten:* Zurückgehen und Gesagtes wiederholen ist so etwas wie die Zeichensetzung in einem Satz. Es signalisiert eine Pause oder einen Überblick, bevor man fortfährt.

„Aber": ein Wort, das vermieden werden sollte

„Aber" ist ein Wort, das den vorausgegangene Teil eines Satzes abschwächt. Hier einige Beispiele:

- „Sie sagen, daß es teuer ist, aber denken Sie an die Vorteile des Produkts ..."
- „Das funktioniert bei Ihnen bereits gut, aber ich kann Ihnen zeigen, wie das noch besser ginge ..."
- „Ich weiß, daß Sie beschäftigt sind, aber ich bin sicher, daß Sie sich dieses Produkt ansehen wollen ..."

Wenn Sie das „aber" durch ein „und" ersetzen, bleibt die Verbindung erhalten, und der erste Teil des Satzes wird nicht ausgelöscht, abgewertet oder bezweifelt. Sie können den Satz damit fast immer positiver formulieren, zum Beispiel wie folgt: „Ich weiß, daß eine sofortige Lieferung wichtig ist, aber wir können es Ihnen nicht vor Freitag liefern." Dieser Satz kann geändert werden: „Ich weiß, daß Sie Wert auf eine baldige Lieferung legen, und wir garantieren die Lieferung bis Freitag."

In dem Augenblick, da Menschen „aber" hören, vernehmen sie den Rest des Satzes nicht mehr; sie sind dann nämlich zu sehr mit dem Gedanken beschäftigt, wie sie sich verteidigen können, da offensichtlich etwas nicht in Ordnung war.

„Versuchen": ein Wort, das Sie vermeiden sollten

Versuchen Sie, das Wort „versuchen" zu meiden. Versuchen Sie es mit aller Anstrengung. Und Sie werden merken, daß das Wort „versuchen" Schwierigkeiten, sogar Unmöglichkeit impliziert. Je angestrengter Sie etwas versuchen, desto schwieriger wird es. Wenn Sie jemanden um einen Gefallen bitten, und er sagt: „Ich will es versuchen", glauben Sie, daß er es tut oder nicht? Beim Verkaufen geht es darum, Möglichkeiten zu eröffnen, und nicht darum, Probleme anzukündigen.

Machen Sie ein Experiment: Legen Sie Ihren Stift auf den Fußboden, und versuchen Sie, ihn aufzuheben. Sie dürfen ihn aber nicht wirklich aufheben! Denn sobald Sie es nicht mehr *versuchen*, *gelingt* es Ihnen.

Wenn man Sie um etwas bittet, sagen Sie statt „Ich will es versuchen" lieber geradeheraus „Ja" oder „Nein" oder „Vielleicht". Murphys Gesetz besagt, daß alles schiefgehen wird, was schiefgehen kann, wenn Sie nur lange genug warten – bedenken Sie das. Sprechen Sie Probleme direkt an.

Vermeiden Sie Verneinungen

Kunden erzählen Ihnen oft, was Sie nicht wollen: „Ich will nicht wieder so einen Teppich wie den letzten, er hat sich bereits nach einem Jahr aufgelöst." Oder: „Ich möchte nicht so lange auf die Lieferung warten müssen."

Das kann für Sie nützlich sein, da Sie wissen, was Ihre Kunden vermeiden möchten. Damit kennen Sie den „weg von"-Teil des Bedürfnisses, und das heißt auch, daß Sie nur die Hälfte der Geschichte kennen. Sie sollten außerdem wissen, was die Kunden statt dessen wollen – Sie sollten auch die andere Hälfte kennenlernen. Fragen Sie zum Beispiel, was für einen Teppich sie wollen und wann sie ihn geliefert haben möchten.

Bei dem, was *Sie* sagen, vermeiden Sie besser Verneinungen. Dazu gibt es einen klassischen Satz: „Ich möchte Ihnen keine Umstände machen." Und man erwartet nach einer solchen Einleitung „aber" und dann eine Ausführung darüber, was eben doch Umstände bereitet. Wenn Sie etwas im voraus dementieren, wird das, was Sie dementieren, um so offensichtlicher. Sagen Sie lieber: „Ich sehe hier möglicherweise Schwierigkeiten, bei denen Sie mir helfen könnten."

Schauen Sie sich den folgenden Satz daraufhin an: „Machen Sie sich keine Sorgen wegen der Lieferung, ich sehe keinen Grund, warum wir nicht nächste Woche liefern sollten."

Das ist tatsächlich eine Einladung, sich Sorgen zu machen und darüber nachzudenken, was alles dazwischen kommen und die Lieferung verhindern könnte.

Negativ formulierte Sätze kommen auf einer tieferen Wahrnehmungsebene wie Befehle an. Sagt man: „Machen Sie sich keine Sorgen", so ist dies die Anweisung, Probleme wahrzunehmen, sich Sorgen zu machen oder das zu tun, was man nicht tun sollte. Wenn ich

Sie bitte, nicht an Ihren größten Konkurrenten zu denken, was geschieht dann? Sie müssen an ihn denken, um den Satz überhaupt zu verstehen.

Wie schaffen Sie es nun aber, *nicht* an etwas zu denken? Das bewältigen Sie nur, indem Sie an etwas anderes denken. Denken Sie also an Ihren besten Kunden. Formulieren Sie positiv. „Ich versichere Ihnen ..." und nicht „Machen Sie sich keine Sorgen ...".

Wir wollen nicht, daß Sie an all das denken, was bei dem Verkauf schiefgehen könnte, wenn Sie nicht aufhören, Verneinungen zu verwenden.

War dieser letzte Satz klar?

Verneinungen können auch verwirrend sein, oder etwa nicht?

RAPPORT:
ZUSAMMENFASSUNG

- Die wichtigste Tätigkeit im Verkauf besteht darin, mit dem Kunden oder der Kundin eine vertrauensvolle Beziehung und Rapport aufzubauen.

- Es gibt drei Ebenen von Rapport:
    - *Kultureller Rapport:* Das allgemeine Ansehen von Verkaufs- und Vertriebsmitarbeitern ist kulturell bedingt.
    - *Sicherheitsbedürfnisse berücksichtigen:* Es geht darum, ob sich jemand durch den Verkäufer oder das Produkt bedroht fühlt.
    - *Persönlicher Rapport:* Bei einer persönlichen Begegnung wird Vertrauen aufgebaut und gegenseitig Einfluß genommen.

- Rapport wird durch Matching aufgebaut und aufrechterhalten. Dies können Sie unterstützen durch:

  Körpersprache:
  - Kleiden Sie sich passend.
  - Matchen Sie die allgemeine Haltung, die Gestik und das Tempo der Gesten, den Augenkontakt.

  Sprache:
  - Matchen Sie die Stimmlage.
  - Markieren Sie die wichtigsten Punkte.
  - Wiederholen Sie das Gespräch rückblickend, indem Sie die Schlüsselworte auf die gleiche Weise wie der Kunde oder die Kundin benutzen.
  - Ersetzen Sie „aber" durch „und".
  - Meiden Sie das Wort „versuchen".
  - Formulieren Sie positiv.

- Üben Sie Matchen in Situationen, in denen Sie sich sicher fühlen.

- Matching soll Ausdruck Ihres aufrichtigen Interesses sein.

- Matching ist ein Beispiel für Pacing: Es bedeutet, sich dem anderen in seiner „Welt" anzuschließen.

Kapitel 7
Die Sprache der Kunden sprechen

Das Aufbauen von Rapport (siehe Glossar und Kapitel 6) ist der erste Schritt beim Verkauf. Sie als Verkäufer oder als Verkäuferin stellen eine Verbindung zum Kunden her, in der Sie beide jeweils offen dafür sind, sich vom anderen bewegen zu lassen. Wenn Sie dann Rapport erreicht haben, was dann?

Ihr Ziel besteht darin, herauszufinden, was der Kunde möchte und was ihm wichtig ist, weil Sie sein Bedürfnis, seine Kaufkriterien und seine Prioritäten mit Ihrem Produkt und den Standards Ihrer Firma kennenlernen möchten (siehe Glossar *Matching*). Um zu entscheiden, ob eine Übereinstimmung zwischen Nachfrage und Angebot möglich ist, müssen Sie wissen, was und wie der Kunde denkt.

Wie finden Sie heraus, *was* und *wie* jemand denkt? Diese Informationen sind doch sicher in den Köpfen der Menschen verschlossen. Dennoch erfahren Sie durch die Worte des Kunden nicht nur, *was* er denkt, sondern *wie* er denkt. Und wenn Sie wissen, wie er denkt, können Sie in einer Weise über sein Bedürfnis und über Ihre Produkte sprechen, daß er Sie wahrscheinlich verstehen wird. Wir haben schon darauf hingewiesen, daß die gleichen Worte für verschiedene Menschen eine unterschiedliche Bedeutung haben. In diesem Abschnitt soll Ihnen ein Einblick in die Denkweise Ihres Kunden vermittelt werden, so daß Sie die „richtigen" Worte verwenden – die Worte, auf die der Kunde oder die Kundin reagiert.

DENKWEISEN

Denken Sie an Ihr letztes erfolgreiches Verkaufsgespräch. Nehmen Sie sich Zeit, um es sich ausführlich selbst zu beschreiben ...

Wie sind Sie vorgegangen? Wie haben Sie sich daran erinnert? Vielleicht haben Sie sich innerlich die Szene und den Klienten bildlich vorgestellt. Vielleicht hörten Sie die Geräusche und die Stimmen innerlich noch einmal. Vielleicht hatten Sie ein gutes Gefühl wegen des Ergebnisses und sprachen mit sich selbst darüber. Wir nehmen Informationen über die Außenwelt mit unseren fünf Sinnen auf: mit Gesichtssinn und Gehörsinn, über Gefühle, Geschmack und Geruchssinn. Wenn wir später an eine Information, die wir aufgenommen haben, denken, erfahren wir dies noch einmal, das heißt, wir *repräsentieren* für uns selbst Teile davon.

Das Neurolinguistische Programmieren nimmt die fünf Sinne – den visuellen, auditiven, kinästhetischen (Gefühl), olfaktorischen (Geruch) und gustatorischen (Geschmack) – und überprüft, wie wir sie internal gebrauchen, um zu denken. Deshalb werden sie Repräsentationssysteme genannt. Aber wir gebrauchen die Sinne nicht alle auf die gleiche Weise. Manche Menschen sind sich besser ihrer inneren Bilder bewußt, die sie durch ihr visuelles System schaffen. Andere sprechen viel mit sich selbst und benutzen mehr das auditive System. Viele Menschen sind sich am besten ihrer Gefühle und Körperempfindungen (also ihres kinästhetischen Systems) bewußt.

Wie schon gesagt wird unser Denken durch das, was wir sagen reflektiert. Menschen, die primär in Bildern denken und ihre „Welt" innerlich visuell ordnen, gebrauchen Wörter wie „sehen", „Perspektive", „schauen", „hell", „Vision", „Szene". Ein Kunde, der zu diesem Typ gehört, verwendet Sätze wie „Ich freue mich, daß wir uns persönlich sehen konnten" oder „Das ist zu vage, das muß ich schwarz auf weiß sehen."

Menschen, die in Klängen denken oder eine innere Stimme hören, verwenden Wörter wie „sagen", „erzählen", „fragen", „sprechen", „einstimmen", „verlangen." Eine auditiv denkende Kundin sagt etwa: „Ich kann Sie laut und deutlich hören." Sie möchte „über die Dinge reden" oder „Ihren Vorschlag anhören". Sie sagt vielleicht: „Das scheint eine gute Idee zu sein, aber etwas sagt mir, daß es nicht funktionieren wird."

Menschen, die mit Hilfe von Gefühlen denken, verwenden Worte wie „berühren", „bewegen", „greifen", „fühlen", „sanft", „solide", „fest", „Balance". Eine Verkäuferin, die diesem Typ zuzuordnen ist, sagt Sätze wie: „Es hat mich sehr bedrückt" oder „Sie ist eine coole Kundin." Sie wird Themen „anschneiden" oder das Projekt „durchziehen".

Diese Worte, die sich auf einen unserer Sinne beziehen, sind im NLP als *Prädikate* bekannt. Viele Worte sind allerdings nicht spezifisch für einen der Sinne. Worte wie „beweisen", „entdecken", „erlauben", „denken", „planen", „wissen", „motivieren" und „glauben" geben keinen Hinweis auf Systeme des Sehens, Hörens und Fühlens.

In der unten folgenden Tabelle sind allgemein gebräuchliche Worte und Wendungen aufgeführt, die vielleicht auch Sie benutzen. Sie sind in die einzelnen Systeme „übersetzt", um Ihnen zu ermöglichen, daß Sie die entsprechenden Denkweisen für sich entdecken und nutzen können. (Anm. d. Vlg.)

Zuhören – antworten

Sie wissen jetzt, worauf Sie hören müssen. Der nächste Schritt wäre, daß Sie darauf achten, was Ihre Kunden sagen. Bemerken Sie die Worte, die auf die einzelnen Wahrnehmungstypen hinweisen. Nach einiger Zeit fangen Sie an, all diese Worte leichter zu sehen, zu

hören und zu spüren. Wenn Sie das können, beginnen Sie damit, sich an diese Worte in Ihren Antworten anzugleichen und sie zu matchen.

Neutral	Visuell	Auditiv	Kinästhetisch
eine Vorstellung überdenken	genau hinsehen	nachhorchen	erforschen
das Produkt demonstrieren	Ihnen zeigen	Ihnen erklären	Ihnen ein Gefühl dafür geben
diskutieren	durchsehen	bereden	durchgehen
erinnern	Ihnen noch einmal zeigen	Ihnen in Erinnerung rufen	zurückbringen
ich verstehe	ich sehe klar	ich höre laut und deutlich	ich begreife
ich verstehe nicht	das ist nicht klar	das klingt seltsam	das paßt nicht
ich weiß	das ist mir klar	das hört sich richtig an	ich bekomme ein Gefühl dafür

Obwohl wir alle die verschiedenen Denkweisen immerzu benutzen, werden Sie (wenn Sie auf die entsprechenden Prädikate achten) feststellen, daß einige Menschen mehr visuelle Begriffe, andere Menschen eher Gefühlswörter und wieder andere eher auditive Begriffe verwenden.

Wenn Sie wissen, welches System Ihre Kunden bevorzugen, können auch Sie Begriffe aus diesem System benutzen, denn Menschen mögen andere Menschen, die genauso denken wie sie selbst.

Machen Sie folgendes Experiment: Beschreiben Sie einem Freund
oder Kollegen einen Film, den Sie gesehen haben, auf drei unterschiedliche Arten, und finden Sie heraus, welche ihn am meisten
überzeugt. Hier einige Beispiele:

1. „Der Film war wirklich gut. Die Aufnahmen waren brillant. Man
   bekam einen wirklich tiefen Einblick in die Gedanken der
   Hauptcharaktere. Die Bilder waren sehr einprägsam, so daß ich
   ihn noch einmal sehen möchte."

2. „Das war wirklich ein starker Film! Die sehr eindrucksvolle Darstellung der Charaktere hat mich gefesselt. Die Gefühle der Personen kamen wirklich an. Du mußt auf alle Fälle in den Film
   gehen. Er ist ein Hit. Das Geschehen auf der Leinwand fesselt
   einen richtig."

3. „Ich muß Dir einfach von diesem Film erzählen. Wunderbare
   Dialoge und eine phantastische Filmmusik. Die Motive der
   Hauptcharaktere kamen klar und deutlich rüber. Ich mag Filme
   mit einer bombigen Story."

Die erste Beschreibung war visuell, die zweite kinästhetisch, die
dritte auditiv. Diese übertriebenen Beispiele lassen leicht sehen,
hören und fühlen, wie man eine Sache auf verschiedene Arten wahrnehmen und darstellen kann. Ihre Botschaft ist die gleiche, aber ein
Freund fühlt sich bei der ersten Darstellung nicht motiviert, in den
Film zu gehen, vielleicht aber bei der zweiten. (Denken Sie aber
daran – es handelt sich um denselben Film.) Und bedenken Sie dann,
welchen Unterschied es ausmacht, Ihr Produkt auf verschiedene
Weise zu beschreiben.

Um herauszufinden, wie Sie selbst am liebsten denken und sich ausdrücken, sprechen Sie fünf Minuten lang über Ihre Arbeit auf Band
– und zwar ohne groß zu überlegen. Beim Abhören des Bandes achten Sie dann auf die verschiedenen Worttypen. Achten Sie darauf, ob
in Ihrer Sprache ein oder zwei der verschiedenen Denkweisen auf-
tauchen.

Dann merken Sie vielleicht, daß Sie, wenn Sie in Bildern denken, guten Rapport und wahrscheinlich auch bessere Erfolge bei Kunden erzielen, die auch in Bildern denken. Bei Kunden, die in Gefühlen denken, sind Sie vielleicht weniger erfolgreich. Das wird erst einmal Futter für Ihren Geist sein – um einen gustatorischen Satz zu gebrauchen.

Technische Begriffe und Fachsprache

Wenn Sie die Sprache des Kunden oder der Kundin verwenden, baut das Rapport auf, und außerdem werden auf diese Weise die Eigenschaften und Vorteile Ihres Produkts so übersetzt, wie es für ihn oder sie am angenehmsten ist. Dabei verwenden Sie am besten sogar technisches Vokabular, sofern ein Kunde das auch tut.

Jedes Geschäft hat seine Fachsprache; das ist wie eine eigene Mundart, in der sich für den Kunden viel Bedeutung konzentriert. Diesen Jargon verwenden heißt nicht, daß man versucht, den Kunden mit der Kenntnis dieser Worte zu beeindrucken. Es geht darum, sein Vokabular zu übernehmen, um sich seiner gewohnten Denkweise anzugleichen. Fragen Sie, was die Worte bedeuten, wenn Sie Ihre „Hausaufgaben" nicht vorher gemacht und sich entsprechend informiert haben. Lassen Sie sich seine Übersetzung geben, und verwenden Sie die Worte, wenn Sie sich das zutrauen. Und vermeiden Sie Ihren eigenen Verkaufsjargon.

Denkweisen und ihre Sprechgeschwindigkeit

Auf Worte zu achen ist ein Weg, verschiedene Denkweisen zu erkennen. Und es gibt noch andere Wege. Stellen Sie sich vor, Sie denken in Bildern. Bilder tauchen sehr schnell auf und bieten auf einmal

sehr viele Informationen. Menschen, die viel in Bildern denken –
und vielleicht gehören Sie auch dazu – sprechen gewöhnlich sehr
schnell, um mit dem Bilderfluß mitzukommen. Denken in Gefühlen
geschieht meist langsamer, da Gefühle Zeit brauchen.

Wenn also ein visuell Denkender mit einer Person spricht, die an
Gefühlen orientiert ist, kann ein absolutes *Mismatching* geschehen:
Der visuell Denkende spricht schnell und sagt zum Beispiel: „Kom-
men Sie, und sehen Sie sich diesen Vorschlag an. Ich habe einige
Ideen hier aufgezeichnet, um Ihr Problem einzugrenzen."

Der über Gefühle Denkende spricht langsamer und sagt vielleicht:
„Ich fühle mich mit diesem Plan noch nicht so recht wohl. Ich habe
das Gefühl, da sind noch Lücken. Greifen wir nicht zu schnell nach
der einfachen Lösung."

Wenn Sie einmal ein Ohr für Dialoge entwickelt haben, erkennen Sie
rasch die Vorteile dieser Methode. Nicht so sehr was die Leute sagen
ist wichtig – obwohl es das natürlich auch ist – sondern die Art und
Weise, wie sie es sagen.

Redewendungen

So wie Menschen auf unterschiedliche Weise denken, verwenden sie
auch unterschiedliche Wendungen, die Sie übernehmen können. Sie
können auch eigene Wendungen finden, sofern sie dem gleichen Repräsentationssystem entsprechen. Hier einige Beispiele:

Visuell:
- „Ich sehe, was Sie meinen."
- „Lassen Sie mich Licht in die Sache bringen."
- „Das ist wie von Zweifeln überschattet."
- „Die Zukunft sieht rosig aus."
- „Ich möchte das Problem auf den Punkt bringen."

Auditiv:
- „Da höre ich etwas läuten."
- „Ich höre, was Sie sagen."
- „Das heißt sozusagen, ..."
- „Das ist ja unerhört."
- „Das hört sich für mich unglaublich an."

Kinästhetisch:
- „Wir bleiben in Verbindung."
- „Bleiben Sie bitte eine Sekunde dran."
- „Da muß man den Finger draufhalten."
- „Das ist eine solide Grundlage für das Angebot."
- „Ich habe die Hauptpunkte begriffen."

Eine Kundin sagt vielleicht: „Ich sehe Schwierigkeiten voraus. Können Sie mir einen Weg heraus *zeigen*?" Eine gute Antwort wäre: „Sicher, lassen Sie mich einige Möglichkeiten aufzeichnen, damit Sie sehen können, welche Ihnen am besten erscheint." Dann könnten Sie dementsprechend einige Optionen entweder auf ein Blatt Papier schreiben oder bei einer Präsentation etwas auf einem Flipchart aufzeichnen.

Was wäre mit folgender Antwort: „Sicher, gehen wir die Möglichkeiten durch, damit Sie ein Gefühl für die bestehenden Optionen bekommen"? Eine derartige Antwort würde nicht die Art und Weise matchen, in der die Kundin ihren Vorbehalt zum Ausdruck brachte; hier werden Worte verwendet, die Gefühle und Handlungen beschreiben, und diese passen nicht zum visuellen Denken der Kundin.

Eine andere Kundin sagt: „Das *klingt* schwierig. Das *hört* sich für mich noch nicht gut an." Sie scheint die Schwierigkeit zu hören. Ihre Antwort: „Lassen Sie es uns versuchen und das Angebot abstimmen. Ich kann noch viel dazu sagen." Dann sprechen Sie darüber. Verzichten Sie auf Diagramme.

Ein dritter Kunde sagt: „Ich habe das *Gefühl*, daß hier ein Hindernis ist. Wie kann ich das umgehen?" Ein mögliche Antwort: „Lassen Sie mich die Schritte mit Ihnen durchgehen. Dann bringen wir das hinter uns."

Sie müssen sich mit dem Einwand eines Kunden oder einer Kundin beschäftigen, und machen Sie auf die gezeigte Weise deutlich, daß Sie die Denkweise verstehen.

Metaphern

Das Angleichen an feststehende Ausdrücke und Redewendungen läßt sich erweitern: Sie können auch kleine Geschichten und Analogien einbeziehen, die die Interessen des Kunden und seine Arbeit betreffen.

Wenn man sich zum Beispiel mit der Finanzplanung für einen Sportler beschäftigt, könnte man die unterschiedlichen Zielrichtungen mit verschiedenen Sportarten vergleichen: Bei einigen kommt es auf das Durchhaltevermögen an, und mehr Zeit ist nötig, bei anderen ist die Geschwindigkeit wichtig, weniger das Standvermögen. Bei einer Musikerin würde man davon sprechen, daß die verschiedenen Bereiche ihres Lebens und ihrer Tätigkeit harmonisiert werden.

Im Neurolinguistischen Programmieren (NLP) wird der Begriff *Metapher* verwendet, um Geschichten und Sprachfiguren zu beschreiben, die einen Vergleich beinhalten und entsprechende Assoziationen auslösen. Damit kann etwas so erklärt werden, daß man sich anschließend mit dem Thema an die Metapher erinnert. Das ist so, als begleite man jemanden zu einem Sonnenaufgang, um mit ihm über die Zukunft zu sprechen.

Wenn ich Maurer wäre und jemanden lehren müßte, wie man eine Mauer baut, würde ich vorführen, wie man die Mauersteine

aufschichtet. Wenn ich als Vater meinem Kind gutes Benehmen beibringen wollte, wäre es am besten, wenn ich selbst mich so verhalte, wie ich es von meinem Kind erwarte. Wenn ich als Offizier in der Armee von meinen Truppen erwarte, daß sie den Feind angreifen, führe ich den Angriff am besten selbst an. Und ich kann noch einige Beispiele aus meiner Arbeit mit Firmen nennen, in denen ich Metaphern wirksam einsetzen konnte:

Ich sprach mit dem Verwaltungsdirektor einer Firma, der arge Probleme mit seinem Direktorium hatte. Die anderen Direktoren waren überwiegend mit ihren persönlichen Zielen beschäftigt und vergaßen darüber die Ziele der Firma. Sie verbrachten viel Zeit damit, zu politisieren und sich gegenseitig herabzusetzen, und sie versuchten gegenseitig, die Autorität eines jeden zu untergraben. Geschäftliche Pflichten waren nebensächlich geworden.

Ich sagte zu diesem Verwaltungsdirektor: „Ich sehe Sie bei Ihrem Bericht als Charlton Heston in dem Film *Ben Hur* vor mir. Sie stehen auf Ihrem Wagen und kämpfen, um das Rennen zu gewinnen, aber alle Ihre Pferde ziehen in verschiedene Richtungen, und es besteht die Gefahr, daß Sie von den anderen Wagen überholt werden." „Genau das", antwortete der Direktor mit einem Seufzer der Erleichterung, denn ich hatte nicht nur demonstriert – und dadurch Verständnis gezeigt –, daß ich sein Problem verstand, ich hatte auch seine Erfahrung und seine Gefühle klar dargestellt.

Ein anderes Beispiel: Eine Firma für Papierbedarf verlor wegen falscher und unpünktlicher Lieferungen Kunden. Die Verkaufsabteilung der Firma war sehr gut, aber auch desillusioniert, da es der Firma nicht gelang, die Kunden zu halten. Die Qualität der Produkte war erstklassig. Ich sagte zu dem Manager: „Ihre Lieferungen lassen sich mit Löchern in einem Wasserfaß vergleichen, die verhindern, daß das Faß voll wird." „Ja", meinte er, „können Sie mir helfen, die Löcher zu stopfen?"

Bei einer anderen Gelegenheit sprach ich mit einem Mann, der mehrere Immobilienagenturen eröffnet und mit hohem finanziellen Einsatz sehr gute Leute von anderen Agenturen eingekauft hatte – mit dem Ergebnis, daß sie wenig Leistung brachten. Ich sagte zu ihm: „Sie sind wie ein Manager eines Fußballvereins, der Geld zum Ausgeben hat. Sie haben die besten Spieler eingekauft. Wo aber ist der Kapitän, der aus ihnen das Beste herausholt? Wo gibt es Trainings? Wer sagt ihnen, wie ihr Spiel aussehen soll?" Er nickte zustimmend, und wir arbeiteten einen Plan aus, demzufolge er einen Verkaufsmanager einstellte, der Firmenstandards und ein Trainingsprogramm einführte.

„Greifbarer" und „nicht greifbarer" Nutzen

Produkte sind oft „greifbar". Ein Auto kann man anfassen, man kann sich hineinsetzen und damit fahren. Ein Faxgerät sendet und empfängt Botschaften, die man lesen kann. Unter Umständen ist der *Nutzen* eines Produkts oft weniger greifbar. Allgemeine Vorteile können Sie sicher leicht verständlich darstellen, der spezifische Nutzen für den einzelnen Kunden läßt sich aber oft weniger leicht definieren.

Stellen Sie sich vor, ich arbeitete als Schriftsteller an einer Schreibmaschine. An meinem jetzigen Problemzustand stört mich am meisten, daß ich sehr viel redigieren und korrigieren muß, das heißt, ich muß den Text immer wieder neu abschreiben. Das bedeutet, daß ich für meine Arbeit mehr Zeit brauche als eigentlich notwendig, daß ich Termine möglicherweise nicht einhalten kann und andere Aufträge ablehnen muß. Schon die Vorführung einer Textverarbeitung am Computer wäre ein eindrucksvolles Verkaufsargument für mich. Stellen Sie sich dagegen vor, daß mir ein Verkäufer sagt: „Mit diesem Programm können Sie den vorhandenen Text korrigieren und den korrigierten Text ausdrucken, und wenn Sie weitere Exemplare

benötigen, müssen Sie keine Kopien mehr anfertigen. Das bedeutet, daß Sie keine Zeit mehr verschwenden, keine Termine mehr verpassen oder Aufträge ablehnen müssen."

Textverarbeitungssysteme haben mittlerweile bewiesen, daß sie ihr Geld wert ist. Denken Sie jedoch an die ersten Computer, deren Wert erst bewiesen werden mußte und deren Preis, verglichen mit der übrigen Büroausstattung, sehr viel höher war als heute.

Der Verkäufer hätte mir zu seinem Verkaufsargument außerdem sagen können: „Sie könnten sich mit einem Maurer vergleichen, der feststellt, daß seine Mauer nicht gerade ist. Er fährt einfach mit der Hand an ihr entlang und richtet sie damit gerade aus, anstatt sie wieder einzureißen und noch einmal von vorn zu beginnen." Mit dieser Metapher hätte er mir die Leichtigkeit des „Neuen", verglichen mit den Mühen des „Alten" vermittelt, und ich hätte damit auch diesen Nutzen erfaßt.

Schulungen und Weiterbildung der Mitarbeiter können einigen Firmen als *vermeidbare* „Kosten" erscheinen. Und zwar deshalb, weil die Ergebnisse und Vorteile aus dem Training der Mitarbeiter nur schwer zu messen und einzuschätzen sind. Die Kosten für ein Training sind vielleicht hoch, aber die Kosten für Unwissenheit sind gewöhnlich höher. Wie können Sie einer Firma, die Ihr Kunde ist, das vermitteln? Hier eine Nutzenanalyse:

In Kanada wurde die Weltmeisterschaft der Holzfäller ausgetragen. Die beiden Finalisten waren Todfeinde. Jedem wurde ein gleich großer Waldanteil zugewiesen, und sie fingen an, sich ihren Weg durch den Wald zu schlagen. Nach einer Stunde hörte der Holzfäller Joe, daß Holzfäller Fred zu arbeiten aufhörte. Also ging Joe mit um so größerer Energie voran, um die Pause von Fred zu nutzen. Nach zehn Minuten fing auch Fred wieder mit dem Holzschlagen an. Während des fünfstündigen Wettbewerbs machte Fred stündlich eine Pause. So ist es verständlich, daß Joe glaubte, er habe gewonnen. Schließlich hatte er gehört, wie Fred jede Stunde zehn Minuten

Pause gemacht hatte. Als am Ende ausgezählt wurde, hatte Joe zu
seiner Überraschung verloren. Er war niedergeschlagen und ent-
täuscht und suchte nach einer Erklärung. Er fragte Fred, wie er es
geschafft hatte, so viele Bäume zu schlagen *und* sich dennoch jede
Stunde auszuruhen: „Ich habe mich nicht ausgeruht", sagte Fred,
„ich habe nur meine Axt geschliffen."

DIE SPRACHE DER KUNDEN SPRECHEN: ZUSAMMENFASSUNG

- Denken ist eine Mischung von:
  - inneren Bildern (sie bilden ein visuelles Repräsentationssy-
    stem)
  - inneren Klängen und Selbstgesprächen (sie bilden ein auditi-
    ves Repräsentationssystem)
  - inneren Gefühlen (sie bilden ein kinästhetisches Repräsentati-
    onssystem).

- Wir wählen Worte und Redewendungen entsprechend unserer
  individuell spezifischen Denkweise.

- Nutzen Sie die Worte und Redewendungen, die der Denkweise
  der Kunden entsprechen; damit erreichen Sie Rapport und reagieren effektiv.

- Verwenden Sie Metaphern und Redewendungen aus dem Interes-
  senbereich des Kunden oder der Kundin.

Kapitel 8

Werte, Regeln und Entscheidungsstrategien

Was will der Kunde?

In jedem menschlichen Bedürfnis steckt die Information über ein gegenwärtiges Problem und über die Vorstellung einer besserer Zukunft. Die gegenwärtigen Mühen wirken gewöhnlich zwingender als das Sehnen nach einer besseren Zukunft, einfach weil uns die Gegenwart näher ist.

Wenn also ein Kunde oder eine Kundin gegenwärtig recht zufrieden ist und den Fokus mehr auf eine bessere Zukunft richtet, dann ist es Ihre Aufgabe als Verkäufer, seine oder ihre Aufmerksamkeit auf das zu lenken, was *jetzt* nicht in Ordnung ist. Entwickeln Sie das Bewußtsein eines Kunden für seine gegenwärtige Unzufriedenheit.

Um in Bewegung zu kommen, bedarf es im allgemeinen entweder eines Vorwärtsziehens oder eines Anschiebens. Am besten wirkt beides zusammen.

Um die Zukunft zu definieren, fragen Sie zum Beispiel: „Wie wird es sein, wenn Sie dieses Problem gelöst haben?" „Was werden Sie dann bekommen, was Sie jetzt nicht haben?"

Um auf die gegenwärtige Unzufriedenheit hinzuweisen, fragen Sie zum Beispiel: „Welche Auswirkungen hat das auf Ihr Geschäft, wenn die Situation so bleibt, wie sie ist?"

Sie gehen auf das Problem *und* auf die Lösung ein, wenn Sie fragen: „Welches sind die Vor- und die Nachteile der gegenwärtigen Sachlage?"

Auch wenn Sie mit Kunden bei bestehenden Firmenkontakten verhandeln, sollten Sie – unabhängig von der Managementebene – das gegenwärtige Problem und die gewünschte Zukunft sowohl unter persönlichen als auch unter organisatorischen Aspekten betrachten.

Angenommen, Sie wollen sich bei einer Organisation als Berater verkaufen und beginnen mit der Strategie „von der Mitte nach oben" (siehe Kapitel 4). Für Ihren ersten Kontaktpartner könnte der persönliche Nutzen in einer Beförderung liegen. Wenn *Sie* also das Problem lösen, kann *er* das Verdienst in Anspruch nehmen, Sie eingeführt zu haben. Sein persönliches Problem liegt vielleicht darin, daß er zu viel Zeit in der Firma verbringt. Für ihn könnte Ihre Beratung mit dem Nutzen verbunden sein, mehr Zeit für seine Familie erübrigen zu können und sich weniger gestreßt zu fühlen.

Außerdem hat die Firma, in der Ihr Kontaktpartner arbeitet, ein bestehendes Problem und einen entsprechenden Nutzen – zu letzterem können Sie beitragen. Das Problem lautet vielleicht, daß die Produktivität gering ist oder daß die Moral in der Abteilung Ihrer Kontaktperson schlecht ist und daß diese Abteilung ihr Budget überzieht. Von Nutzen wäre in diesen Fällen dann, daß die Abläufe in der entsprechenden Abteilung ungehindert funktionieren und damit insgesamt die Wirtschaftlichkeit der Firma gefördert wird. Ergebnisse auf Geschäftsebene bringen Gewinne für die Einzelnen.

Persönlicher Nutzen:	Geschäftlicher Nutzen:
Beförderung	funktionierende Abläufe

Persönliches Bestreben weg von:
Überstunden

Geschäftliches Bestreben weg von:
– geringer Moral
– niedriger Produktivität
– Überschreiten des Kostenrahmens

Vom Bedarf zur Lösung

Wenn Sie als Berater oder als Beraterin tätig sind, haben Ihre Klienten vielleicht eine allgemeine Vorstellung davon, was sie brauchen, aber sie wissen nicht, wie das im einzelnen erreicht werden kann. Zum Beispiel weiß ich, daß ich Geld einsparen will, aber ich weiß nicht, wie oder wieviel. Oder ich möchte, daß in meiner Firma der Kundendienst stärker beachtet wird. Wie erreiche ich das? *Dazu ist die Entwicklung von einem allgemeinen Bedarf hin zu einer spezifischen Lösung erforderlich.*

Es kann auch vorkommen, daß Kunden genau wissen, was sie wollen, und sich auf eine Lösung festgelegt haben: Sie wollen einen bestimmten Sparplan und innerhalb dessen ein bestimmtes Verkaufstraining. Hier kommen Ihre Fertigkeiten und Ihr Wissen zum Einsatz. Sie können herausfinden, ob es auch *andere* Möglichkeiten gibt, mit denen das Bedürfnis Ihrer Kunden *besser* erfüllt würde, als dies bei der vorgesehenen Lösung der Fall wäre. Ihre Kunden kennen möglicherweise nicht alle Fakten, oder es gibt womöglich eine bessere Lösung für ihr Problem. In diesem Fall heben Sie als Berater den Sachverhalt *von einer spezifischen Lösung auf die Ebene eines allgemeinen Bedürfnisses*, um herauszufinden, ob es für dieses allgemeine Bedürfnis eine bessere Lösung gibt.

Dazu ein Beispiel: Stellen Sie sich vor, Sie seien Berater, und ein Manager sagt zu Ihnen: „Ich möchte ein dreitägiges Training für nicht mehr als 600 englische Pfund (rund 1000 DM) pro Tag, das spätestens am ersten des nächsten Monats beginnt." Das ist sehr spezifisch. Ob Sie das bieten können oder nicht: Finden Sie erst heraus, welches Bedürfnis zu dieser Lösung geführt hat. Fragen Sie: „Was soll mit dem Training erreicht werden?" Vielleicht lautet die Antwort, daß die Produktivität in einer bestimmten Abteilung erhöht werden sollte. Ist das der Fall, gibt es noch andere Möglichkeiten zu bedenken, wie zum Beispiel computergestütztes Lernen oder Unternehmensberatung. Außerdem wäre es möglich, ein Modelling-Projekt durchzuführen: Man findet heraus, was die produktivsten Leute in der Firma anders machen als die weniger erfolgreichen und veranstaltet dann ein Training, in dem die Fähigkeiten der erfolgreichen den anderen vermittelt werden (das wird im NLP *Modelling* genannt; siehe Glossar).

Jede dieser genannten Möglichkeiten wäre für die Erhöhung der Produktivität möglicherweise besser als das von dem Manager vorgeschlagene dreitägige Training.

Sie könnten eine weitere Frage stellen: „Was ist der Grund dafür, daß 600 englische Pfund pro Tag nicht überschritten werden dürfen?" Vielleicht stehen insgesamt nur 1800 englische Pfund zur Verfügung, das wäre auch eine Erklärung für den dreitägigen Kurs. Dieser Betrag muß jedoch nicht unbedingt für ein dreitägiges *Training* eingesetzt werden. Ziel ist dann, mit diesem Betrag eine *Lösung* zu bezahlen.

Eine dritte Frage wäre in unserem Beispiel sinnvoll: „Was wäre, wenn der Kurs nicht zu Monatsbeginn stattfände?" Vielleicht sind die betreffenden Leute danach in ein anderes Projekt eingebunden. Sie können herausfinden, ob das Projekt verschoben oder ob Ihre Arbeit darauf aufbauen könnte.

Dies ist ein Beispiel dafür, daß man Details nimmt und sich auf eine höhere Ebene zu dem allgemeinen Bedürfnis hinbewegt, wobei dann

andere Wege gefunden werden, um das ursprüngliche Bedürfnis zu erfüllen. Sie bewegen sich von einer einzelnen Anfrage auf eine höhere Ebene zu einem Bedürfnis, das umfassend genug ist, um verschiedene Lösungen einzuschließen. Das ist ein allgemeines Prinzip, das beim Verkauf immer angewendet werden kann – ob man nun Beratung oder eine Büroeinrichtung anbietet (im NLP nennt man das *Chunking;* siehe Glossar).

Problem: Niedrige Leistungen im Verkauf

Bedürfnis:
Verbesserung
der Fertigkeiten

„Chunk Down"   *„Chunk Up"*

**Alternative Lösung
des Verkäufers:**
Training

Die Lösung des Kunden:
Auswechseln einiger Mitarbeiter

Einen Sachverhalt auf eine allgemeinere oder auf eine spezifischere Ebene transportieren

WERTE UND KRITERIEN

Was ist wichtig?

Egal ob Sie sich persönlich auf etwas zu oder von etwas weg orientieren, Sie sollten herausfinden, wie sich Ihre Kunden orientieren. Im Neurolinguistischen Programmieren werden hier *Kriterien* und

Werte unterschieden (siehe jeweils Glossar). Werte sind größere Einheiten *(Chunks)* – sie umfassen all das, was insgesamt für uns wichtig ist. Sehr oft stehen sie mit emotionalen Zuständen in Verbindung, die die treibende Kraft für unser Handeln sind. Beispiele für Werte sind Gesundheit, Liebe, Ansehen, Spaß, Macht, Erfolg und Lernen.

Ein Bekannter von uns begann in den späten sechziger Jahren mit dem Verkauf von Autos. Mit Blick auf die Zukunft befragte er andere Geschäftsleute, welche Hersteller in den nächsten zwanzig Jahren wohl eine führende Rolle spielen würden.

Zu seiner Überraschung – bedenken Sie, daß das in den sechziger Jahren war – wurden ihm nicht deutsche, britische oder amerikanische Autos empfohlen. Man sagte ihm, daß Japan die kommende Nation der Autohersteller sein würde. Also übernahm er den Verkauf von japanischen Autos. Er polierte an seinen Verkaufsmethoden, informierte sich über die angebotenen Automodelle, ihre Zuverlässigkeit, Lieferzeiten usw. Er war so überzeugt von der Qualität der Produkte, die er verkaufte, daß er sich Fehlschläge überhaupt nicht vorstellen konnte. Und oft glaubte er, potentielle Kunden vor sich zu haben (er hatte deren Bedarf überprüft). Er fragte nach, welche anderen Modelle in Frage kämen, er führte das Auto vor und stellte einen Kostenvergleich an, und er erwartete eine Bestellung. Oft war er verblüfft, wenn ihm der Auftrag entging, denn seine Autos waren in Bezug auf Leistung, Zuverlässigkeit, Ausstattung und Kosten vergleichbar, wenn nicht sogar besser als andere. Er brauchte Jahre, bis er verstand, daß es für viele Kunden einen unausgesprochenen, oft auch unbewußten Wert gab: Ihr Auto *mußte* zum Beispiel britisch sein, auch wenn sie dabei weniger Leistung für ihr Geld bekamen.

Mit dem Begriff der „Kriterien" meint man weniger Allgemeines und weniger Umfassendes als mit dem Begriff der „Werte": Kriterien sind Werte, die in einem *bestimmten Kontext gelten.* Wir orientieren uns an eigenen Kriterien, um zu beurteilen, wie wir als

Verkäufer und Verkäuferinnen ein Bedürfnis erfüllen. Beispiele für Kriterien sind Kosten, Zeit, Sicherheit und Schnelligkeit. In Geldwert benennbare Kosten sind offensichtlich ein wichtiges Kriterium für Kunden. Geld dient oft eher als *Maßstab für Bedeutung*, als daß der Wert des Geldes als solches ein wichtiges Kriterium wäre.

Wenn alles andere gleichwertig ist, nehmen Kunden das Billigste – aber es kommt nur selten vor, daß alle Eigenschaften gleich sind. Ihre Aufgabe als Verkäufer oder als Verkäuferin besteht darin, die Unterschiede zwischen Ihrem Angebot und dem Angebot Ihres Konkurrenten herauszustellen. Wenn Kunden nach dem billigsten Produkt oder der billigsten Dienstleistung suchen, kann es sein, daß sie sich ihrer *anderen wichtigeren* Kriterien nicht bewußt sind. In dem Fall können sie sich möglicherweise für das billigste Angebot entscheiden. Bei der letzten Analyse sollte *Ihre Person* entscheidend sein.

Die Werte und Kriterien der Kunden herausfinden

Sowohl Werte als auch Kriterien können unterschiedlich in ihrer Ausrichtung sein: auf Positives hin oder von Negativem weg. Eine Person wünscht Sicherheit für ihre Familie. Das könnte bedeuten, daß sie vor allem ein Gefühl der Sicherheit erreichen will, oder aber, daß sie sich primär nicht bedroht fühlen möchte.

Ein Gefühl schließt jeweils beide Ausrichtungen ein, und jeder Mensch neigt dazu, sich individuell stärker auf eine Seite dieser Gleichung zu konzentrieren. Während ein Altersversorgungsplan für die einen *Beruhigung* bringt, sehen andere in demselben Plan die Gewähr, daß sie sich *keine Sorgen* mehr zu machen brauchen. Sie als Verkäufer oder Verkäuferin bieten die Werte an, die *Sie* wahrnehmen.

Sie können mit einigen Schlüsselfragen die Kriterien der Kunden aufdecken und erkunden. Es sind wahrscheinlich die wichtigsten Fragen im Verkaufsgeschäft. Sie können sie abwandeln, je nachdem, was Sie verkaufen:

- „*Was erwarten Sie sich von* [einem Haus, Urlaub, Computer, Training]?"
- „*Was ist Ihnen das Wichtigste an* [einem Haus, Urlaub, Computer, Training]?"
- „Was würde Ihnen [ein Haus, Urlaub, Computer, Training] bringen?"

Haben Sie die Kriterien des Kunden gefunden, benennen Sie sie mit den gleichen Worte wie er. Will er Zuverlässigkeit, verwenden Sie in Ihrer nächsten Frage das Wort „Zuverlässigkeit". Benutzen Sie dann auf keinen Fall Worte wie „Verläßlichkeit" oder „Vertrauenswürdigkeit", auch wenn dies für Sie vielleicht die gleiche Bedeutung hat.

Sie können sich darauf verlassen, daß sie für den Kunden nicht das gleiche bedeuten.

REGELN, MIT KRITERIEN UMZUGEHEN

Was bedeuten Kriterien für Sie?

Wenn Sie die Kriterien eines Kunden kennenlernen, sollten Sie herausfinden, welche Bedeutung sie für ihn haben.

Wenn mir ein Kunde zum Beispiel sagt, daß er „Zuverlässigkeit bei einem Computer" erwartet, so ist das eines seiner Kriterien. Ich kann mir nicht vorstellen, was er damit meint, und muß nachfragen: *„Was bedeutet für Sie Zuverlässigkeit bei einem Compute*r?" Und er sagt unter Umständen: „Der Computer darf in den ersten drei Jahren nicht ausfallen." Dies muß der Fall sein, damit das Produkt seine Kriterien erfüllt.

Solche Anforderungen werden im NLP *Kriterienäquivalente* genannt, man könnte sie auch „Regeln zur Erfüllung von Kriterien" nennen. Wenn Sie diese Regeln oder Äquivalente kennen, können Sie die Eigenschaften und Vorteile Ihres Produktes entsprechend präsentieren. Je mehr Eigenschaften Ihres Produkts Sie mit den Kriterien des Kunden in Übereinstimmung bringen können, desto mehr fühlt sich der Kunde von Ihrem Produkt angezogen.

In unserem Beispiel könnten Sie weitere Fragen stellen, um „Regeln" herausfinden:
– Wie entscheiden Sie, ob ein Computer zuverlässig ist?"
– „Wie wüßten Sie, daß ein Computer zuverlässig ist – was ist notwendig und was nicht?"
– „Welche Eigenschaften hat ein zuverlässiger Computer?"
– „Was beweist Ihnen, daß ein Computer zuverlässig ist?"

Ein Vertreter für qualitativ hochwertige Küchenausstattung besprach mit einer Kundin stundenlang ihre Vorstellungen, stellte ihr das gesamte Programm vor, machte verschiedene Vorschläge mit unterschiedlichen Ausstattungsvarianten zu unterschiedlichen Preisen bis sie sich schließlich dazu durchrang, viele tausend englische Pfund

für die beste Kücheneinrichtung auszugeben. Lieferung und Instal-
lation wurden besprochen. Der Verkäufer machte sich die Mühe,
auch die Installationshandwerker zu instruieren, wie sie sich bei der
Kundin verhalten sollten, damit der Auftrag nicht gefährdet würde.
Als die Küche aufgebaut werden sollte, ging er bei der Kundin vorbei, um sicherzustellen, daß nichts danebenging. Aber die neue
Küche war nicht da. Bevor die Kundin ihm die Türe vor der Nase
zuknallte, sagte sie, daß ihr die Küche doch nicht gefiele und daß sie
sie zurückgeschickt habe. Der Verkäufer war verblüfft, genauso die
Handwerker – sie hatten nichts falsch gemacht. Die Geschäftslei-
tung war wütend. Glücklicherweise rief die Kundin einige Tage später an und bestätigte ihren Auftrag, aber unter der strikten Bedin-
gung, daß die Küche in einem Lieferwagen mit dem Firmennamen
und -logo geliefert werden müsse – und nicht in dem einfachen
weißen Lieferwagen, den die Firma für den Transport angemietet
hatte, weil kein eigenes Fahrzeug zur Verfügung gestanden hatte. Es
war klar, daß die Kundin nicht nur das Beste kaufen wollte, sie
wollte außerdem, daß ihre Nachbarn das sahen.

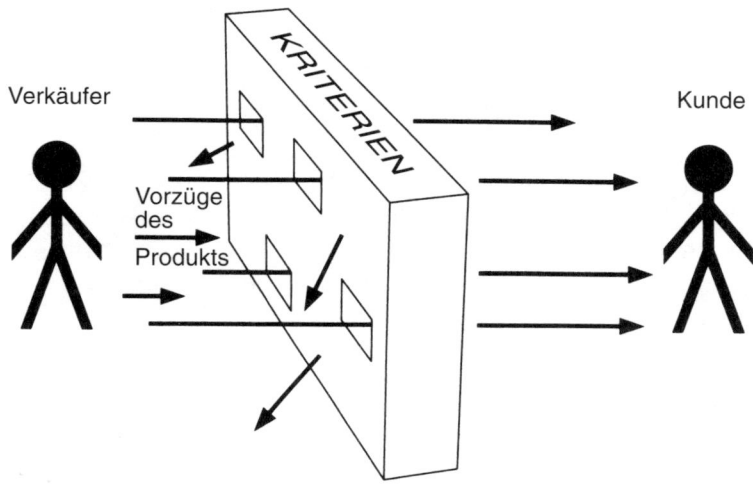

Kriterien dienen als Filter

Wenn Ihr Produkt den Kriterien des Kunden entspricht und seine Regeln erfüllt, werden Sie den Abschluß tätigen. Meist wird Ihr Produkt oder Ihre Dienstleistung einige Kriterien erfüllen, andere aber nicht. Wenn Sie, was verständlich ist, nicht alle Kriterien erfüllen, kann es sein, daß jemand anders das auch nicht kann. Für diesen speziellen Kunden gibt es nichts, was seinen Kriterien genau entspricht. Er wird kompromißbereit sein und seine Kriterien nach einer eigenen Priorität ordnen müssen. Betonen Sie also die Kriterien, die Sie erfüllen können, stellen Sie sie deutlich heraus, und überzeugen Sie sich, daß dies dem Kunden klar ist. Wenn zum Beispiel Ihr Faxkundendienst den Preisvorstellungen des Kunden entspricht und täglich 24 Stunden zur Verfügung steht, so wie er das wollte, dann stellen Sie *diese* Eigenschaften in den Vordergrund.

Kriterien können mit einem weichen oder einem strengen Maßstab beschrieben werden. Ein strenger Maßstab ist objektiv meßbar: zum Beispiel ein bestimmter Geldbetrag, eine bestimmte Zahl, ein fester Termin. Ein weicher Maßstab ist abhängig von einer Bewertung: zum Beispiel benutzerfreundlicher als ein Konkurrenzprodukt, besseres Aussehen. Kriterien sind nicht logisch, sie sind eher emotional motiviert. Bewerten Sie sie deshalb nicht negativ, oder stellen Sie sie nicht in Frage. Kriterien sind durch Argumente nicht zu beeinflussen. Sie können als Verkäufer oder Berater jedoch ihre Bedeutung verändern – im NLP wird das *Reframing* genannt, das heißt, man gibt etwas einen neuen „Rahmen" (im englischen „frame"). Es spielt dabei keine Rolle, ob die Kriterien streng oder eher weich sind. Mit der Reframingmethode fragen Sie: „*Was könnte das noch bedeuten?*"

Eine Kundin wünscht zum Beispiel, daß ein Kurs in der darauffolgenden Woche beginnt. Wenn Ihnen das nicht möglich ist, können Sie „reframen", also den Kriterien der Kundin einen neuen Rahmen verleihen. Wenn der Kurs in der nächsten Woche beginnt, *könnte* das bedeuten, daß die Leute nicht vorbereitet wären oder keine Zeit hätten, vorher etwas zu lesen. Betonen Sie diese Punkte.

Ein anderes Beispiel: Ein Kunde möchte eine umfassendere Software – aber das *könnte* höhere Kosten und erhöhten Zeitaufwand für das dann notwendig werdende Training bedeuten. Ein Faxgerät mit einer hohen Übertragungs- und Empfangsrate ist *vielleicht* nicht mit anderen Geräten kompatibel.

Wenn Sie die Kriterien nicht erfüllen, können Sie auf diese Weise versteckte Nachteile der Kriterien herausstreichen, an die der Kunde vielleicht nicht gedacht hat, und dann anbieten, *diese* Nachteile zu beheben.

Ein gutes Beispiel bietet hier auch der Beruf des Verkäufers: Die Mitarbeiter nennen sich lieber „Marketingberater" als „Verkäufer", denn sie geben damit der Tätigkeit einen neuen Rahmen – und zwar mit Rücksicht auf die gesellschaftlichen Vorurteile gegen das Wort „Verkauf" auf dem alten Markt (siehe Teil 1).

Gehen wir noch einmal zu dem Beispiel mit der Dame zurück, die eine teure Küche kaufte und die Lieferung in einem neutralen Lieferwagen ablehnte. Wir hätten den einfachen Lieferwagen „reframen" können – und zwar als ein Mittel, um zu demonstrieren, daß sie so wohlhabend ist, daß sie ihren Reichtum nicht mehr zur Schau stellen muß.

Wenn Sie Kriterien nicht reframen können, sollten Sie alternative Lösungen für das Bedürfnis des Kunden finden. Manchmal ist es Ihnen möglich, Ihr Produkt variabel anzupassen und zu verändern, um den Kriterien eines Kunden gerecht zu werden. Die Autoindustrie versteht es zum Beispiel sehr gut, ihre Produkte den unterschiedlichen Kriterien verschiedener Kunden anzupassen. Viele Leute, die Dienstwagen bestellen, haben neben klar geäußerten Bedürfnissen noch weitere Kriterien, wie „Ich will meine Individualität zeigen" oder „Ich will meine Beförderung sichtbar machen". *Diese* persönlichen Kriterien werden auf dem Automarkt dadurch berücksichtigt, daß zusätzliche Ausstattungsvarianten angeboten werden.

MITBEWERBER

Wenn wir Sie auffordern, an Ihre Konkurrenz zu denken, denken Sie vielleicht an andere Organisationen, die die gleichen oder ähnliche Produkte verkaufen. Diese sind aber nicht Ihre einzige Konkurrenz. Wir verstehen darunter auch Anbieter von alternativen Lösungen *(die Sie aber nicht anbieten)* für das gleiche Problem. Wenn Sie eine Dienstleistung wie Training oder Beratung verkaufen, gibt es viele Konkurrenzfirmen für diese Leistungen. Im Unterschied zu Ihnen ist es für den Kunden durchaus eine Lösung, nichts zu tun oder zu entscheiden – und das ist eine Lösung, die mit Ihrem Angebot durchaus konkurriert.

Konkurrenzfirmen

Wenn Sie mit einer Firma konkurrieren, die der Ihren sehr ähnlich ist, gibt es zwei Möglichkeiten, und am besten nutzen Sie beide:

– *Stärken Sie Ihre eigene Position.*

Stellen Sie Ihr eigenes Produkt klar und deutlich dar. Verdeutlichen Sie, wie es sich von dem Ihres Konkurrenten unterscheidet und wo es gleich ist. Beziehen Sie sich dabei auf die Kriterien des Kunden oder der Kundin. Erwähnen Sie Empfehlungen von zufriedenen Kunden.

– *Verringern Sie den Wettbewerb.*

Es ist keine gute Idee, einen Konkurrenten herabzusetzen. Kunden mögen im allgemeinen keine derartigen Attacken. Sie erschüttern damit lediglich Ihre eigene Glaubwürdigkeit und richten die Aufmerksamkeit auf den Wettbewerb. Sehr viel besser ist es, wenn Sie die Produkte der Konkurrenten kennen und Gründe nennen können, warum deren Produkteigenschaften die Bedürfnisse und Kriterien Ihres Gegenübers nicht erfüllen.

Zeigt ein Kunde Interesse an den Eigenschaften des Konkurrenz-produkts, könnten Sie fragen: „Wie glauben Sie, würde das funk-tionieren, wenn [Beispiel für ein Bedürfnis oder Kriterium des Kunden]?" Damit gehen Sie auf die Aussage des Kunden ein und führen ihn dazu, selbst die Nachteile der Konkurrenz zu ent-decken (siehe Glossar *Pacing*). Die so gefundenen Nachteile sind viel überzeugender als alles, was Sie anbieten könnten.

Schließlich sollten Sie an Ihren größten Trumpf denken – Sie selbst. Sie selbst tragen zum Wert Ihres Produkts bei, durch Ihren guten Kontakt mit dem Kunden (siehe Glossar *Rapport*), Ihre Gegenwart, Ihren Einsatz und Ihre Persönlichkeit. Kunden kaufen diese Aspekte ebenso wie das Produkt. Sie persönlich sind die stärkste, unmittelbarste und wichtigste Empfehlung für Ihr Produkt.

ENTSCHEIDUNGSSTRATEGIEN

Eine weitere Frage, mit der Sie auch etwas über Kriterien erfahren, ist diese: „Welche Faktoren haben beim letzten Kauf Ihre Entschei-dung beeinflußt?" Mit dieser Frage informieren Sie sich auch darü-ber, *wie* Kunden ihre Entscheidungen treffen. Die Menschen kaufen bei Ihnen genau so wie sie das letzte Mal bei jemand anderem ge-kauft haben – finden Sie also heraus, wie das war.

In einem ersten Schritt erfragen Sie, ob sie mit der Art und Weise zu-frieden waren, wie sie beim letzten Mal etwas erworben haben. Das gilt besonders, wenn es sich um wenig greifbare Dinge wie Beratung oder Schulung handelt.

Fragen Sie zum Beispiel:
– „Haben Sie schon einmal ein ähnliches Projekt in Angriff ge-nommen?"

– War das der Fall, fragen Sie: „War es erfolgreich?"
– „Worauf führen Sie den Erfolg zurück?"
– War es ein Mißerfolg, fragen Sie: „Was verhinderte den Erfolg?"

Versuchen Sie, so weit wie möglich herauszufinden, wie in der Vergangenheit die Entscheidungen bei ähnlichen Produkten getroffen wurden. War der Kunde oder die Kundin nicht zufrieden, fragen Sie nach, was falsch gelaufen ist. Es lohnt sich immer, von den Fehlern anderer zu lernen.

Angenommen, der Kunde wertet eine frühere Kaufentscheidung als richtig, dann sollten Sie die *Strategie* kennenlernen, mit der der Kunde seine Kaufentscheidung traf. Daraufhin können Sie dann Ihr Produkt ebenso darstellen, damit sich Ihr Kunde leichter entscheiden kann. Das ist wie bei einem Puzzle: Vielleicht sind alle Teile vorhanden, aber man braucht zudem eine Strategie, um aus ihnen ein zusammenhängendes Bild zu erstellen.

Die endgültige Entscheidung treffen

Niemand entscheidet sich für einen Kauf, wenn ein Produkt nicht den eigenen Kriterien entspricht. Kunden nehmen das auf, was Sie sagen, und schaffen sich mit Hilfe ihrer Erfahrung eine innere Vorstellung von dem Produkt: Es entsteht eine eigene Mischung innerer Bilder, Klänge und Gefühle. Wenn die Mischung stimmt, kaufen sie. Paßt ihre innere Vorstellung nicht oder haben sie noch Zweifel, kaufen sie nicht – egal ob es darum geht, ein Training zu buchen oder ein Buch zu kaufen.

Die Schlüsselfrage, die Sie als Verkäufer oder Verkäuferin stellen, lautet in diesem Fall: *„Wie entscheiden Sie, ob dies für Sie geeignet ist?"*

Fragt beispielsweise eine Kundin, warum Sie ihr diese Frage stellen, sagen Sie es ihr: Sie wollen wissen, was für sie wichtig ist und wie sie sich entscheidet, damit sie beide keine Zeit verschwenden.

An dieser Stelle antwortet die Kundin vielleicht: „Ich weiß es nicht, ich entscheide einfach." In diesem Fall beobachten Sie jetzt die Körpersprache, um durch diese zu einer Antwort zu finden.

Augenbewegungen

Viele neurologische Studien weisen nach, daß wir die Augen systematisch in verschiedene Richtungen bewegen, abhängig davon, wie wir denken. Vielleicht sind Ihnen die Augenbewegungen anderer Menschen bereits aufgefallen, die sie beim Nachdenken unbewußt machen, und Sie haben sich gefragt, was diese bedeuten.

Die Bewegungen der Augen nach oben und zur Seite scheinen Studien zufolge mit den verschiedenen Denkweisen verbunden zu sein.

Wenn wir nach oben links oder rechts schauen, defokussieren wir die Augen und starren in die Ferne, wobei wir in Bildern denken. Haben Sie nicht schon jemanden sagen hören: „Laß mich mal *sehen*", und dabei starrte er nach oben? Und „sehen" ist dann wirklich genau das, was er tut: Er versucht sich aus den Informationen, die Sie geboten haben, ein *Bild* zu machen. Eine andere Person hat vielleicht „glatt durch Sie hindurch gesehen", als Sie mit ihr sprachen. Sie dachte visuell über das Gesagte nach.

Augenbewegungen nach rechts oder links geradeaus weisen auf auditives Denken hin. Der Blick nach links unten ist mit inneren Dialogen verknüpft: Man spricht mit sich selbst. Der Blick nach rechts unten bedeutet Zugang zu den eigenen Gefühlen: Solche Menschen befinden sich gerade tief in einem Gefühlszustand.

Diese Beobachtungen treffen für die Mehrheit der Menschen zu, obwohl es Variationen gibt. Einige Menschen, meist Linkshänder, blicken bei Gefühlen nach links unten und bei inneren Dialogen nach rechts unten – also genau anders herum wie oben beschrieben.

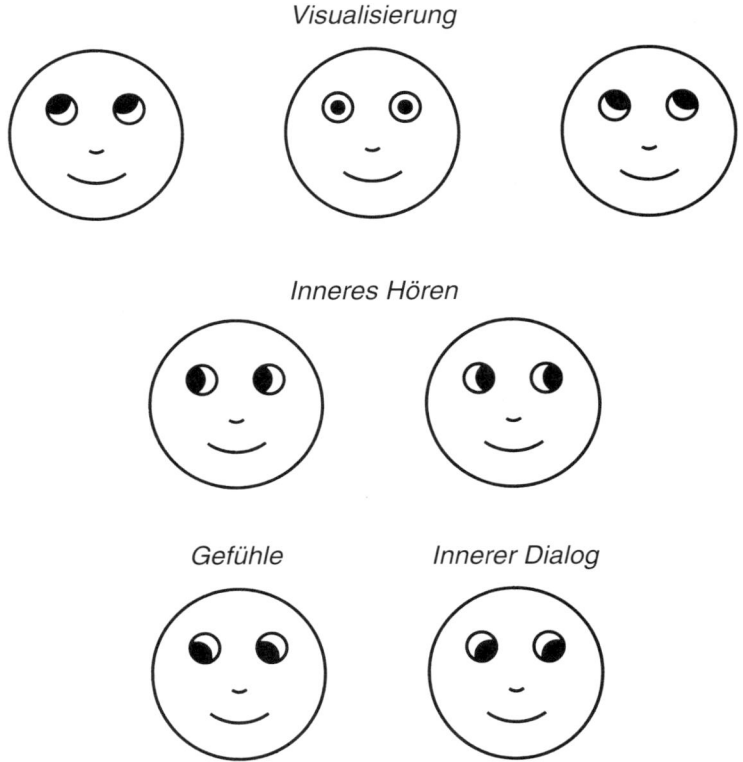

Augenbewegungen

Was Sie hier lesen, müssen Sie nicht unbedingt glauben. Achten Sie einfach mal eine Weile darauf, wie Menschen ihre Augen beim Denken bewegen und welche Worte sie dabei benutzen. Die Augenbewegungen auf diese Weise zu beobachten, ist sehr faszinierend, da sie zeigen, *wie* Menschen denken. Natürlich verraten sie nicht, *was* Menschen denken.

Wenn Sie als Verkäufer oder Berater nicht sehr aufmerksam sind, entgehen Ihnen diese subtilen Hinweise – es gilt also aufzupassen.

Wenn Sie eine Frage stellen, wird *immer* eine Augenbewegung bei Ihrem Gegenüber zu sehen sein. Achten Sie darauf, und zwar in Zusammenhang mit dem, was der Kunde oder die Kundin sagt. Fragen machen Denkleistungen erforderlich; man kann nicht auf eine Frage nicht reagieren. Das ist die Macht der Fragen.

Wenn Sie Augenbewegungen erkennen, wie können Sie das nutzen:
– Angenommen eine Kundin sagt: „Ich bin mir bei dem Produkt nicht sicher. Ich glaube, ich brauche etwas anderes." Dabei schaut sie nach oben (macht also eine visuelle Augenbewegung). Darauf können Sie sehr genau antworten: „Was kann ich Ihnen *zeigen*, um Ihnen zu helfen?" Sie passen Ihre Worte der Augenbewegung an.
– Zeigen die Augenwegungen der Kundin an, daß sie nachdenkt, sollten Sie *mit dem Sprechen aufhören*. Machen Sie das elegant und nicht abrupt, und geben Sie ihr eine Chance, über das nachzudenken, was Sie gesagt haben. Wenn Sie weitersprechen, hört sie das auf keinen Fall, denn sie ist gerade nach innen ausgerichtet.

Die Augenbewegungen verraten Ihnen auch den abschließenden Schritt bei der Entscheidung der Kundin. Meist trifft eine von vier Möglichkeiten zu:
– „Das sieht gut aus."
– „Das macht ein gutes Gefühl."
– „Das klingt gut."
– „Das ergibt einen Sinn."

Eine visuelle Augenbewegung weist darauf hin, daß das Produkt für einen Kunden gut *aussehen* muß, damit er sich zum Kauf entscheiden kann. Der Kunde muß sich ein Bild von dem Produkt machen und sich vorstellen, wie dieses sein Problem löst. Sein inneres Bild zeigt vielleicht, wie er oder andere das Produkt erfolgreich benutzen. Er sieht nicht unbedingt das Produkt selbst. Fragen Sie: „Wie kann ich Ihnen helfen, sich ein Bild zu machen?"

Augenbewegungen nach links unten deuten auf inneren Dialog hin und zeigen, daß der letzte Schritt des Kunden vor dem Kauf wahrscheinlich heißt, daß er *einen Sinn finden* muß. Bei einem solchen Kunden überwiegen eventuell die logischen Argumente.

Neuere Untersuchungen zeigen jedoch, daß nur etwa 10 Prozent der Bevölkerung auf diese Art entscheiden; die meisten (etwa 40 Prozent) kaufen, wenn ein Produkt gut aussieht.

Manchmal erhalten Sie vom Kunden auch eine längere Strategie als Antwort auf Ihre Frage. Zum Beispiel sagt eine Kundin: „Ich möchte mir noch Informationen darüber *ansehen* und mit einigen anderen Kunden *sprechen*, um das *Gefühl* zu haben, daß dieses Produkt für mich geeignet ist." Eine derartige Aussage ist sehr hilfreich. Sie haben damit drei Schritte kennengelernt, die Ihnen genau zeigen, was Sie tun müssen, damit Sie der Kundin die Entscheidung erleichtern.

Grundsätzlich zeigen diese drei Beispiele, daß Sie die Kunden aufmerksam beobachten sollten und daß Sie häufig wörtlich nehmen können, was sie sagen. Kunden sagen Ihnen selbst, wie Sie ihnen etwas verkaufen können, wenn Sie nur sorgfältig zuhören. Das entgeht uns oft, weil wir im voraus entschieden haben, was wahrscheinlich funktioniert, oder weil wir wahllos irgendwelche Verkaufstechniken anwenden.

WERTE UND ENTSCHEIDUNGEN: ZUSAMMENFASSUNG

- Ein Bedarf setzt sich aus einem gegenwärtigen Problem und einer besseren Zukunft zusammen. Arbeiten Sie mit einem Kunden oder in Zusammenarbeit mit einer Firma beides heraus.

- Bewegen Sie sich mit Fragen von einer spezifischen Lösung hin zu dem allgemeinen Bedürfnis (im NLP nennt man das *Chunking up*).

- Bewegen Sie sich mit Fragen von einem allgemeinen Bedürfnis hin zu einer spezifischen Lösung (im NLP nennt man das *Chunking down*).

- *Werte* sind das, was uns wichtig ist. Oft handelt es sich dabei um Gefühlszustände, auf die wir uns *hin* oder von denen wir uns *weg* bewegen.

- *Kriterien* sind Werte, die in einem bestimmten Kontext zur Geltung kommen.

- *Kriterienäquivalente* sind Geschehnisse, die eintreten müssen, damit die entsprechenden Kriterien erfüllt werden.

- Konkurrenten sind auch solche, die *alternative* Lösungen für das Problem eines Kunden haben – Lösungen, die Sie nicht anbieten.

- Entscheidungsstrategien entsprechen der Art und Weise, *wie* sich ein Kunde zum Kauf entscheidet. Sie können sie oft an den Augenbewegungen des Kunden ablesen.

- Der letzte Schritt vor einer Kaufentscheidung kann wie folgt sein:
  - „Das sieht gut aus.“
  - „Das macht ein gutes Gefühl.“
  - „Das klingt gut.“
  - „Das ergibt einen Sinn.“

Kapitel 9

Präsentationen

Präsentationen vor Gruppen können entmutigend sein – besonders wenn es sich um Kooperationspartner oder Gruppen von Einkäufern handelt, und auch besonders wenn es um einen großen Auftrag geht und eine größere Gruppe erwartet, von Ihnen beeindruckt zu werden. Die Grundlagen für eine gute Präsentation bleiben jedoch gleich, egal ob Sie zahlreiches Publikum oder eine einzelne Person vor sich haben.

Für eine gute Präsentation sind drei Punkte wichtig:
– ein guter emotionaler Zustand
– eine gründliche Vorbereitung
– die entsprechenden Fertigkeiten für eine Präsentation.

DER EMOTIONALE ZUSTAND

Stellen Sie sich vor, Sie haben wirklich einen schlechten Tag. Bis jetzt hat nichts geklappt. Sie fühlen sich niedergeschlagen. Dann ruft ein Freund von zu Hause an: „Ich habe gerade ein großes Paket für dich angenommen, erwartest du irgendein sperriges Paket?" Sie fühlen sich gleich viel besser. In einigen Wochen haben Sie Geburtstag.

Könnte das bereits ein Geschenk von Ihren amerikanischen Verwandten sein? Oder sind es die Bücher, die Sie vor langer Zeit bestellt hatten? Oder ist es von diesem Wettbewerb, an dem Sie teilgenommen hatten? ...

Plötzlich fühlen Sie sich obenauf. Sie entschließen sich, nach Ihren geplanten Terminen auszugehen und zu feiern. Auf einmal läuft die Arbeit wie von selbst. Mit einem guten Gefühl gehen Sie nach Hause. Als Sie jedoch das Paket auspacken, das nicht so groß ist, wie Sie es sich vorgestellt haben, zeigt sich, daß es nur einige Einrichtungsgegenstände sind. Ganz schön, aber nicht das, worauf Sie gehofft hatten. Aber Ihre Erwartungen haben den Tag über etwas für Sie verändert.

Es spielt keine Rolle, wie Sie in einen guten emotionalen Zustand kommen – es geht um das Ergebnis. Was in der äußeren Welt geschieht, hat eine emotionale Wirkung auf uns, und umgekehrt hat unser emotionaler Zustand Einfluß auf das, was wir in der Welt erreichen.

Um sich einen guten emotionalen Zustand zu ermöglichen, wenden Sie am besten die Übungen im Abschnitt über Selbstmanagement an (siehe Kapitel 15). Lesen Sie besonders die Technik zum Ankern von Ressourcen, in der ein Auslöser (ein „Trigger") gefunden und „eingebaut" wird, mit dem Sie sich schnell in einen guten Zustand versetzen können (siehe Glossar *Ankern* und *Ressourcen*).

Gehen Sie zu einer Präsentation etwas früher, und dann entspannen Sie sich einige Augenblicke. Lassen Sie das Geschehen mental im vorhinein ablaufen, so wie Sie es sich vorstellen. Daß sich dabei Ihre „Nerven" regen, ist ganz normal. Schauspieler, Musiker und alle, die sonst irgend etwas darstellen, machen diese Erfahrung. Der sprachliche Ausdruck, daß wir „nervös" *sind*, ist manchmal gleichbedeutend damit, daß wir „Aufregung" *empfinden*.

Wenn Sie nervös sind und ruhiger werden wollen, entspannen Sie die Nacken- und Kiefermuskeln, und atmen Sie kräftig aus. Der Mythos von einem „tiefen, guten Atemzug" stimmt nur zur Hälfte. Sie müssen auch kräftig *aus*atmen, damit sich nicht zu viel Kohlendioxyd im Blut anreichern kann – denn das ist eine der physiologischen Ursachen für Angst. Die Veränderung Ihres Atems ist wahrscheinlich der wirkungsvollste Weg, Ihren Zustand zu verändern.

Hier zeigt sich bereits, wie unser emotionaler Zustand in unserer Physiologie zum Ausdruck kommt. Führen Sie folgendes Experiment durch:

Legen Sie Ihr Buch ab, und stehen Sie auf. Schauen Sie jetzt auf das Buch hinunter, lassen Sie die Schultern rund werden und nach unten hängen. Werden Sie in den Knien weich, und lassen Sie Ihren Körper einsinken. Fühlen Sie sich, ohne Ihre Haltung zu verändern, zuversichtlich und entschlossen.

Nehmen Sie das Buch in die Hand, und stehen Sie aufrecht. Richten Sie die Schultern gerade, und atmen Sie tief und langsam ein und aus. Stellen Sie sich gleichmäßig auf beide Füße, balancieren Sie Ihr Gewicht aus. Halten Sie Ihr Kinn aufrecht, und schauen Sie gerade nach vorn. Versuchen Sie jetzt, ohne sich zu bewegen, ein Gefühl des Zögerns und der Unentschlossenheit auszulösen.

Wahrscheinlich war es Ihnen nicht möglich, innerlich ein Gefühl zu spüren, das nicht mit Ihrer Körpersprache übereinstimmte. Ihre Physiologie ist sowohl Produkt als auch Ursache für Ihren Zustand. Wenn Sie so tun, als wären Sie zuversichtlich, werden Sie sich auch zuversichtlicher fühlen.

Was in unserem Kopf und in unserem Herzen vor sich geht, beeinflußt unseren Körper und unsere Stimmung. Es hat auch einen Einfluß darauf, was wir leisten können. Sie werden keinen Berg ersteigen, wenn Sie nicht glauben, daß Sie es können.

GRÜNDLICHE VORBEREITUNG

Das Ergebnis einer Präsentation sollte für Sie klar sein. Vielleicht ist es ein Kaufabschluß, aber das muß nicht so sein. Es gibt andere Möglichkeiten. Vielleicht wollen Sie über diese Gruppe hinaus, vor der Sie Ihr Produkt präsentieren, eine höhere Managementebene erreichen, oder Sie wollen ein festes Budget zugeteilt bekommen.

Stellen Sie sich einige Fragen, um sich vor der Präsentation Ihr Ziel klarzumachen:
– „Welches ist mein wichtigstes Ziel?"
– „Welche Botschaft will ich vermitteln?" Formulieren Sie dies in einem Satz.
– „Welches sind voraussichtlich die Haupthindernisse für mein Ziel?"
– „Welches sind die Vorteile für die Firma oder den Kunden?"
– „Habe ich in dieser Gruppe „natürliche" Verbündete oder potentielle Opposition zu erwarten?"
– „Habe ich alle Fakten, die ich für die Präsentation brauche?"
– „Brauche ich einen Ersatzvorschlag, wenn der erste abgelehnt wird?"
– „Gibt es besondere Ereignisse im Zusammenhang mit der Präsentation, die mir helfen oder mich behindern könnten?"
– „Was wäre die schwierigste Frage, die man mir stellen könnte?"

Sie müssen wissen, wie flexibel Sie bezüglich Preisen, Kosten, Zeit und Extras sein können. Und Sie müssen die Namen und die Positionen der bei der Präsentation Anwesenden kennen – speziell die der Entscheidungsträger.

GUTE PRÄSENTATIONSFERTIGKEITEN

Ihre Fähigkeiten bei der Präsentation verleihen Ihren Worten Leben. Es ist keine gute Idee, eine „konservierte" Präsentation durchzuführen. Und warum nicht? Werden Sie sich klar, welche Absicht dahintersteht, wenn Sie im voraus eine Präsentation vollständig komponieren? Mit einer solchen Vorbereitung wollen Sie möglicherweise Ihre Nerven beruhigen. Sie sollten durchaus proben, sich vorbereiten und üben, aber ordnen Sie das Material Ihrer Individualität und der einmaligen Situation unter.

Sie wollen ein bestimmtes Ergebnis erreichen. Wenn Sie Ihre Präsentation zu starr festlegen, ist sie nicht mehr ein Mittel zum Ziel, sondern sie wird selbst zum Ziel. Und Sie werden Ihr Ziel erreichen oder auch nicht. Wenn Sie flexibel bleiben, können Sie darauf achten, wie die Präsentation läuft, und Sie können dann, wenn nötig, Veränderungen vornehmen, um auf dem Weg zum Ziel zu bleiben. „Führen" meint die Fähigkeit, die zweite Hälfte des Satzes zu verändern, um so die Reaktionen auf die erste Hälfte des Satzes zu nutzen. Haben Sie nicht auch schon von Kollegen gehört: „Meine Präsentation war wirklich Spitze, aber verkauft wurde trotzdem nichts. Was war nur los?" Vielleicht war die Präsentation „Spitze" – aber wessen Meinung ist das?

Bei der Präsentation sollten Sie sie selbst sein. Das sagt sich leicht, ist jedoch nicht so einfach. Aber Ihre Selbstsicherheit und Kongruenz sind wichtiger als alle Fertigkeiten, die Sie lernen könnten – so nützlich diese auch sein mögen. Kongruenz und Selbstsicherheit erreichen Sie dann, wenn Sie Ihre Werte und Ihr Ziel kennen. Wir werden diese Punkte im Abschnitt *Selbstmanagement* (siehe Kapitel 12) behandeln.

Präsentationsfertigkeiten sind eigentlich sehr einfach: Eine Reihe von Dingen müssen getan, andere vermieden werden.

Der Beginn der Präsentation

Die ersten paar Sekunden einer Präsentation bestimmen die Erwartungen der Zuhörer. Denken Sie an ein Konzert: Einige falsche Noten mitten in einem Musikstück werden vom Publikum nicht bemerkt, aber am Anfang fallen sie sehr auf.

Ihr erstes Ziel sollte Rapport mit den Zuhörern sein (siehe Glossar *Rapport*). Das ist sehr einfach: Ermöglichen Sie eine gemeinsame Erfahrung in der Gruppe. Humor eignet sich gut – und wirkt natürlich. (Wenn Sie einen Witz erzählen, muß er allerdings gut sein.) Die beste Gruppe ist diejenige, die zu Anfang gemeinsam lacht. Wenn Ihnen kein Witz einfällt, nehmen Sie Bezug auf eine gemeinsame Erfahrung – die Anreise, das Wetter oder was auch immer.

Als zweites sorgen Sie für Ihre Glaubwürdigkeit. Sie stellen sich kurz vor und sagen dann, wer Sie zu dieser Präsentation eingeladen oder empfohlen hat. Sie erinnern die Zuhörer (und vielleicht auch sich selbst) daran, daß Sie ein geladener Gast sind.

Als drittes achten Sie darauf, daß Sie gleich zu Beginn eine Stimmung schaffen, die von Akzeptanz geprägt ist. Das können ganz banale Bemerkungen oder rhetorische Fragen sein. „Sind wir vollzählig?" „Ist der Projektor angeschlossen?" „Ist es möglich, daß wir ein Fenster öffnen – es ist etwas stickig hier drinnen?" Unterschätzen Sie nicht die Macht von offensichtlichen Dingen. Sie sind deshalb so offensichtlich, *weil* sie so stark auf uns wirken.

Viertens geben Sie gleich zu Beginn an, wie Sie vorgehen werden. Jemand sagte einmal: „Sagen Sie den Leuten, was Sie ihnen sagen werden. Sagen Sie es ihnen, und sagen Sie ihnen anschließend, was Sie ihnen gesagt haben" – und darin steckt eine Menge Wahrheit.

Fassen Sie sich kurz. (Im Englischen nennt man das die *KISS*-Formel: **K**eep **I**t **S**hort and **S**imple; deutsch: Machen Sie es kurz und einfach. Das sollten Sie zu Ihrem Motto machen.) Mehr Aufträge gehen durch übertriebene Bemühungen verloren als durch zu geringe Bemühungen. (Man spricht im Englischen davon, *underselling* sei

besser als *overselling*.) Je mehr Punkte Sie anführen, desto mehr An-
satzpunkte für Argumente bieten Sie. Nur wenige Menschen *behal-*
ten von einer Präsentation mehr als fünf Punkte. Entscheiden Sie im
voraus, welche fünf Punkte das sein sollen. Am besten bleiben die
Dinge in Erinnerung, die in den ersten und den letzten fünf Minuten gesagt werden – bringen Sie Ihre wichtigsten Punkte also dann.

Sprechen Sie mit Ihren Worten alle Sinne an. Verwenden Sie Worte,
die das Fühlen, Sehen und Hören betreffen, gleichmäßig verteilt, um
alle Wahrnehmungstypen anzusprechen und somit die Aufmerksamkeit aller Anwesenden zu gewinnen. Zeigen Sie Diagramme,
Poster und Dias, sprechen Sie laut und klar, und lassen Sie sie Ihr
Produkt wirklich erfahren.

Setzen Sie Assoziationen ein, um wichtige Punkte in Ihrer Präsentation zu betonen. Machen Sie jedesmal die gleiche Geste, wenn Sie
denselben wichtigen Punkt darstellen – unterstreichen Sie also mit
der Geste die Bedeutung nonverbal.

Achten Sie auf Ihr Publikum

Machen Sie sich zu Ihrer Präsentation einige Notizen, und benutzen
Sie diese, wenn nötig. Halten Sie aber sonst konstant den Kontakt zu
Ihrem Publikum. Sie werden erkennen, welche Punkte gut aufgenommen werden und welche nicht, wenn Sie Ihr Publikum beobachten. Das gelingt Ihnen nicht, wenn Sie zum Lesen den Blick nach
unten richten.

Erkennen Sie eine positive Reaktion auf einen Punkt, dann betonen
Sie diesen Punkt noch einmal; bei einer negativen Reaktion gehen
Sie darüber hinweg. Sehen Sie gerunzelte Augenbrauen und fra-
gende Blicke, wiederholen Sie das Gesagte mit anderen Worten oder
geben eine detaillierte Erklärung dazu. *Wichtig ist nicht so sehr,* was
Sie sagen, sondern die Reaktion Ihres Publikums darauf. Denken
Sie an Ihre Zuhörer und daran, wie Sie die gewünschte Reaktion er-
zielen können.

Augenkontakt

Augenkontakt ist ein natürlicher Ausdruck Ihres Interesses. Je mehr Interesse Sie an Ihrem Publikum zeigen, desto mehr ist dieses interessiert an dem, was Sie zu sagen haben.

Stellen Sie vor der Präsentation Augenkontakt zu allen Anwesenden her und halten Sie, während Sie sprechen, Augenkontakt zu verschiedenen Zuhörern. Gehen Sie mit Ihren Augen in Form einer Acht durch den Raum.

Augenkontakt für die Dauer von etwa fünf Sekunden wird bei Ihrem Publikum erfahrungsgemäß am angenehmsten empfunden. Widerstehen Sie der Versuchung, mit Ihren Augen gleich weiterzugehen, nachdem Sie Kontakt aufgenommen haben. Auch längeres Starren ist nicht sehr erfolgsträchtig.

Haltung

Ihre Körperhaltung sagt sehr viel über Sie aus, und wie wir bereits gesehen haben, wird unser Denken durch unsere Haltung entscheidend beeinflußt. Wenn Sie Ihre Präsentation stehend durchführen, sollten Sie aufrecht stehen, wenn Sie sitzen, sollte Ihr Rücken gerade sein. Vermeiden Sie schaukelnde Bewegungen, da diese nur ablenken.

Um eine gute stehende Position zu finden, stellen Sie sich mit dem Rücken an die Wand. Berühren Sie die Wand mit Ihrem Kopf, mit Ihrem Hinterteil und – so weit das bequem möglich ist – mit Ihrem Rücken. Fragen Sie Freunde, und schauen Sie in den Spiegel; Sie werden entdecken, daß das, was wir als eine bequeme Haltung empfinden, nicht unbedingt eine Neigung nach rechts oder links braucht. Manchmal gewöhnen wir uns an Haltungen, die vielleicht irgendwie bequem sind, die von außen gesehen aber unausgeglichen wirken.

Seien Sie spontan

Unglücklicherweise ist es unmöglich, sich an diesen Rat zu halten: Seien Sie spontan! In dem Moment, wo Sie *versuchen*, spontan zu sein, können Sie das nicht. Und dennoch wirken gute Präsentationen spontan und leicht. Die Lösung heißt: Versuchen Sie, sich die Dinge abzugewöhnen, die verhindern, daß Sie sich ungezwungen und natürlich verhalten. Halten Sie nach *nervösen* Gesten Ausschau, damit Sie diese unterlassen können – klingelnde Münzen in Ihrer Tasche, mit den Fingern spielen, von einem Fuß auf den anderen wechseln, die Haare zurückstreichen usw. Vermeiden Sie auch *unnötige* Gesten. Gesten sollten sich ganz natürlich (oder auch nicht) aus Ihrem Vortrag ergeben.

Verleihen Sie Ihrem Vortrag mit Ihrer Stimme Nachdruck. Gutes Material versinkt wie Blei, wenn es monoton vorgetragen wird, also sprechen Sie mit Ausdruck! Bei normalem Sprechtempo bringen Sie es auf etwa 150 Wörter in der Minute. Sprechen Sie in einer Präsentation sehr viel langsamer, dann riskieren Sie, daß sowohl Ihr Energiepegel als auch der Ihres Publikums absinkt. Für viele Menschen ist Geschwindigkeit der Ausdruck von Begeisterung und Energie. Wenn sich die Zuhörer jedoch Notizen machen, sollten Sie so sprechen, daß dies bequem möglich ist. Sie müssen es nicht *durchgehend* auf 150 Wörter in der Minute bringen. Setzen Sie Pausen als natürliche Interpunktion für das Gesagte ein. Damit haben Sie und Ihr Publikum Gelegenheit, die Gedanken zu sammeln.

Ihre Atmung wirkt sich auf Ihre Stimme und Ihre gesamte Physiologie aus; atmen Sie tief ein, und denken Sie auch an das Ausatmen! Nervöser Atem ist schnell und flach; er verringert Ihre Stimmkraft und verstärkt die Nervosität, weil der Kohlendioxydgehalt im Blut ansteigt.

Wenn Sie häufiger wichtige Präsentationen veranstalten, sollten Sie mit einem Tonband Ihr Sprechen üben. Wenn Sie das Band abhören,

werden Sie erstaunt sein. Wir hören unsere Stimme durch die Resonanz innerhalb unserer Schädelknochen – deshalb hören wir uns nie so, wie andere uns hören. Fragen Sie sich, ob die Stimme, die Sie vom Band hören, die Stimme ist, die Ihr Publikum hören *soll*.

Was Sie vermeiden sollten

–   *Häufige Verwendung von Passivformen:* Das Passiv ist reaktiv, zum Beispiel: „Die Präsentation wurde von mir veranstaltet." Das Aktiv betont die Eigenaktivität: „Ich veranstaltete die Präsentation." Dinge werden durch das Passiv schwerfällig, oder etwa nicht?

–   *Weitschweifigkeit:* Sätze in der Art wie: „Es ist deswegen ... weil ..." sind schwer verständlich. Ebenso schwer verständlich sind lange Sätze. Die meisten Menschen verlieren in einem Satz nach etwa 15 Worten den Faden.

–   *„Hm"* und *„Äh":* Sie haben vielleicht einen Lückenfüller, wenn Sie nervös sind. „Hmmm ... ähh ... Sie wissen, was ich meine ... Okay ...? (Schnüff.)" Ähm ... lassen Sie die verbalen Lückenfüller weg, zuerst die häufigsten.

–   *Abgedroschene Phrasen und Geschäftsjargon*: Nach einem langen Tag befremden Modewörter den Mann von der Straße vielleicht. Wenn es hart auf hart kommt und Sie dann zu viele abgedroschene Phrasen bringen, hat die schweigende Mehrheit das Gefühl, daß Sie mit Ihren Worten nur größere Probleme überdecken ...

Wenn Sie neue Begriffe verwenden, dann nur, wenn Sie einen Grund dafür haben, jedenfalls nicht, um zu beeindrucken oder um sich der Allgemeinheit anzugleichen. Wenn Sie versuchen, auf diese Weise zu matchen, kann das genau die entgegengesetzte Wirkung haben (siehe Glossar *Matching*).

Offene Fragen

Bei einer Präsentation stellen die Anwesenden sicher Fragen. Damit werden Sie unter Umständen an einen wichtigen Punkt erinnert, den Sie noch vergessen hatten, oder Sie können die Frage nutzen, um in Ihrer Antwort noch eine weitere Eigenschaft des Produkts zu nennen. Scheuen Sie sich nicht zu sagen, wenn Sie etwas nicht wissen (stellen Sie aber in Aussicht, daß Sie das herausfinden werden). Schwierige Fragen aus dem Publikum sind nur schwierig, wenn Sie sie zum ersten Mal hören.

Was auch immer während der Präsentation geschieht, lernen Sie daraus. Wenn sie Ihnen gut gelungen ist, sollten Sie sich beglückwünschen und sich fragen: „Wie hätte ich es noch besser machen können?" Wenn es nicht wie geplant lief, fragen Sie sich: „Was muß ich beim nächsten Mal anders machen, damit das nicht wieder passiert?" Geben Sie sich die Erlaubnis, Fehler zu machen; das tun auch die Besten in ihrem Bereich – aber nur einmal.

Verhandeln

Vielleicht müssen Sie bei einer Präsentation verhandeln. Dabei geht es nicht um eine Konfrontation, Sie wollen ein gemeinsames Ziel erreichen: Es geht um eine Verhandlung zwischen Gewinner und Gewinner.

Verhandeln ist ein *Prozeß*; Sie bekommen, was Sie von anderen wollen, indem Sie ihnen geben, was sie wollen. Bei Verhandlungen werden Unterschiede offen ausgesprochen, da sie dadurch weniger gefährlich sind. Die gemeinsame Lösung muß sich in der Praxis bewähren. Jeder Punkt, der zu heikel ist, als daß man ihn vor der Vertragsunterzeichnung zur Diskussion stellen könnte, wird nachher Probleme verursachen. Je offener Sie bei Verhandlungen sind, desto mehr schützen Sie sich selbst und um so mehr Vertrauen schaffen Sie.

Legen Sie vor den Verhandlungen Ihre Limits fest. Die erste Verhandlungsregel ist, daß Sie nicht vor anderen mit sich selbst verhandeln. Sagen Sie eindeutig, was Sie geben können und was Sie dafür wollen. Denken Sie darüber nach, welche Zugeständnisse am stärksten auf den Kunden wirken. Das ist nicht unbedingt ein Preis im Geldwert. Lassen Sie sich von den Entscheidungskriterien des Kunden oder der Kundin leiten. Fangen Sie nicht zu weit unten an, dann haben Sie keinen Spielraum mehr. Wenn Sie alle Ihre Konzessionen in einer Runde einbringen, bleibt nichts mehr, besonders wenn Ihr Konkurrent Ihre Konzessionen übernimmt. Beginnen Sie nahe Ihrer Obergrenze, und räumen Sie nach und nach geringe Konzessionen ein – in zunehmendem Maße langsamer und widerstrebender.

Nutzen Sie Fragen. Fragen verschaffen Ihnen Bedenkzeit und sind eine gute Alternative bei Meinungsverschiedenheiten. Wiederholen Sie die Argumente und Schritte des Gespräches *(backtracking,* siehe Kapitel 6), und überprüfen Sie dabei immer wieder die Übereinstimmung. Bleiben Mißverständnisse bestehen, fühlt sich ein ärgerlicher Kunde am Ende betrogen.

Trennen Sie zwischen Verständnis und Übereinstimmung. Durch Wiederholen und Zusammenfassen können Sie zeigen, daß Sie die Position des Kunden verstehen, ohne daß Sie mit ihm übereinstimmen. Macht der Kunde einen Vorschlag, sollten Sie nicht sofort einen Gegenvorschlag machen, denn zu diesem Zeitpunkt ist er an Ihrem Angebot am wenigsten interessiert. Sprechen Sie zuerst über seinen Vorschlag, stellen Sie ihm Fragen dazu, und bringen Sie erst dann Ihren Vorschlag.

Verhandeln ist nicht Verkaufen. Es ist ein Teil des Verkaufens, Sie beginnen bei Unterschieden und erreichen eine Einigung. Ihr Verhandlungsgeschick kann bei einem größeren Verkauf die entscheidende Differenz ausgleichen.

PRÄSENTATIONEN:
ZUSAMMENFASSUNG

- Für eine gute Präsentation sind drei Punkte wichtig:
  - ein guter emotionaler Zustand
  - eine gründliche Vorbereitung
  - die entsprechenden Fertigkeiten für eine Präsentation.

- Legen Sie fest, was Sie mit der Präsentation erreichen wollen.

- Setzen Sie Ihre Fähigkeiten bei der Präsentation gut ein:
  - Die Reaktion Ihres Publikums auf das Gesagte ist wichtiger als Ihre ausdrückliche Absicht.
  - Seien Sie natürlich.
  - Wenden Sie sich in Ihrer Präsentation an alle Sinnesebenen Ihres Publikums.

- Verhandeln Sie nur, wenn es nötig ist. (Verhandeln ist ein *Prozeß*, in dem Sie bekommen, was Sie von anderen wollen, indem Sie ihnen geben, was sie wollen.)

Kapitel 10

Kaufabschluß und Kundendienst

DER KAUFABSCHLUSS

Auf dem alten Markt war der Kaufabschluß der Kernpunkt des Verkaufs (siehe Teil 1). Alles lief auf ihn hinaus. Es war *die* kritische
Phase; der Verkauf wurde getätigt oder die Arbeit war umsonst.
Wenn auf dem alten Markt der Abschluß bevorstand, stellten sich
imaginäre Zuschauermengen ein, Trompeter ließen Fanfaren ertö-
nen, Sie selbst setzten alles auf eine Karte, atmeten tief durch und ...
baten um den Auftrag.

Hier einige (leicht übertriebene) Beispiele vom alten Markt:
- Der autoritäre Abschluß: „Machen Sie schon. Kaufen Sie!"
- Der Abschluß, der Schuld suggeriert: „Ich habe so viel Mühe und
  Zeit investiert, Sie schulden mir die Unterschrift."
- Der hypnotische Abschluß: „Haben Sie nicht das Gefühl, daß Sie
  jetzt kaufen sollten, da Sie wissen, daß dieses Produkt für Sie ge-
  eignet ist?"
- Der Sparabschluß: „Bedenken Sie nur, wieviel Geld Sie mit die-
  sem Sonderangebot sparen. Sie können es sich gar nicht leisten,
  jetzt *nicht* zu kaufen." (Dagegen ließe sich natürlich einwenden:
  „Wenn ich das Produkt nicht brauche, kann ich sogar noch mehr
  Geld sparen, wenn ich es nicht kaufe!")

– Der Abschluß zum letztmöglichen Augenblick: „Es tut mir leid, aber dieser Preis gilt nur noch heute. Morgen tritt eine Preisanhebung um 30 Prozent in Kraft."
– Der Verwirrungsabschluß: „Ich sehe, daß Sie Mut zum Abenteuer haben und auch etwas kaufen, woran Sie noch Zweifel haben."
– Der Mangelabschluß: „Dies ist mein letztes Exemplar. Ich weiß noch nicht, wann ich Nachschub bekomme."

Die Tage für derart manipulatives Verhalten sind vorbei. Auf dem neuen Markt ist der Verkaufsabschluß eine Wahlentscheidung und ein natürliches Ergebnis der vorhergehenden Schritte. Sie und der Kunde treffen beide eine Wahl. Möchten Sie als Verkäufer diesen Menschen als Kunden haben? Und wählt der Kunde Sie, Ihre Firma und Ihr Produkt? Wenn diese Wahl nicht von *beiden* Seiten im Verkaufsprozeß positiv entschieden wird, kommt der Abschluß nicht zustande.

Um zu diesem Entscheidungsmoment zu kommen, müssen Sie sich über drei Dinge im klaren sein:
– daß der Kunde zum Kauf autorisiert ist
– daß das Produkt (vom Standpunkt des Kunden betrachtet) seine Bedürfnisse und Kriterien erfüllt
– daß der Verkauf beide zu Gewinnern macht.

Der richtige Zeitpunkt

Wenn Sie zu einem Abschluß kommen, ist der richtige Zeitpunkt entscheidend. Der innere Zustand jedes Menschen, wie er sich fühlt und was er denkt, zeigt sich in seinem äußerlich sichtbaren Verhalten. Sie können beobachten, wenn sich bei jemandem, den Sie gut kennen, die Gefühlslage verändert, denn sein äußerlich sichtbares Verhalten verändert sich – zu diesen sichtbaren Hinweisen gehören beispielsweise Körperhaltung, Gesichtsfarbe, Bewegungen,

bestimmte individuelle Eigenheiten. Das Wahrnehmen dieser Veränderungen im Verhalten veranlaßt Sie innerlich zu der Frage: „Was ist los?" Sie wollen wissen, welche Veränderung seines inneren Zustandes zu diesem veränderten Verhalten geführt hat. Diese Veränderung signalisiert vielleicht, daß er Hilfe oder Unterstützung braucht oder sich wirklich gut fühlt.

Bei Freunden und Verwandten wird es Ihnen leichtfallen, Verhalten zu deuten. Sie werden erkennen, welcher innere Zustand zum Ausdruck kommt; Sie kennen sie möglicherweise bereits recht gut. Mit neuen Bekanntschaften wird es Ihnen nicht so leicht gelingen, Signale selbst nach mehreren Begegnungen selbstverständlich und unbewußt aufzunehmen und zu verstehen.

Auf dem alten Markt wurde äußeres Verhalten generalisiert und diese Erkenntnisse auf alle Kunden übertragen. Auf dem neuen Markt sagen wir, daß jeder Mensch verschieden reagiert. Sie müssen das nonverbale äußere Verhalten jedes Individuums deuten, damit Sie auf dessen inneren Zustand rückschließen können. Das nennt man *Kalibrieren* (siehe Glossar).

Sie können mit dem Kunden über etwas Angenehmes sprechen, um seine nonverbalen Botschaften, die mit guten Gefühlen verbunden sind, deuten („kalibrieren") zu können. Sie können über Dinge in der Vergangenheit reden, die zum Beispiel mit Unsicherheit verbunden waren, damit Sie die mit diesen Gefühlen einhergehenden Signale kalibrieren und im folgenden direkt erkennen können. Tun Sie das bereits sehr früh in Ihrem Gespräch, zum Beispiel in Ihrem einleitenden Small talk.

Machen Sie sich mental ein Bild von den genannten beiden Zuständen. Nur wenn Sie die Signale von Individuen auf diese Weise deuten, wird es Ihnen gelingen, den richtigen Zeitpunkt – richtig für Sie und den Kunden – für den Abschluß zu finden. Wenn Sie Unsicherheit wahrnehmen und kalibrieren, sollten Sie nicht abschließen. *Ein*

Abschluß zum richtigen Zeitpunkt ist immer erfolgreich. Wenn Sie im nachhinein auf viele Einwände stoßen, zeigt Ihnen das, daß Ihr Abschluß zu früh getätigt wurde.

Den Verkauf abzuschließen, ist an sich sehr einfach. Sie bitten einfach um den Auftrag. Bringen Sie dabei keine neuen Informationen, das würde nur verwirren. Gehen Sie Ihr Gespräch noch einmal rückblickend durch (siehe Glossar *Backtracking*), und stellen Sie dabei die Verbindung zwischen dem Produkt und den Bedürfnissen und Kriterien her. Wenn Sie Ihre Frage gestellt haben, warten Sie. Wenn Sie das äußere Verhalten des Kunden oder der Kundin deuten, können Sie die dann folgende Antwort vorhersagen.

Es ist auch wichtig, *wie* Sie nach dem Auftrag fragen – nicht so sehr die verwendeten Worte, als vielmehr die Art, wie Sie diese anbringen. Ihre Worte müssen vermitteln, daß Sie sicher sind, dem Kunden einen passenden Vorschlag präsentiert zu haben. Und was noch wichtiger ist: Ihre nonverbalen Botschaften müssen genau dasselbe zum Ausdruck bringen. Da ein großer Teil unserer Kommunikation nonverbal ist, wird der Kunde bei Nichtübereinstimmung von verbaler und nonverbaler Botschaft (man nennt das *Inkongruenz*) die nonverbale Botschaft als die eigentliche Wahrheit registrieren. Wenn Sie mit zögerndem Gesichtsausdruck fragen: „Ist es in Ordnung, wenn ich weitermache?", rufen Sie beim Kunden Zögern hervor. Um diese Inkongruenz zu vermeiden, sind zwei Dinge zu tun:

– Sie müssen absolut überzeugt sein, daß Ihr Vorschlag für den Kunden gut ist und daß Sie mit Ihrem Vorschlag zu einer Beziehung zwischen zwei Gewinnern beigetragen haben.

– Denken Sie daran, daß Verkaufen ein Akt des Gebens ist; Sie nehmen Ihrem Kunden nichts weg.

Wenn ein Produkt den Bedürfnissen und Kriterien des Kunden oder der Kundin entspricht, brauchen Sie keine speziellen Techniken für den Abschluß.

Der Umgang mit Fragen und Einwänden

Fragen und Einwände helfen Ihnen, das Bedürfnis der Kunden klar zu definieren; sie weisen entweder direkt oder indirekt auf die Kriterien der Kunden hin. Während eines Treffens oder einer Reihe von Besprechungen stellen Kunden unweigerlich Fragen und bringen Bedenken und Einwände vor. Zunächst könnten Sie dadurch vom Kurs abgelenkt werden. Sie fühlen sich vielleicht wie ein Seemann oder eine Steuerfrau, der oder die gut vorankommt und plötzlich von starken Seitenwinden behindert wird.

Sie haben die Wahl: Entweder bekämpfen Sie den Wind und tun so, als sei er nicht vorhanden, oder Sie versuchen, sich dessen Kraft zunutze zu machen. Ihre Entscheidung wird davon beeinflußt, wie Sie die Absicht des Kunden oder der Kundin einschätzen. Wenn Sie sich zu der Überzeugung entscheiden, daß die Frage oder der Einwand ins Gespräch gebracht wird, um Schwierigkeiten zu bereiten oder den Gang der Dinge aufzuhalten, dann werden Sie wahrscheinlich Widerstand leisten. Interpretieren Sie die Absicht des Gegenübers jedoch als positiv, als Suche nach mehr Informationen, mehr Verständnis und Klarheit, dann machen Sie sich den „Wind" zunutze und gelangen schneller an Ihr Ziel.

Fragen der Kunden

Beantworten Sie Fragen der Kunden, soweit es Ihnen möglich ist. Als Ausnahmen gelten folgende:
- Es handelt sich um eine technische Frage. Auch wenn Sie vielleicht eine Antwort wissen, geben Sie die Frage am besten an die für die Technik zuständigen Fachleute weiter. Auch detaillierte Fragen über Eigenschaften und Funktionen fallen in diese Kategorie.
- Der Kunde kennt die Antwort bereits. Warum fragt er dann? Sicherlich fragt er nicht, um eine Antwort auf diese Frage zu bekommen. Machen Sie bei Ratespielen nicht mit.

– Die Frage einer Kundin zeigt Ihnen, daß Sie oder Ihre Firma auf
   ihre Wünsche nicht eingehen können. Anstatt zu antworten, sollten Sie verhandeln.
– Sie wissen etwas nicht. Sagen Sie das einfach. Bieten Sie an, daß
   Sie nachfragen werden, und liefern Sie die Antwort später.

Einwände

Für Kunden ist der eigene Einwand immer stichhaltig. Um darauf
einzugehen, müssen Sie sich in sie hineinversetzen. Machen Sie aus
einem Einwand eine Frage. Sagen Sie in etwa folgendes: „So wie ich
Sie verstanden habe, bestehen bei Ihnen noch Bedenken wegen ...
[wiederholen Sie, was gesagt wurde]. Haben Sie zu diesem Punkt
eine bestimmte Frage ...?"

Ein gutes Beispiel ist ein Automatenverkäufer, der glaubte, er habe
die Bedürfnisse und Kriterien eines Firmenkunden vollständig definiert. Allerdings wurde er im letzten Augenblick vor dem Kaufabschluß von einer Bemerkung überrascht: „Wir haben eine Umfrage
gemacht. Die Mitarbeiter wollen die Brühe aus Ihren Maschinen
nicht trinken." All seine Vorteile, die er bezüglich Effektivität, Spar-
samkeit und Hygiene hervorgehoben hatte, wurden durch diesen
Einwand entkräftet.

Der Verkäufer, der seine schwer verdiente Provision dahinschwin-
den sah und nur mit Mühe imstande war, seinen guten Zustand und
auch den Kontakt zum Kunden beizubehalten (siehe Glossar *Rapport*), fragte, was er genau wissen wolle. Nach einigem Zögern reagierte der Kunde: „Was ist, wenn die Qualität der Getränke schlechter wird und die Mitarbeiter sich beschweren? Was sagt das
Management dann zu meiner Entscheidung?" An diesem Punkt war
es nur noch erforderlich, daß der Verkäufer die Qualität garantierte,
so daß dann der Kauf zustande kam.

Einwände und Bedenken lassen sich gewöhnlich einem der folgenden Aspekte zuordnen:

– *„Ich brauche mehr Zeit für meine Entscheidung."* Lassen Sie nach einem solchen Einwand den Kunden Zeit, und verabreden Sie ein weiteres Treffen, oder erkundigen Sie sich, wie weit die Sache gediehen ist. Lassen Sie nie alles offen. Vielleicht muß eine Vorgesetzte erst alle Angebote bewerten, um dann eine Entscheidung zu treffen. Vielleicht gibt es noch weitere Kriterien, die angesprochen werden müßten. Beobachten Sie dann den Kunden, und fragen Sie: „Was müssen Sie sonst noch wissen?" oder „Gibt es noch Punkte, die unklar sind?"

Oft müssen noch andere Personen bei einer Entscheidung hinzugezogen werden. Wenn es Ihnen nötig erscheint, fragen Sie, ob Sie bei diesen Treffen auch dabei sein können. Sie sind der beste Fürsprecher für Ihr Produkt. Möglicherweise braucht ein Kunde auch einfach mehrere Meinungen von anderen, vielleicht neutralen Personen, bevor er sich entscheiden kann. Und das sollten Sie ihm möglichst erleichtern. Unter Umständen möchte er auch mit einigen Ihrer bisherigen Kunden sprechen.

– *„Vielen Dank. Ich möchte mich erst noch anderweitig umsehen."* Sie reagieren möglicherweise wie folgt: „Natürlich, es ist sicher gut, wenn Sie das Angebot erkunden, bevor Sie sich entscheiden. Gibt es noch Fragen, die ich Ihnen im Moment beantworten kann?" Sie könnten auch fragen: „Mit wem werden Sie noch sprechen?" oder „An wen wollen Sie sich noch wenden?"

– *„Einiges an Ihrem Produkt gefällt mir nicht."* Fragen Sie: „Womit sind Sie speziell nicht zufrieden?" Es wäre schade, wenn eine Entscheidung, zu kaufen oder eben nicht zu kaufen, von einem Umstand abhinge, der veränderbar oder zu verhandeln wäre.

– *Das Thema Geld:* Zwei Einwände sind möglich:

„Es ist zu billig." Das kann bedeuten, daß beispielsweise eine Kundin Ihnen gerade wegen des Preises nicht traut und sagen will: „Wo ist der Haken an diesem Produkt?" Sie ist der

Meinung, daß niedrige Preise schlechte Qualität bedeuten. Hier geht es um die Frage der Glaubwürdigkeit. Sie müssen Ihrer Kundin zeigen, daß Ihr Produkt unabhängig vom Preis ihren Kriterien entspricht. Wenn Ihr Preis beträchtlich unter den marktüblichen Preisen liegt, kann dies, so paradox es erscheint, ein Nachteil sein. Sie müssen erklären, warum der Preis so niedrig ist.

„Es ist zu teuer." Vielleicht steht nicht so viel Geld zur Verfügung. Fragen Sie: „Kommt für Sie ein Kauf in Frage, wenn wir uns über den Preis einigen?" Wenn der Kunde bejaht, verhandeln Sie den Preis. Achten Sie darauf, daß Sie nicht eine Situation „Verlierer – Gewinner" schaffen, indem Sie Ihren Preis reduzieren, um den Verkauf auf alle Fälle zu tätigen. Das ist gewöhnlich unrealistisch und läßt den Käufer später zum Verlierer werden. Sagen Sie den Käufern immer, daß es sich um ein spezielles Angebot handelt, wenn Sie das anbieten. Beschränken Sie dieses Angebot auf diesen Kaufabschluß, und stellen Sie klar, daß keinerlei Bedingungen daran geknüpft sind. Der Kunde möchte sich mit dem Produkt keine Verpflichtung einhandeln. Wenn der Kunde auf Ihre Frage: „Werden Sie kaufen, wenn wir uns über den Preis einigen?" mit „Nein" antwortet oder zögert, dann bestehen entweder noch weitere Einwände oder der Preis ist nicht Verhandlungssache.

Im allgemeinen ist es besser, nicht über den Preis zu verhandeln – soweit möglich jedenfalls. Hinter dem Einwand gegen den Preis verbirgt sich oft die Frage des Gegenwerts, den man für sein Geld bekommt. Wäre Geld unbegrenzt verfügbar, könnten wir alles und jedes kaufen, was wir wollten. Leider ist das nicht so. Geld repräsentiert auch die Möglichkeit, Mangel zu erfahren und eine Auswahl treffen zu müssen. Ob wir Geld ausgeben, entscheiden wir nach unserer Hierarchie von Werten.

Kunden sind bereit, für zusätzliche Werte mehr zu bezahlen, und zwar für:

– Ansehen
– Zuverlässigkeit
– Beziehung.

(Im Englischen spricht man von den drei R.'s: Reputation, Reliability, Relationship.)

Bei Einwänden gegen den Preis haben Sie zwei weitere Möglichkeiten. Beide betreffen die Analyse der Kosten:

– *Erstens* geht es um den Vergleich von Kosten und Effektivität. Ihr Produkt ist beispielsweise vom Preis her betrachtet das günstigste Angebot, mit dem ein Kunde seinen Bedarf decken kann. Mit diesem Argument gehen Sie beim Kunden auf einen Aspekt des *weg von* ein (zum Beispiel weg von einem ungestillten Bedürfnis oder einem Mangel; siehe Kapitel 8). Er *muß* etwas tun, die Frage ist nur, was.

– *Zweitens* geht es um eine Kosten-Nutzen-Analyse. Sie können Kunden zeigen, daß der meßbare Nutzen des Produkts größer ist als die Kosten. Hier sprechen Sie einen Aspekt an, der dem Bedürfnis des Kunden nach einer *hin zu*-Ausrichtung entgegenkommt (Ihr Angebot wird auf den zukünftigen Nutzen hin analysiert; siehe Kapitel 8).

Wenn Sie glauben, daß dem weiteren Verkaufsprozeß ein unausgesprochenes Hindernis im Weg steht und wenn Sie die tatsächlichen Einwände nicht kennen, gibt es eine Anzahl Fragen, mit denen Sie die Einwände zum Vorschein bringen können. Die allgemeinste Frage ist: „Gibt es etwas, was Sie davon abhält, heute eine Entscheidung zu fällen?"

Wenn der Kunde oder die Kundin lediglich unsicher zu sein scheint, sollten Sie die Details sondieren, um spezifische Einwände herauszufinden. Nützliche Fragen dafür wären:
– „Sind Sie zufrieden mit dem Preis und den Finanzierungsbedingungen?"

– „Ist die Garantieleistung und der Kundendienst zufriedenstellend für Sie?"
– „Habe ich Ihnen etwas nicht ausreichend erklärt?"
– „Ist der Preis/der Zeitpunkt in Ordnung?"
– „Welchen grundsätzlichen Einwand haben Sie noch?"

Wenn Sie sich mit Einwänden befassen, können Sie noch auf weitere stoßen, die besprochen werden müssen. Dabei können Sie den „an Bedingungen gebundenen Abschluß" *(conditional close)* verwenden. Allgemein formuliert lautet dieser: „*Falls* dieses und jenes der Fall wäre, würden Sie *dann* kaufen?"

Fragen Sie dann: „Wenn dieser Aspekt zu Ihrer Befriedigung geregelt wäre, gäbe es noch etwas, worüber wir reden müßten?" Hinter dieser Frage steckt viel Nachdruck, seien Sie also vorsichtig: Wenn Sie immer wieder nachfragen, könnten die Kunden sich bedrängt fühlen.

Es gibt ein interessantes Verhaltensmuster, dem Sie vielleicht schon begegnet sind; man spricht von *polaren Reaktionen* oder von des „Teufels Advokaten". Menschen mit diesem Verhaltensmuster finden immer einen Punkt, in dem sie Ihnen widersprechen. Ihre Lieblingswendung heißt: „Ja, aber ..." Das kann ärgerlich sein, und doch sind diese Kunden eigentlich nur auf der Suche nach Ausnahmen. Sie sind süchtig nach Unterschieden und Abweichungen.

Der Umgang mit gegensätzlich reagierenden Menschen ist einfach, denn sie verhalten sich durchgehend so. Also formulieren Sie Sätze einfach negativ. Anstatt „Das wird Ihnen gefallen", sagen Sie: „Ich weiß nicht, ob Ihnen das gefällt." Sie sagen nicht: „Das wird Sie interessieren", sondern: „Das interessiert Sie vielleicht nicht." Für diejenigen Leser, die polar reagieren, ist dieser Abschnitt vielleicht nicht ganz das, was sie suchen ...

Der Umgang mit Kritik, Ärger und beleidigenden Bemerkungen

Manchmal sagt ein Kunde – wenn auch indirekt – mit seinen Einwänden: „Verschwinden Sie." Bei einem derartigen Angriff müssen Sie, je nach Ihrer eigenen Priorität, folgendes tun:
- Halten Sie einen ressourcenreichen Zustand aufrecht (siehe unten, und siehe Glossar).
- Wenn der Kunde eine legitime Beschwerde hat, reagieren Sie auf ihn, und handeln Sie.
- Ziehen Sie für sich und Ihre Firma eine nützlich Lehre daraus.

In einem ressourcenreichen Zustand bleiben

Wenn Sie mit beleidigenden Bemerkungen oder verärgerten Reaktionen umgehen müssen, lautet das erste Prinzip: Betrachten Sie das Geschehene objektiv. Es ist schwer, Ärger und Kritik standzuhalten. Stellen Sie sich statt dessen vor, daß Sie aus sich heraustreten und sich beobachten, wie Sie die Kritik aufnehmen. Wenn Sie sich auf diese Weise distanzieren, können Sie weiterhin klar denken; und eigene ungute Gefühle verschwinden. Ab jetzt ist niemand mehr „zu Hause". Das wird *Dissoziation* genannt. Aus dieser distanzierten Position können Sie die Kritik objektiv einschätzen.

Außerdem können Sie sich schützen, indem Sie sich vorstellen, zwischen Ihnen und der anderen Person befände sich eine durchsichtige Scheibe. Schauen Sie zu, wie die verletzende Äußerung daran abprallt.

Aus dieser sicheren Position trennen Sie die Information, die Ihnen der ärgerliche Kunde übermittelt, von der Art und Weise, wie er sie Ihnen gibt. *Dann* können Sie *wählen*, was Sie tun:
- Vielleicht wollen Sie ihm zustimmen (dem was er sagt, nicht aber der Art, wie er es sagt).
- Vielleicht wollen Sie sich entschuldigen, in Ihrem Namen und/oder im Namen Ihrer Firma.

– Sie möchten diesen Punkt im Augenblick nicht weiter besprechen, da Sie weitere Informationen von außerhalb benötigen.

– Sie wollen eventuell die Ereignisse aus Ihrer Sicht darstellen, oder Sie sind völlig anderer Meinung als der Kunde und wollen ihn das wissen lassen. Geraten Sie nicht ebenfalls in Erregung. Auch wohlüberlegte Beleidigungen sollten für Sie tabu sein. Gehen Sie, oder antworten Sie etwas Witziges, wenn es Ihnen entspricht.

Vielleicht spricht der Kunde Sie an und entschuldigt sich, dann können Sie die Beziehung wiederherstellen (wenn Sie das wollen).

Die Situation entschärfen

Wenn Sie auf Einwände reagieren, bleiben Sie mit Lautstärke und Intensität Ihrer Stimme leicht *unter* der des Kunden. Nehmen Sie die berechtigten Bedenken zur Kenntnis, und führen Sie den Kunden so, daß er langsam wieder zu vernünftigen Argumenten zurückfindet. *Dann* erst entschärfen Sie die Situation mit Aussagen, wie schon im Kapitel über den Umgang mit dem Telefon beschrieben (siehe Kapitel 5):

1. Nehmen Sie den Kommentar zur Kenntnis.

2. Fragen Sie nach, was anders werden muß.

3. Wiederholen Sie noch einmal das Gespräch rückblickend, und verwenden Sie dabei den an Bedingungen gebundenen Abschluß.

Ein Gesprächsbeispiel:

Kunde: „Ihre Lieferung kam letzte Woche nicht, ich habe einen ganzen Nachmittag umsonst gewartet!"

Verkäufer (gleicht sich mit seiner Stimme dem aufgebrachten Ton an): „Kein Wunder, daß Sie aufgebracht sind! Was kann ich jetzt tun, um zu helfen?" (Bestätigung)

Kunde: „Kündigen Sie keine Lieferung an, wenn sie gar nicht kommt!"

Verkäufer: „Ich kann Ihnen versichern, daß so etwas nicht mit Absicht geschieht. Ich werde zunächst einmal feststellen, was in unserem Haus vorgefallen ist. Was können wir tun, damit das nicht wieder vorkommt?" (Holen Sie sich Informationen.)

Kunde: „Rufen Sie an, wenn die Ware Ihr Haus verläßt!"

Verkäufer: „Wenn ich Sie wissen lasse, was passiert ist, und nachfrage, ob wir Sie vor der nächsten Lieferung anrufen können, wären Sie damit zufrieden?" (An Bedingungen gebundener Abschluß)

Das wichtigste bei dieser Methode ist, daß Sie sich auf nichts Neues einlassen; Sie fragen nach, was passieren muß, damit der Kunde zufrieden ist. Sie können seine Forderungen vielleicht erfüllen oder auch nicht, aber Sie haben die unmittelbare Situation entschärft.

DER KUNDENDIENST

Der Kundendienst und auch Kundenpflege ist ein umfassender Bereich, und wir behandeln ihn hier nur am Rande. Fast alle Firmen wissen den Wert eines guten Kundendienstes zu schätzen. Manche erfüllen dabei jedoch nicht einmal die eigenen Erwartungen. „Kundenpflege" und „der Kunde geht vor" werden häufig als Überzeugungen vertreten, aber nicht entsprechend realisiert.

Wenn Sie die Bestätigung für einen Geschäftsabschluß haben, ist es sinnvoller, diesen Verkauf als den Anfang Ihres nächsten Verkaufs und nicht als Abschluß des gegenwärtigen zu betrachten. Das ist dann, als öffneten Sie eine Tür, anstatt sie zu schließen.

Verabreden Sie noch ein Treffen, um über zukünftigen Bedarf zu sprechen. Wird ein Vertrag unterschrieben, sollten Sie zur Unterzeichnung zwei Exemplare vorlegen. Damit wird die Gleichheit

zwischen den beiden Partnern hergestellt. Bedanken Sie sich noch am gleichen Tag schriftlich beim Kunden, und lassen Sie diesen Brief nicht von Ihrer Sekretärin unterschreiben.

Langfristige Planung ist die Fähigkeit, gegenwärtige Entscheidungen in die Zukunft zu projizieren. Erklären Sie, wie die Lieferung oder das weitere Vorgehen aussehen werden und wie Ihre Firma sich im Fall von Schwierigkeiten verhalten wird. Für diesen Fall sollten Sie dem Kunden oder der Kundin einen Ansprechpartner nennen. Eine langfristige Beziehung zum Kunden baut auf Vertrauen, nicht auf die Tatsache, daß nichts schiefgeht. Wenn dennoch etwas Unerwartetes geschehen sollte, sollten Sie vermitteln, daß Sie dies direkt in Ordnung bringen. Eine langfristige Beziehung ist wichtiger als ein kurzfristiges Problem.

Fragen Sie Ihren Kunden, nach welchen Kriterien er ein Problem gelöst haben will. Sollte sich ein Problem ergeben, welche Reaktion würde er als angemessen betrachten? Stellen Sie diese Überlegungen für den Ernstfall jetzt an, während die Beziehung gut ist und sie noch einig zusammensitzen. „Sie waren glücklich ihr Leben lang" gilt nur in Märchen.

Bei vielen Firmen ist es nicht üblich, daß sich die Fachleute in Verkauf oder Vertrieb um die Geschäftsabwicklung oder um Anschlußaufträge kümmern. Ihre Verkäufer sollen „draußen" verkaufen. Die Absicht ist durchaus verständlich, da Verkauf und Vertrieb teuer sind. Leute, die weniger kosten – so ist die Meinung –, können sich um den Kunden kümmern, sobald der Auftrag unterzeichnet ist.

Diese Denkweise ignoriert jedoch den Zusammenhang zwischen der Zufriedenheit des Kunden und zukünftigen Geschäften. Bei der Lieferung oder beim Einsatz des Produkts muß nur etwas danebengehen, und schon gibt dieser Kunde keine Empfehlungen, sondern schlechte Nachrichten weiter. Einige Kunden brauchen außerdem

immer wieder die Bestätigung, daß sie die richtige Entscheidung getroffen haben. Deshalb ist weiterhin Kontakt zum Kunden nötig. Dazu genügt ein Telefonanruf. Und falls doch etwas schiefläuft, werden Sie den Wunsch haben, sich um den Kunden zu kümmern und das Problem zu regeln.

Ignorieren Sie nicht die 98 Prozent, bei denen alles glatt läuft. Vielleicht hilft Ihnen die Vorstellung, daß ein neuer Käufer einen Blick in Ihren Ordner wirft, in dem Sie Ihre schriftlichen Kontakte mit Kunden abheften. Schreiben Sie auch dann einen Brief, wenn alles gut geht, und bringen Sie Ihre Freude darüber zum Ausdruck, daß alles in Ordnung ist: Bieten Sie für die Zukunft Ihre Hilfe an. Halten Sie eine stabile Beziehung zu Ihren Kunden aufrecht.

Beim Aufbau der Beziehung geht es nicht einfach darum, sich den Kunden zu erhalten, sondern auch darum, die Beziehung weiterzuentwickeln. Mehrere Untersuchungen haben ergeben, daß Kunden an aktive Verkäufer der Konkurrenz verlorengehen, wenn eine Beziehung nicht gepflegt wird. Ein guter Kunde ist außerdem eine sehr gute Empfehlung. Ihre Beziehung ist nie statisch. Wenn Sie sich nicht weiterentwickelt, verschlechtert sie sich. Es reicht nicht, sich auf seinen Lorbeeren auszuruhen. Die Frage, die Sie Ihrem Kunden stellen müssen, lautet: „Was kann ich *sonst noch* für Sie tun?"

Wenn Sie sich in der eigenen Firma bei Ihren Mitarbeitern nach dem Stand der Dinge erkundigen, sollten Sie sich nicht wie ein Polizist verhalten, der Fehler vermutet. Wenn Sie dies tun, werden Sie das wahrscheinlich auch bekommen. Wenn Sie andere auffordern, Ihnen über den weiteren Geschäftsverlauf mit einem Kunden Mitteilung zu machen, sollten Sie nicht nur nach schlechten Nachrichten fragen: „Geben Sie mir Bescheid, wenn etwas nicht klappt." Es wäre schon sehr außergewöhnlich, wenn jemand sofort gelaufen käme, um dies zu melden. Sagen Sie statt dessen: „Geben Sie mir Bescheid, wenn alles funktioniert."

Zwei einfache Regeln garantieren einen guten Kundendienst:

– Behandeln Sie Ihren Kunden genau so, wie Sie selbst behandelt werden müßten, damit Sie selbst immer wieder bei der gleichen Firma kaufen. (Gehen Sie für den Kunden in die „zweite Position", das heißt, versetzen Sie sich an seine Stelle. Siehe Glossar *Wahrnehmungspositionen*.)

– Erfüllen Sie, was Sie versprochen haben. Verläßlichkeit hat einen hohen Stellenwert – nicht nur, weil sie leider nur selten zu finden ist.

Wenn Sie sich immer so verhalten, bauen Sie sich etwas auf, was man einen „guten Ruf" nennt. Und ein guter Ruf ist unendlich viel wert. Er verschafft Ihnen Kunden und Empfehlungen, und er bringt Ihnen einen effektiven Vorteil gegenüber Konkurrenten.

KAUFABSCHLUSS UND KUNDENDIENST: ZUSAMMENFASSUNG

Der Abschluß

• Der Abschluß ist eine Wahlmöglichkeit, keine Forderung.

• Kalibrieren Sie den Kunden (siehe Glossar *Kalibrieren*). Deuten Sie nonverbale Signale, damit Sie wissen, wann Sie zum Abschluß kommen können.

• Kommen Sie zu einem kongruenten Abschluß.

• Umgang mit Einwänden:
   – Einwände sind immer stichhaltig. Formen Sie sie zu Fragen um.
   – Bringen Sie verborgene Einwände zum Vorschein, und verwenden Sie den an Bedingungen gebundenen Abschluß (*conditional close*).

- Einwänden gegen den Preis begegnen Sie mit: einem zusätzlichem Wert, einem Vergleich von Kosten und Effektivität oder einer Kosten-Nutzen-Analyse.

• Umgang mit Kritik:
  - Bleiben Sie in einem ressourcenreichen Zustand. Dissoziieren Sie, und beurteilen Sie die Kritik. (Siehe Glossar *Ressourcen* und *Dissoziieren.*)
  - Handeln Sie bei berechtigten Beschwerden des Kunden.
  - Ziehen Sie für sich und Ihre Firma eine nützlich Lehre aus Einwänden und Kritik.
  - Entschärfen Sie die Situation, indem Sie sich mit Ihrer Stimme an die Stimme des kritischen Kunden angleichen und führen (siehe Glossar *Pacen*): Nehmen Sie die Bedenken zur Kenntnis, und holen Sie sich ggf. nötige Informationen. Gehen Sie das Gespräch rückblickend noch einmal durch, und verwenden Sie den an Bedingungen gebundenen Abschluß.

Kundendienst

• Ein abgeschlossener Verkauf ist der Beginn der nächsten Phase: Kundenpflege.

• Nehmen Sie die „zweite Position" ein, das heißt, sehen Sie sich selbst als Kunden (siehe Glossar *Wahrnehmungsposition*).

• Erfüllen Sie, was Sie zugesagt haben.

Teil 3
Auf sich selbst achten

Kapitel 11
Kongruenz

Im ersten Teil dieses Buches wird die kulturelle Einstellung zum Verkaufen und deren Auswirkungen auf Menschen, die in Verkauf und Vertrieb tätig sind, sowie auf Kunden und Kundinnen neu definiert. Der zweite Teil behandelt die Fertigkeiten von erfolgreichen Verkäufern und Vertriebsleuten auf dem neuen Markt. Der folgende dritte Teil zeigt, wie Sie ein Gefühl für sich selbst und Ihre Tätigkeit entwickeln und gut mit sich selbst umgehen können. Hier sind Sie der Kunde, und Verkaufen ist das Produkt. Ist das etwas für Sie?

Wir haben persönlich kein Interesse daran, daß Sie uns das Verkaufen „abkaufen“. Wir möchten einfach erkunden, ob Verkaufen die Lösung für Ihr Bedürfnis ist oder nicht. In diesem Abschnitt geht es um Sie – was Sie sich wünschen, was für Sie wichtig ist, wie Sie arbeiten und wie Ihre Arbeit in Ihr Leben und zu Ihrer Identität paßt.

Warum wir diese Bereiche behandeln? Sicher muß jedermann arbeiten, also könnten Sie einfach so weitermachen wie bisher? Wir sagen: So nicht. Wir berücksichtigen das Selbstmanagement, denn egal was Sie beruflich tun, Ihr Gefühl für sich selbst und Ihr persönliches Glück stehen an erster Stelle. Wenn Sie keine gute Beziehung zu sich selbst und zu Ihrer Arbeit haben, läßt sich das nicht durch noch so viel berufliches Training ausgleichen.

Wir wollen Sie in dem unterstützen, was Sie tun möchten. Es könnte sein, daß dieses Buch bei Ihnen die Überzeugung verstärkt, daß Verkauf und Vertrieb eigentlich gar nichts für Sie ist. Auch das ist dann gut. Sie können nicht wegen eines Fehlers beurteilt werden, wenn Sie das, was Sie tun, eigentlich nicht tun wollen. Dieses Buch soll Ihnen helfen, so erfolgreich zu sein, wie Sie es sich wünschen. Ihre persönlichen Werte entscheiden über die Qualität Ihrer Leistung. Ansonsten laufen Sie Gefahr, sich selbst wie einen Kunden zu behandeln, der manipuliert wird, etwas zu kaufen, was nicht seinem eigenen Bedürfnis entspricht – der also kauft, aufgrund der Bedarfsanalyse und der Werte anderer.

Vielleicht kennen Sie den Mythos eines Mannes namens Prokrustes. Er besaß ein Haus, an dem viele Reisende vorbeikamen. Er war sehr gastfreundlich und hatte ein Gästezimmer mit einem riesigen, sehr bequemen Bett. Er lud Reisende ein, in dem Bett zu übernachten. Dafür war aber, wie Sie sich vorstellen können, ein Preis zu zahlen. Reisende, die für das Bett zu kurz waren, wurden an dem Gestell gestreckt, bis sie groß genug waren. War der Reisende für das Bett zu groß, schnitt Prokrustes so viel von seinen Beinen ab, bis alles paßte. Ein hoher Preis für einen Platz zum Schlafen ...

GUT MIT SICH SELBST UMGEHEN

Bei der Neueinstellung von Fachleuten für Verkauf und Vertrieb halten viele Manager Ausschau nach Menschen, die in finanziellen Schwierigkeiten stecken. Sie meinen, daß diese sich selbst verkaufen, um ihre Probleme loszuwerden. Sie sehen die Schulden und die sie begleitende Empfindung von Bedrohung als *Motivation* an, so daß sie als Manager nicht mehr verantwortlich sind, sich um die Leistung und das Wohlergehen dieser Mitarbeiter zu kümmern. „Was wir uns wünschen, sind wirklich hungrige Leute." Dieser Wunsch ist oft zu

hören, und wenn die Leute dann sowohl Hunger auf Nahrung als auch auf Erfolg haben, um so besser. Andere Manager suchen Menschen, die Höchstleistungen bringen wollen, egal welche Opfer das erfordert. Gesundheit, die Familie, Freunde, Hobbys und innere Ruhe werden als Opfer an den Gott des Erfolges akzeptiert. Ist ein Spitzenmann oder eine Superfrau verbraucht, läßt er oder sie sich durch jemand anderen ersetzen.

Als Mitarbeiter in Verkauf und Vertrieb müssen wir uns bewußt sein, daß den meisten Firmen unsere Ergebnisse wichtiger sind als wir selbst. „Sie sind nur so gut wie die Zahlen vom letzten Monat" ist ein geflügeltes Wort in den meisten Verkaufsabteilungen.

In Verkauf und Vertrieb ist „mehr" meistens gleichbedeutend mit „besser". Je größer die verkaufte Menge, desto besser. Aber es steht Ihnen frei, selbst zu definieren – oder *neu* zu definieren –, was es für Sie heißt, ein Erfolg(smensch) zu sein. Wenn wir eingrenzen, was wir für das, was wir bekommen, zu zahlen bereit sind, betrügen wir unsere Firma keineswegs. Wir stellen lediglich ein Gleichgewicht her, das uns ermöglicht, über lange Zeit effektiv und effizient zu arbeiten, ohne daß unsere Gesundheit oder unser Glück darunter leiden.

Bevor Sie fortfahren, sollten Sie ein kleines Experiment machen. Ohne lange nachzudenken, vervollständigen Sie folgenden Satz:

VERKAUFEN IST WIE ...

Waren Sie von der Antwort überrascht? Wenn Verkaufen *so* ist, was macht es dann aus Ihnen? Noch eine Überlegung. Nehmen Sie wieder den ersten Begriff, der Ihnen einfällt:

ICH HÄTTE GERN, DASS VERKAUFEN WIE ... IST.
DANN WÄRE ICH ...

Kongruenz

Kongruenz ist ein Zustand klarer innerer Ausrichtung: Sie glauben an das, was Sie tun, und Sie arbeiten mit Ihrer körperlichen Kraft und mit Ihrem Geist auf Ihr Ziel hin. Persönliche Kongruenz und Selbstsicherheit entstehen von selbst, sobald Sie wissen, was Sie wollen und was für Sie wichtig ist. Kongruenz selbst ist ein Kaufargument – es ist für Sie als Verkäufer von größter Wichtigkeit. Kunden erspüren Kongruenz, sie knüpfen daran an, indem Sie bei Ihnen kaufen.

Wie kongruent Sie sind, zeigt sich an Ihrer Körpersprache. Und diese wiederum beeinflußt die Gedanken und Gefühle, die Ihren inneren Zustand ausmachen.

Zum Beispiel wird eine Verkäuferin eingeladen, ihr Produkt vor einer Gruppe zu präsentieren. Wenn die Überzeugung in ihrem Kopf und ihrem Herzen negativ ist („Ich will das nicht machen, die Gruppe sieht feindselig aus, wenn ich es verderbe, mache ich das Geschäft nicht, wenn ich das Geschäft nicht mache, könnte ich meinen Job verlieren" usw.), können diese negativen Gefühle zu einem äußeren Zustand führen: eingefallene Schultern, weiche Knie, ausweichende Blicke, krächzende Stimme usw. Diese negative Physiologie gibt die Botschaft an den inneren Zustand zurück und verstärkt ihn. Dieser verstärkte negative innere Zustand gibt eine noch üblere Botschaft zurück. Und so geht es immer weiter. Je länger diese Frau mit ihrem Einsatz wartet, um so schlimmer wird ihr Zustand.

Genau so verhält es sich, wenn Sie ein Produkt präsentieren, von dem Sie glauben, daß es zu teuer, von schlechter Qualität oder nicht für den Kunden geeignet sei. Ihre eigenen Zweifel und negativen Gefühle beeinflussen Ihr äußeres Verhalten. Vielleicht schrumpfen Sie buchstäblich zusammen, es fällt Ihnen schwer, Augenkontakt zu halten, vielleicht verändert sich Ihre Stimme – Sie reagieren auf eine für Sie typische Weise.

Wir alle verstehen diese äußeren Botschaften, die wir bei anderen wahrnehmen. Wir müssen nicht in der Analyse von Körpersprache ausgebildet sein, um zu erkennen, daß etwas nicht stimmt. Wir wissen einfach, daß irgend etwas nicht zusammenpaßt. Und dieses Gespür läßt einen Käufer oder eine Käuferin vorsichtig und zögerlich werden, und es bestärkt ihn oder sie, eine zweite Meinung einzuholen.

Kongruenz ist Ihr stärkstes Verkaufsargument, und das Paradoxe daran ist, daß Sie Kongruenz nicht erzeugen können. Sie entsteht wie natürlich oder auch nicht; sie entsteht aus Ihren Gedanken, Ihren Gefühlen und Ihrem Verhalten.

Ausgeglichenheit im Leben

Unser Beruf ist ein wichtiger, aber eben doch nur ein Teil unseres Lebens. Unser Leben besteht aus vielen Teilen, und wir verhalten uns jeweils unterschiedlich. Wenn wir mit einem unserer Kinder, unserem Partner, einem Kollegen, einer Chefin, einem Kunden oder einer wütenden Autofahrerin zu tun haben, immer setzen wir *die* Seite unseres Wesens ein, die für die Situation am besten geeignet scheint. Es ist, als hätten Sie einen Teil, der gern arbeitet, einen anderen, der gern mit der Familie zusammen ist, einen weiteren, der gern gesellig ist, einen, der gern allein ist, usw. Unsere Persönlichkeit ist eher mit einem Orchester mit einzelnen Solisten zu vergleichen, als daß wir eine einzige, benennbare Identität vorzuweisen haben. Und all diese Solisten beanspruchen ihre Zeit und ihren Raum.

Und ebenso finden auch Persönlichkeitsanteile, die ignoriert oder eingeschränkt werden, einen Weg, die zum Überleben nötige Zeit und den Raum zum Leben zu bekommen. Ein Weg, dies zu erreichen, besteht darin, die Aufmerksamkeit, die andere Teile bekommen, zu stören. Unsere Persönlichkeitsanteile lassen sich mit Kindern vergleichen, die Sie nicht ohne negative Folgen ignorieren

dürfen. Wie auch die Kinder kennen die Persönlichkeitsanteile viele
Möglichkeiten, Ihre Aufmerksamkeit zu erhalten, und je stärker sie
ignoriert werden, desto aufdringlicher werden sie. Und sie kennen
dabei kein Fair play. Der Teil von Ihnen, der bei der Familie sein
möchte, schnappt nach Ihrer Aufmerksamkeit, wenn Sie all Ihre Zeit
und Energie für den Beruf verwenden. Dieser Teil wird vielleicht zu
Ihrer inneren Stimme, wenn Sie bei der Arbeit sind, und flüstert:
„Die Kinder werden dich bald ‚Onkel‘ nennen." „Wenn sie älter
sind, werden sie dich hassen." „Stell' dir vor, du vergißt einen Geburtstag, du Rabenmutter."

Wenn diese innere Stimme einsetzt, verschlechtert sich Ihr innerer
Zustand; Sie empfinden plötzlich leise Zweifel an Ihrem Produkt,
Ihrer Firma, Ihrem Leben und anderes. Ihr äußeres Verhalten vermittelt negative nonverbale Signale, die Kunden fühlen sich unwohl,
Ihre Verkaufsergebnisse verschlechtern sich, und Ihre innere Stimme
gewinnt an Stärke. Nachlassende Leistungen können deshalb oft
korrigiert werden, indem weniger gearbeitet und mehr „gespielt"
wird, anstatt mehr zu arbeiten. Ein ausgeglichenes Leben sorgt
dafür, daß Sie nicht mehr so viel Energie verbrauchen, sondern sie
sogar freisetzen.

Gleichgewicht ist nicht statisch und unflexibel. Wenn Sie auf einer
Mauer balancieren, müssen Sie mit dem Gewicht immer wieder Ihre
Haltung geringfügig ausgleichen. Sie verlieren am ehesten das
Gleichgewicht, wenn Sie versuchen, sich ohne Ausgleich steif auf-
recht zu halten.

Wie können Sie auf Gleichgewicht und Kongruenz hinarbeiten? Eigentlich ist die Lösung einfach – aber sie ist nicht leicht zu realisieren. Sie müssen wissen, was Sie wollen, warum Sie es wollen und wie
Sie es bekommen können. Das bedeutet, daß Sie sich Ihre Ziele und
Werte anschauen und die Art und Weise analysieren, wie Sie mit sich
und anderen umgehen.

Kapitel 12
Ziele setzen: Was wollen Sie?

Dies ist eine der grundlegendsten Fragen, die Sie sich selbst stellen können. Klare Ziele sind der Schlüssel, damit Sie Ihre Arbeit und Ihr Leben im Griff haben. Wenn Sie nicht wissen, was Sie wollen, können Sie das auch nur schwer bekommen. 1952 wurde an der Stanford University in Großbritannien eine Langzeitstudie gestartet, um das Leben einer ausgewählten Gruppe von Studenten und Studentinnen zu begleiten. Zwei Prozent schrieben ihre Ziele auf und behielten das kontinuierlich bei. Zehn Prozent setzten sich Ziele, die sie aber nicht aufschrieben. Der Rest schrieb nichts auf und setzte sich auch keine Ziele. Zwanzig Jahre später nahmen die zwei Prozent, die ihre Ziele schriftlich festlegten, mehr Geld ein als die anderen 98 Prozent zusammen. (Dabei wird aus Gründen der Zweckmäßigkeit dieser Untersuchung angenommen, daß Geldeinnahmen eine befriedigende Vergleichsgröße darstellen.)

Ziele oder Ergebnisse sind das, was Sie sich wünschen – sie sind nicht, was Sie sich wünschen *sollten* oder was Sie gar nicht wollen. Oft streben wir Ziele an, nur um dann festzustellen, daß die Kosten oder der Einsatz für die Leistung höher sind, als wir einzusetzen bereit sind. In eine Midlife-crisis gerät oft jemand deshalb, weil er herausfindet, daß die Leiter, die er über lange Jahre erklommen hat, an der falschen Wand steht.

Ziele zu setzen erhöht die Chance, daß Sie bekommen, was Sie wollen. Es geht nicht darum, sich unter Druck zu setzen und nie zufrieden zu sein. Es geht auch nicht um unrealistisches positives Denken, mit Hilfe dessen Sie morgens aus dem Bett springen und verkünden, wie großartig Sie sind, wieviel Sie verdienen werden und wie toll der heutige Tag sein wird. Innerhalb einer Woche wird Ihnen der Spiegel antworten: „Wem willst du damit etwas vormachen?"

Errungenschaften im Leben sind positive Dinge, die erstrebenswert sind, solange sie für Wohlgefühl und positive Emotionen sorgen.

Stellen Sie den Wert eines Ziels immer in Frage, wenn Sie den Weg dorthin als schmerzlich und ermüdend erleben. Wenn die Reise nicht so angenehm wie der Bestimmungsort ist, sollten Sie überprüfen, ob Ihr geheimes Ziel nicht „persönliche Unzufriedenheit" heißt.

Wie wissen Sie, was Sie wollen? Die Antwort darauf ergibt sich aus Ihren Werten und Motiven. Diesen entsprechen bestimmte Regeln zur Zielsetzung, die das, was Sie wollen, erreichbar, realistisch und motivierend machen. Sie lernen dabei eine erweiterte Version des Zielsetzungsprozesses kennen, der im Abschnitt über Organisation in diesem Buch beschrieben ist (siehe Kapitel 3).

Dieser Prozeß ist vor allem geeignet, herauszufinden, was Sie in Ihrem persönlichen Leben erreichen wollen. Sie können Ihre Antworten dokumentieren, indem Sie sie aufschreiben oder indem Sie eines der angegebenen Softwareprogramme benutzen (siehe *Beratung* in Teil 6). Sie können diesen Prozeß bei vielen persönlichen und beruflichen Fragen anwenden. Eine Frage, die Sie mit diesem Prozeß erkunden könnten, ist: „Was erwarte ich von meiner Arbeit?"

Positive Sätze formulieren

Sie gehören sicherlich zu den Menschen, die sich für Ihren Einkauf nicht die Produkte aufschreiben, die Sie nicht kaufen wollen. Ein Ziel wie: „Ich möchte diesen Auftrag nicht verlieren" ist negativ. Wenn Sie auf eine solche Weise denken, konzentrieren Sie sich beständig darauf, einen Auftrag zu verlieren. Eine Seiltänzerin denkt nicht: „Ich darf nicht *hinunterfallen*", oder was glauben Sie, was passiert, wenn sie so denken würde? Um *nicht* an etwas zu denken, müssen Sie daran denken, damit Sie wissen, woran Sie nicht denken sollten ...

Kehren Sie negative Ziele um, indem Sie fragen: „*Was möchte ich statt dessen?*"

Mit dieser Umkehrung läßt sich: „Ich will keine Arbeit, bei der ich an den Wochenenden arbeiten muß" umwandeln in „*Ich möchte samstags und sonntags frei haben.*" „Ich möchte den Kunden nicht vertreiben" wird zu „*Ich möchte guten Rapport mit dem Kunden haben.*"

„Wann", „wo" und „mit wem"

Bestimmen Sie Ihr Ziel so spezifisch wie möglich. Stellen Sie sich selbst die gleichen Fragen wie Ihren Kunden. Machen Sie es wie die Diener von Kipling, und fragen Sie nach „was", „wo", „wann", „wie" und „wer" (siehe Kapitel 2):

- *Was* genau wollen Sie?
- *Wo* wollen Sie das?
- *Wann* wollen Sie das? An welchen zeitlichen Rahmen denken Sie? Wollen Sie es in Wochen, Monaten oder Jahren?

Setzen Sie sich, wenn möglich, ein genaues Datum für das Erreichen Ihres Ziels. Setzen Sie kurzfristige und langfristige Ziele, bestimmen Sie berufliche Ziele sowie Lebensziele.

Beschreiben Sie Ihr Ziel möglichst in allen Einzelheiten, damit Sie sich auch wirklich vorstellen können, wie Sie sind, wenn Sie es erreicht haben. Je genauer Ihre Vorstellungen sind, desto mehr unterstützende Filter bauen Sie in Ihren Geist ein, damit Sie die sich täglich bietenden Gelegenheiten erfassen, die Ihnen sonst nicht bewußt würden. (Wollten Sie schon einmal ein bestimmtes Kleidungsstück kaufen? Plötzlich bemerken Sie dieses bei vielen Menschen. Das war schon vorher so, nur jetzt fällt es Ihnen auf.)

Bedingungen und Konsequenzen

Gibt es Bedingungen, unter denen Sie dieses Ziel nicht erreichen wollen? Hierzu einige wichtige Fragen, die Sie sich stellen sollten:

– Welche „Nebenprodukte" und Erscheinungen Ihres gegenwärtigen Zustandes sind es wert, daß Sie sie behalten wollen? Wie gut kommen Sie mit Ihrem Status quo zurecht, also mit dem, wer Sie gegenwärtig sind und wen Sie darstellen?
– Was müssen Sie opfern, um zu bekommen, was Sie wollen? Lohnt sich das?

Als Verkäufer oder Vertriebsfachfrau wissen Sie, daß alles seinen Preis hat und daß dieser sich nicht immer in Geld ausdrücken läßt. Zu Anfang müssen Sie zunächst Zeit investieren, um sich folgende Fragen zu beantworten:

– Wieviel Zeit müßten Sie aufwenden, um Ihr Ziel zu erreichen?
– Welche Bemühungen Ihrerseits wären nötig?
– Wieviel Geld müßten Sie investieren?
– Wer wäre noch davon betroffen, und wie würden diejenigen dazu stehen?

- Wird es Sie Ihrer Familie und Ihren Freunden entziehen (oder ihnen entfremden), wenn Sie Ihr Ziel verfolgen?
- Wie gut läßt sich Ihr Ziel mit den Hoffnungen und Ängsten anderer wichtiger Menschen in Ihrem Leben, die Sie unterstützen, vereinbaren? Es ist unrealistisch, deren Unterstützung zu erwarten, wenn nicht auch *sie* bekommen, was sie wollen.
- Gibt es noch andere weitreichende Konsequenzen, die mit der Erreichung Ihres Zieles zusammenhängen?

Viele dieser Fragen überlappen sich. Sie sind dazu gedacht, daß Sie das Dilemma vermeiden, das sehr treffend auf einem Aufkleber formuliert war, der sich an der Rückscheibe eines teuren Wagens befand: „Ich habe hart gearbeitet, um dahin zu kommen, wo ich jetzt bin ... Wo bin ich?"

Die Fragen dienen auch dem Zweck, Ihre Kongruenz zu überprüfen. Spielt Ihr inneres Orchester einstimmig? Die Situation läßt sich mit einem umfangreichen Verkauf an eine Organisation vergleichen, bei dem mehrere Leute ihre Zustimmung geben müssen. Sie selbst sind diese Organisation. Damit der Verkauf genehmigt wird, müssen die Benutzer zufriedengestellt werden, der Finanzdirektor muß den Auftrag unterschreiben, und die Geschäftsführung muß zustimmen.

Vergewissern Sie sich, daß kein Teil von Ihnen Veto einlegt oder Ihr Ziel sabotiert. Ist das der Fall, sollten Sie nicht dagegen kämpfen. Wenn Sie gegen Widerstand angehen, bleibt dieser bestehen. Formulieren Sie Ihr Ziel um, oder handeln Sie einen Kompromiß aus. Wenn der Teil von Ihnen, der fit bleiben möchte, Widerstand erfährt durch den Teil von Ihnen, der gern Torten ißt, könnte es sein, daß weniger Torten bei einem nicht so rigorosen Fitneßprogramm durchaus erlaubt sein könnten.

Die eigenen Ressourcen bewußt machen

Machen Sie sich eine Liste Ihrer Ressourcen, die für Sie hilfreich sein können. Dieses Sammeln macht meistens sehr viel Spaß. Wir alle haben viele Ressourcen, an die wir selten denken. Ressourcen lassen sich in drei Gruppen unterteilen:

– *Persönliche Qualitäten:* Schreiben Sie Ihre Fertigkeiten und Eigenschaften auf, wie zum Beispiel Intelligenz, Ausdauer, Führungsqualitäten und die Fähigkeit zu gutem Kontakt (siehe Glossar *Rapport*). Beschränken Sie sich gedanklich nicht nur auf ein bestimmtes Ziel; denken Sie auch an die Eigenschaften, die Sie in anderen Bereichen Ihres Lebens zum Ausdruck bringen. Eine Frau, die wir gut kennen, weiß zwischen ihren beiden Kindern zu vermitteln, wenn diese streiten. Im Beruf aber glaubt sie nicht, daß sie die Fertigkeit für „Geschäfts"verhandlungen besitzt, und dennoch sind hierbei die gleichen Fertigkeiten gefragt.

– *Menschen und Kontakte*: Viele Menschen werden in der Lage sein, Ihnen entweder direkt oder indirekt zu helfen. Gehen Sie Ihr Telefonverzeichnis durch, und fragen Sie sich, inwiefern jeder Einzelne eine Ressource für Sie sein könnte.

  Denken Sie an andere Menschen auch im Sinne von Rollen-modellen (siehe Glossar *Modelling*): Wenn Hans häufig große Aufträge an Land zieht, können Sie neugierig sein und herausfinden, wie er das macht. Informell werden Sie dann tun, was NLP formell macht – Sie werden entdecken, *wie* hervorragende Leute zu ihren Ergebnissen kommen.

– *Material*: Zu diesen Ressourcen gehören zum Beispiel finanzielle Mittel, Bücher, Ihre Computerausstattung und Ihr Auto.

Den Erfolg nachweisen

Wie werden Sie wissen, daß Sie Ihr Ziel erreicht haben? Sie können Ihr ganzes Leben lang nach etwas streben, was Sie bereits haben, so wie jemand nach seiner Brille sucht, die er auf der Nase trägt. Was genau werden Sie sehen? Was werden Sie hören? Was werden Sie fühlen? Hier ein Beispiel: Ihr Ziel war, Ihr Produkt an eine große Firma zu verkaufen. Der Erfolg könnte sich für Sie daran beweisen, daß Sie die Bestellung sehen, daß Sie von einer Kundin hören, daß sie dem Kauf zustimmt, und daß Sie den abschließenden Händedruck fühlen, was bei Ihnen das Gefühl von Stolz auf Ihre Leistung hervorrufen würde.

Was werden andere sehen, hören und fühlen? Ihre Kundin würde Sie bei der letzten Präsentation sehen, und sie wird hören, wie Sie über das Produkt sprechen und um den Auftrag bitten. Sie ist zuversichtlich und fühlt sich wohl bei dem Gedanken, Ihnen den Auftrag zu geben.

Was ist bei all diesen Dingen der allerletzte Beweis, daß Sie sich nah am Ziel befinden?

Verantwortung übernehmen

Was immer Sie sich vorgenommen haben, es ist *Ihr* Ziel, und Sie werden handeln müssen, um es zu erreichen. Die übrige Welt wird nicht dafür sorgen, daß es Ihnen in den Schoß fällt. Wenn Sie nicht wissen, was Sie wollen, gibt es viele Menschen, die glücklich sind, Ihnen die Entscheidung in *ihrem* Sinne abnehmen zu können. Wenn Ihr Ziel außerhalb Ihres Einflusses liegt, handelt es sich weniger um ein Ziel als um eine verrückte Idee. Denken Sie praktisch, und fragen Sie sich:
- Was müssen Sie tun?
- Was müssen andere tun?

Sie haben zum Beispiel das Ziel, mit einer Firma ins Geschäft zu kommen. Die Entscheidung liegt bei Ihrem Vorgesetzten. Jetzt müssen Sie überlegen: „Was kann ich tun, um den Chef zu überzeugen, damit er mir das Geschäft anvertraut?" Außer direkt zu fragen, können Sie sich mit der Firma vertraut machen und Ihren Chef daraufhin an ähnliche Geschäfte erinnern, die Sie gut abgewickelt haben. Wie sehr Sie sich auch verdient gemacht haben, warten Sie nicht auf andere. Seien Sie zuerst aktiv (das nennt man „proaktiv"; siehe Glossar).

Sie sollten einen Aktionsplan aufstellen. Ein Teil davon besteht darin, das Ziel in kleinere Schritte zu unterteilen, genau so wie Sie es bei geschäftlichen Zielen machen würden (das ist schon im Abschnitt Organisation beschrieben; siehe Kapitel 3). Je umfassender das Ziel, desto mehr muß es unterteilt werden.

Stellen Sie sich die Frage: „Was hindert mich daran, dieses Ziel zu erreichen?" Damit beginnen Sie, die *Hindernisse* auf Ihrem Weg aufzuspüren. Um diese dann auch beseitigen zu können, stellen Sie mittelfristige Ziele auf. Diese Hindernisse erkennen Sie daran, daß Sie ausnahmslos negativ formuliert sind. Um an Ihr Ziel zu gelangen, formen Sie sie positiv um, indem Sie fragen: „Was will ich *statt dessen*?"

Ein Beispiel: „Was hält mich von körperlichem Training ab?" „Ich habe keine Zeit." „Was will ich statt dessen?" „Ich möchte die Zeit für mein Training fest einplanen."

Gleichzeitig sollten Sie in die andere Richtung schauen und beachten, ob Ihr Ziel eine kleine Einheit eines größeren Zielrahmens sein könnte. Fragen Sie nach dem Nutzen: „Wenn ich das habe, was wird mir das geben?"

Sie wollen beispielsweise in diesem Monat eine hohe Provision erwirtschaften, sagen wir 5000 englische Pfund. Ein Geschäft, mit dem Sie das erzielen könnten, steht kurz vor dem Abschluß. Was sind

Ihre Hindernisse? Sie müssen mit dem Kunden zu einem Abschluß kommen, und dazu gehören vielleicht mehrere Telefongespräche und die Verabredung eines Treffens. Die Telefongespräche, die an sich wohl nicht sehr motivierend sind, gewinnen erst durch die Verbindung mit dem größeren Ziel Motivationskraft – sie sind Einzelschritte zu den erwünschten 5000 englischen Pfund. Ein Telefonanruf ist also ein weiterer Schritt zu einer hohen Provision. Das ist ein guter Grund, den Anruf zu tätigen.

Abschließendes Prüfen

Stellen Sie sich abschließend vor, daß Sie das Ergebnis erzielt haben. Fühlt sich das für Sie gut an? Das ist Ihr abschließender Check, ob alles kongruent ist.

Dann durchlaufen Sie probehalber mental die Vorstellung, daß Sie Ihr Ziel in der Zukunft vollständig erreicht haben. Was werden Sie sehen? Was werden Sie hören? Was werden Sie fühlen? Welche Veränderung wird das für Ihr Leben bedeuten? Dies wird im NLP *Future pacing* genannt (siehe Glossar): Es macht das Ziel realer und bereits jetzt erfahrbar. Und manchmal, wenn Sie mental ausprobieren, was anders sein wird, stoßen Sie vielleicht auf Probleme oder zukünftige Ziele, an die Sie bisher nicht gedacht hatten.

Sowohl Enttäuschung als auch Erfolg erfordern eine angemessene Planung. Enttäuschung ist der Erfolg, das zu bekommen, was Sie nicht wollten, weil Sie Ihr Ziel zuvor nicht gut genug durchdacht hatten.

IHRE ZIELE ERREICHEN: SENSIBILITÄT UND FLEXIBILITÄT

Wenn Sie dann wissen, was Sie wollen, sollten Sie sensibel registrieren, was Sie bekommen. Sie mögen wissen, wo Sie sein wollen, aber wenn Sie Ihren jetzigen Standort nicht kennen, ist es schwierig, sich weiterzubewegen. Reisen verlaufen nicht immer glatt.

Flugzeuge sind etwa 95 Prozent der Zeit nicht ganz auf Kurs und weichen einmal in die eine, dann in die andere Richtung ab. Die Instrumente im Flugzeug aber verzeichnen genau, wann das Flugzeug vom Kurs abgekommen ist, und sie veranlassen den Piloten zu Korrekturen. Ohne diese Korrekturen würde der Flug nach New York in San Francisco enden (und wer weiß, wo das Gepäck landen würde). Wenden Sie das Prinzip der Überwachung des Fortschritts und der entsprechenden Korrekturen auch auf *Ihre* Ziele an.

Wenn Sie einmal wissen, in welche Richtung Sie gehen, und wenn Sie wissen, wo Sie jetzt sind, welche Möglichkeiten haben Sie dann, etwas zu tun? In Verkauf und Vertrieb gibt es keine „richtigen" Antworten, es gibt nur *mehr* Antworten und *mehr* Wahlmöglichkeiten. Wenden Sie die an, die bei Ihnen funktionieren, und unterlassen Sie, was nicht geht. Kommen Sie mit einer Methode bei einem Kunden nicht an, so ist das ein Signal, es mit einem anderen zu versuchen.

Wenn Sie *ineffektiv* bleiben wollen, machen Sie einfach wieder das, was schon bisher nicht funktioniert hat. Machen Sie es wiederholt, und bemühen Sie sich noch mehr, wie der typische Brite im Ausland. Wenn die Leute ihn nicht verstehen, wiederholt er einfach die gleichen Worte l-a-n-g-s-a-m-e-r und LAUTER.

Verschiedene Blickwinkel einnehmen

Wie schon besprochen gehört zu einer flexiblen Einstellung, daß Sie in der Lage sind, die gleiche Situation aus unterschiedlichen Blickwinkeln zu betrachten (siehe Glossar *Wahrnehmungspositionen*). Da gibt es Ihren Standpunkt, Ihre Realität, was Sie glauben und für wahr halten: die erste Position. Daneben gibt es den Standpunkt der anderen Person, deren Realität, was sie glaubt und für wahr hält; ihr Standpunkt ist für sie so wahr wie Ihre Realität für Sie. Wenn Sie den Standpunkt eines anderen anerkennen, wird das im NLP die „zweite Position" genannt. Mit gutem Kontakt (siehe Glossar *Rapport*) erhalten Sie ein besseres Gefühl für die zweite Position.

Die drei grundlegenden Fehler im Verkauf sind alle auf ein fehlendes Bewußtsein für die zweite Position zurückzuführen:
1. Sie berücksichtigen nicht den Standpunkt des Kunden oder der Kundin.
2. Sie glauben, Ihr Kunde oder Ihre Kundin sei der gleichen Ansicht wie Sie.
3. Sie sehen den Standpunkt des Kunden oder der Kundin, tun ihn aber als irrelevant oder falsch ab.

Schließlich gibt es noch den distanzierten Blick, der beide Parteien und ihre Beziehung berücksichtigt – die dritte Position.

Sie müssen Ihren eigenen Standpunkt klar kennen und ihn kongruent vertreten. Und Sie müssen in der Lage sein, das Produkt aus der Perspektive der Kunden zu betrachten und ihren Bedarf zu verstehen. Sie müssen sich auch, besonders in stressigen Situationen, distanzieren können und die Richtung des Gesprächs einschätzen. Manchen Menschen fällt es leichter, schnell in die zweite und dritte Position zu wechseln. Wenn es Ihnen schwerfällt, sollten Sie einfach daran denken, wie viel erfolgreicher Sie sein können, wenn Sie an dieser Fertigkeit arbeiten.

Hier einige Fragen als Auslöser für dieses mentale Umschalten:

- „Wie sieht mich diese Person?"
- „Wenn ich er oder sie wäre, was würde ich denken?"
- „Wenn ich als Regisseur einen Film daraus machen würde, wie sähe dieser aus?"

Um Ihre Ziele zu erreichen, brauchen Sie Flexibilität, und Sie müssen sich in Ihre eigene und in die Position der anderen einfühlen können. In einem Theaterstück (*Fiddler on the Roof*) ist ein Richter Vorsitzender in einer juristischen Auseinandersetzung. Die erste Partei vertritt ihren Fall sehr beredt, so daß der Richter beeindruckt ist: „Sie haben recht!"

„Nur einen Augenblick", sagt die zweite Partei, die dann ihr Anliegen genauso überzeugend vertritt.

„Natürlich", sagt der Richter, „Sie haben recht!"

Der Gerichtsbeamte hustet höflich. „Entschuldigen Sie, Herr Richter", sagt er, „Sie können nicht beide recht haben."

Der Richter denkt einen Augenblick lang nach. „Nein, natürlich nicht, Sie haben recht."

Kapitel 13
Werte: Was ist wichtig?

Werte sind das, was uns in unserem Leben wichtig ist. Sie geben die Richtung vor und untermauern unsere Ziele. Manchmal fallen uns Entscheidungen schwer, weil wir, wie der Richter, in einer Konfliktsituation *beiden* Seiten zustimmen (siehe Geschichte am Ende von Kapitel 12). Kongruenz entsteht bei Übereinstimmung mit den eigenen Werten. Sie sehen den Standpunkt des Kunden, *und* Sie erkennen den Standpunkt und die Interessen Ihrer Firma an, aber letzten Endes müssen *Sie* entscheiden. Sich unter Druck gegen die eigenen Werte und Überzeugungen zu entscheiden, ist ein sicherer Weg, die eigene innere Balance zu verlieren. Wenn Sie nicht an die Preispolitik der Firma, an die Qualität ihrer Produkte oder an ihre Werte glauben, wird jeder Verkauf zu einem inneren Konflikt führen, der im Extremfall Auswirkungen auf *Ihren* Schlaf, *Ihre* Gesundheit und *Ihre* beruflichen und privaten Beziehungen haben wird.

Bei *Zielen* geht es darum zu fragen, was Sie haben wollen. *Werte* betreffen das Thema, wer Sie sein wollen. *Kriterien* sind in diesem Zusammenhang Werte, die in einem bestimmten Kontext angewendet werden. In unserem Privatleben sind uns wahrscheinlich andere Dinge wichtig als im Berufsleben. So wie wir uns auf Werte wie Freiheit und Liebe *hin*bewegen, bewegen wir uns *weg von* Demütigungen, Schuldempfinden und Zurückweisungen. Dies sind unsere Werte *weg von* – es sind die Dinge, die wir unbedingt vermeiden

wollen. Wie bei Zielen ist es viel besser, wenn wir uns auf das *hin*bewegen, was wir wollen, anstatt Zeit zu verschwenden und zu meiden, was wir nicht wollen.

GELD

Finanzielle Mittel zur Verfügung zu haben, hat bei den Menschen gewöhnlich einen hohen Stellenwert in der Wertehierarchie. Aber Geld an sich hat keinen Wert. Es ist als Mittel zum Zweck wertvoll, als Mittel, andere wichtigere Dinge zu erreichen: Komfort, Sicherheit, Glück, Liebe, Gesundheit ...

Nehmen Sie sich etwas Zeit zum Nachdenken, und schreiben Sie die Antworten auf die folgenden Fragen auf:

–   Wieviel müßten Sie jährlich verdienen, damit Sie sich für finanziell abgesichert halten? Je höher diese Summe ist, einen desto höheren Stellenwert hat Sicherheit für Sie.

–   Was ist der Unterschied zwischen dieser Zahl und Ihrem festen Einkommen? Wenn Sie auf Provisionsbasis arbeiten, welches feste Einkommen würden Sie als Kompensation für den Verlust von Provisionen akzeptieren? Je höher dieser Betrag ist, desto wichtiger erachten Sie die Chance, selbst über die Höhe Ihres Einkommens zu entscheiden.

–   Angenommen, Sie bekämen Ihren Traumjob angeboten: ideale Arbeitsbedingungen – Sie könnten einfach tun, was Sie wollen, in dem Beruf, der Sie am meisten interessiert. Ihr Einkommen ist garantiert das gleiche wie bisher. Sie können über einen Bonus verhandeln. Wie wäre das? (Wenn Sie bereits in Ihrem Traumberuf arbeiten: Gratulation!)

– Angenommen, eine der Bedingungen bei diesem Traumangebot wäre, daß Sie fünf Jahre an dieser Stelle arbeiten müßten. Würden Sie dann einen anderen Bonus aushandeln? Was wäre bei zehn Jahren? Je höher Sie Ihren Bonus unter diesen Umständen ansetzen, desto mehr ist Ihnen Ihre Freiheit zu Veränderungen wichtig.

– Angenommen, Sie bekämen einen Job angeboten, der für Sie ein Alptraum wäre. Eine Arbeit, die Sie richtiggehend hassen. Ihr Gehalt wäre das gleiche wie jetzt. Wie hoch müßte der Bonus sein, wenn Sie diese Arbeit annehmen? Inwiefern würde Geld für Sie einen Ausgleich bieten? Für viele Menschen würde ein Millionenbetrag nicht ausreichen. (Wenn Sie bereits so eine schlimme Arbeit machen, bekommen Sie einen angemessenen Ausgleich?) Über Geldwerte können Sie erfahren, was Sie besonders an Ihrer Arbeit schätzen. Stellen Sie sich die folgende allgemeine Frage: „Wenn ich bei meiner Arbeit ... aufgeben müßte, wieviel Geld würde ich zum Ausgleich extra verlangen?" Je größer die Summe, desto höher bewerten Sie diesen Aspekt Ihrer Arbeit.

Wie Sie sehen, ist Geld ein nützlicher Maßstab dafür, wieviel Ihnen andere Dinge wert sind – Geld an sich hat keinen Wert. Sie könnten eine Hierarchie Ihrer Werte aufstellen, indem Sie festlegen, wieviel Geld Sie als Ausgleich akzeptieren würden, wenn Sie auf jeden einzelnen Ihrer positiven Werte verzichten sollten.

DIE HIERARCHIE DER WERTE

Alle Ihre Werte sind wichtig – und einige sind wichtiger als andere. Entscheidungen fallen oft schwer, weil beide Seiten einige Werte befriedigen. Welche sind am wichtigsten? Ohne eine gewisse Reihenfolge Ihrer Werte wären Sie handlungsunfähig. Der folgende

Abschnitt zeigt, wie Sie herausfinden können, was für Sie am wichtigsten ist. Dann können Sie Ihre Ziele mit Ihren Werten in Übereinstimmung bringen.

Was ist Ihnen an Ihrem Beruf am wichtigsten?

Der folgende Prozeß wird Ihnen helfen, das herauszufinden:

1. Denken Sie an drei wichtige und bedeutungsvolle Erfahrungen bei Ihrer Arbeit, zum Beispiel eine Beförderung, ein großer Kaufabschluß, ein wichtiges Treffen oder ein bestimmter Kundenkontakt. Es müssen bestimmte reale Erfahrungen sein. Schreiben Sie sie auf.

2. Denken Sie an die erste Erfahrung, die Sie notiert haben. Was daran macht diese jetzt für Sie wichtig? Damals schien sie vielleicht nicht so wichtig zu sein. Schreiben Sie zu jeder Erfahrung die wichtigsten Aspekte als einzelne Schlüsselwörter auf. Wenn diese Erfahrung zum Beispiel ein Verkauf war, dann wären einige wichtige Elemente vielleicht Anregung, Stolz auf das Erreichte, Lob, eine große Provision, eine Feier und Glückwünsche von Ihren Freunden.

3. Nehmen Sie jedes dieser Schlüsselwörter, die Sie aufgeschrieben haben, und fragen Sie sich, was an diesen Aspekten wichtig ist. Greifen Sie jedes Wort auf, und schreiben Sie sich wiederum einige einzelne Schlüsselbegriffe dazu auf. Wahrscheinlich haben Sie jetzt etwa ein Dutzend Wörter. Im Zusammenhang mit dem Verkauf aus Punkt 2 haben Sie jetzt vielleicht Werte wie Selbstvertrauen, Zuversicht, Erfolg, Selbstachtung. Nehmen Sie *jedes* dieser Wörter, und erweitern Sie die Liste wieder. Zum Beispiel könnte Erfolg spezifiziert werden als Anerkennung, finanzielle Sicherheit und Gewinner sein.

4. Machen Sie das mit jeder der drei anfangs notierten Erfahrungen. Damit erhalten Sie eine Liste mit etwa 12 bis 30 Wörtern. Achten Sie darauf, welche mehrfach erscheinen, da sie wahrscheinlich wichtig sind – aber analysieren Sie sie nicht, sondern zählen Sie sie nur einfach.

5. Nehmen Sie jetzt *alle* Schlüsselwörter für alle drei Erfahrungen, die Sie in den verschiedenen Schritten aufgeschrieben haben. Wenn Sie nun die sechs auswählen müßten, die Ihnen am wichtigsten sind, welche wären das? Um diese zu finden, sehen Sie alle Ihre genannten Kriterien durch und entscheiden, welches Sie wählen würden, wenn Sie eine aufgeben müßten. Das Kriterium, das sie als erstes aufgeben, rückt in Ihrer Hierarchie an das Ende. Nun zu den weiteren Kriterien: Wenn Sie eines mehr aufgeben müßten, welches wäre das nächste? Dieses ist dann das zweite vom unteren Ende der Wertehierarchie. Machen Sie das, bis nur noch sechs übrig sind.

6. Jetzt wird es schwierig. Die letzten sechs sind für Sie die wichtigsten Kriterien in Ihrem Beruf. Fahren Sie fort, sie einzuordnen: Wenn Sie eines von den sechs aufgeben müßten, welches wäre das? Dann von den fünf letzten, welches würden Sie aufgeben? Machen Sie weiter, bis Sie Ihre sechs Spitzenwerte in der Rangfolge Ihrer Bedeutung eingeordnet haben.

Ihre Liste könnte am Ende so aussehen:
1. Freiheit
2. Ihre persönliche Liebesbeziehung
3. Wohlstand
4. Beziehungen zu anderen Menschen
5. Sicherheit
6. Wertschätzung erfahren

Jetzt erhebt sich die Frage: Werden diese Werte erfüllt?

REGELN FINDEN

Es geht in diesem Abschnitt um die Frage: „Was muß geschehen?"
Zu Ihren Werten und Kriterien gehören Regeln, und diese Regeln
besagen, wie diese Werte und Kriterien erfüllt werden können. Im
NLP werden sie *Kriterienäquivalente* genannt. Sie als Verkäufer
oder Vertriebsfachmann müssen zu Ihren eigenen Regeln finden,
ebenso wie Sie auch die Ihrer Kunden herausfinden sollten.

Stellen Sie sich vor, Sie fragen zwei Verkäufer: „Was müßte geschehen, damit Sie sich für erfolgreich halten?" Der erste Verkäufer sagt:
„40 000 englische Pfund im Jahr, ein Haus auf dem Land und ein
Luxusauto." Der zweite sagt: „80 000 englische Pfund im Jahr, ich
höre mit dem Rauchen auf und nehme bis auf 76 Kilo ab."

Erfolg ist selbst bestimmt. Und *Sie* stellen die Regeln auf.

Fragen Sie sich bei jedem Ihrer sechs Werte, die Sie im vorigen Abschnitt herausgefunden haben: „Was muß geschehen, damit ich ...
(den Wert) ... bekomme?" Dadurch erhalten Sie Ihre Regeln. Sind
Ihre Regeln befriedigend, motivierend und realistisch? Achten Sie
darauf, daß die Kriterienäquivalente für Sie befriedigend sind. Wir
sagen damit nicht, daß Sie glücklich sein sollen, indem Sie Ihre
Erwartungen zurückschrauben. Überprüfen Sie jedoch, daß Ihre
Regeln Sie eher motivieren als eingrenzen.

Allgemein gibt es drei Möglichkeiten, daß Regeln eben nicht stärkend wirken:

1. Ihre Regeln können unmöglich erfüllt werden. Regeln müssen
   realistisch sein, oder Sie haben Ihr Versagen vorprogrammiert.

2. Ihre Regeln sind von jemandem oder von etwas abhängig, was
   sich außerhalb Ihres Einflusses befindet. Hier besteht die Gefahr,
   daß Sie in einen Kreislauf von Schuldzuweisungen (im englischen: *blame frame*) geraten, in dem andere und nicht Sie selbst

für Ihr Glück verantwortlich sind. Das gibt anderen unendliche Macht über Sie – und das in einer Welt, die nicht gerade für Freundlichkeit und Fairneß bekannt ist. Der Schlüsselsatz, nach dem Sie in diesem Zusammenhang Ausschau halten sollten, ist: *„Wenn nur* dieses und jenes geschehen würde, oder *wenn doch* der oder jener etwas tun würde, ... *dann* wäre ich glücklich."

3. Ihre Regeln sehen viele Wege vor, sich schlecht zu fühlen, und nur einige wenige, sich gut zu fühlen? Dann geht es Ihnen wie dem Kunden, der beschlossen hatte, daß nur ein himmelblauer Ferrari, bereits morgen geliefert, sein Bedürfnis erfüllen kann. Wenn Sie sehr spezielle Regeln haben, sind Sie schwer zu befriedigen. Wenden Sie Ihre Verkaufsfertigkeiten bei Ihren Werten in der gleichen Weise an, wie Sie diese bei den Bedürfnissen Ihrer Kunden einsetzen. Diese Regeln sind nur ein Weg, dem Wert zu entsprechen. Welche Wege gibt es sonst noch?

NUTZEN UND WERTE

Wenn Verkaufen eine Aktion zwischen zwei Gewinnern ist, was gewinnen Sie dabei? Trennen Sie den Nutzen eines speziellen Verkaufs von dem Nutzen Ihrer Tätigkeit. Ein konkreter Verkaufsabschluß verschafft Ihnen eine Provision, das Gefühl von Erfolg, Selbstachtung und Lob. Die Arbeit als solche in Verkauf und Vertrieb hat viele Vorteile:

– Sie können Ihre Fertigkeiten für viele verschiedene Produkte einsetzen und sind frei, sich auf verschiedenen Märkten zu bewegen.
– Sie nehmen in höherem Maß Einfluß auf Ihr Einkommen als in anderen Berufen.
– Sie helfen Leuten, das zu bekommen, was sie wollen.
– Sie treffen viele verschiedene Menschen.

Noch ein abschließender Aspekt: Wir sprechen über Verkauf und
Vertrieb fast so, als wäre es eine Sache, aber es ist eine Tätigkeit,
etwas, das man tut. Wenn *Sie* an Verkaufen denken, betrachten Sie es
dann einfach als etwas, was Sie tun, oder sagen Sie: „Ich *bin* Verkäufer" oder „Ich *bin* Vertriebsfrau"? Wenn Sie das tun, ist Verkaufen
Teil Ihrer persönlichen Identität (siehe Glossar *Identität* und
Logische Ebenen).

Wie weit werden Ihre Werte befriedigt? Wenn Sie für eine Firma arbeiten, in der die Geschäftspraktiken Ihren Qualitätsmaßstäben und
Ihren Werten entsprechen, haben Sie entweder Glück, oder Sie
haben mit Ihrem Arbeitgeber eine sehr gute Wahl getroffen, oder Sie
sind Besitzer oder Besitzerin der Firma. Es ist unwahrscheinlich,
daß *alles* Ihren Werten genügt, also können Sie, ebenso wie ein
Kunde, eins gegen das andere abwägen. Wird jedoch keinem Ihrer
Werte entsprochen, dann sollten Sie sich vielleicht nach einem anderen Produkt umsehen.

Oft werden bezüglich der Werte der Firma unklare Anweisungen
oder sogar Doppelbotschaften ausgegeben. Zum Beispiel werden
viele Versicherungsvertreter gedrängt, auf Qualität zu achten. Da
gilt es sicherzustellen, daß ihre Verträge genau auf den Kunden oder
die Kundin zugeschnitten sind. Wenn sie aber zusätzlich gedrängt
werden, möglichst viele Verträge abzuschließen – was sehr wohl
Auswirkungen auf die Qualität haben kann – dann müssen sie zwei
unterschiedlichen, sich widersprechenden Forderungen entsprechen. Wenn ein Hund zwei Kaninchen jagt, fängt er gewöhnlich
keines.

Wenn Sie dem Druck ausgesetzt sind, gegen Ihre eigenen Werte zu
handeln, haben Sie nur wenige Möglichkeiten. Sie können den Kopf
einziehen, stark bleiben und hoffen, daß Ihre Geschäfte gut genug
sind, um Sie vor Druck zu schützen. Sie können versuchen, Ihre
Werte nach oben zu verkaufen, also Ihr Management für sich zu gewinnen. Sie können beweisen, daß Ihre Werte funktionieren, indem

Sie besser als andere sind. Oder – und das geschieht am häufigsten – Sie können sich bei der Auswahl Ihres *nächsten* Arbeitgebers besser vorsehen. Suchen Sie eine Firma, die Ihren Werten entspricht. Führen Sie ein Gespräch, um sich zu vergewissern, daß deren Werte mit Ihren übereinstimmen.

Kapitel 14
Motivation und Arbeitsstil

Beim Thema Motivation geht es um die Frage, wie Sie sich dazu bringen, das zu tun, was Sie tun müssen. Auf dem alten Markt hieß motivieren, daß Sie sich manipulieren, um zu tun, was getan werden mußte (siehe Teil 1). Wenn wir annehmen, daß wir viele verschiedene Persönlichkeitsanteile haben, von denen nicht unbedingt alle bereit sind, die anstehende Arbeit zu tun, wie lenken Sie sich dann, ohne sich in eine bestimmte Richtung zu manipulieren oder zu zwingen? Die Methoden, die Sie selbst einsetzen, spiegeln die Art wider, wie andere Einfluß auf Sie nehmen.

Die Methoden, die wir vorschlagen, sind vielleicht sehr verschieden von denen, die in den üblichen Motivationstrainings gelehrt werden. Häufig wird dabei Unzufriedenheit einfach überdeckt – und das ist nur ein armseliger Ersatz für Kongruenz.

Zuckerbrot und Peitsche

Seit Jahren werden zwei Methoden heftig diskutiert, die sich zunächst zu widersprechen scheinen: Es gibt das „Zuckerbrot", und es gibt die „Peitsche". Wie motivieren *Sie* Menschen? Geben Sie ihnen ein Ziel und Belohnungen? Das ist die „Zuckerbrot"-Methode. Bestrafen Sie die Leute bei Fehlern? Dann wenden Sie die „Peitschen"-Methode an. Beide funktionieren.

Welche Methode wenden Sie bei sich selbst an? Arbeiten Sie auf etwas hin, was Sie wollen? Oder werden Sie mehr von den unangenehmen Konsequenzen angetrieben, die eintreten würden, wenn Sie die Aufgabe nicht erledigen? Trifft letzteres zu, dann schieben Sie wahrscheinlich Arbeiten bis zur letzten Minute auf und erledigen sie erst dann, wenn sie nicht länger ignoriert werden können. Diese Methode kann anstrengend sein und viel Streß verursachen, und sie macht anderen, die mit Ihnen arbeiten, das Leben schwer.

Auf Ziele und Belohnungen hinzuarbeiten ist im allgemeinen angenehmer und mit weniger Streß verbunden. Erfolgreiche Mitarbeiter in Verkauf und Vertrieb sind fast durchweg auf Belohnungen *hin* motiviert.

Der Diktator und die Sirene

Eine weitere Motivationsstrategie ist als „Diktator"-Strategie bekannt, und sie funktioniert nicht sehr gut. Der „Diktator" ist jene Stimme in Ihrem Ohr, die Ihnen sagt, daß Sie etwas tun *müssen*. Sie *sollten* es tun, Sie *müssen* es tun, also „Mach schon!" Die natürliche Reaktion auf dieses Drängen ist Widerstand. Die Stimme des Diktators versucht übrigens wirklich, Ihnen zu helfen: Seine Absichten sind sicher Gold wert, seine Methoden sind jedoch extrem.

Ist Ihnen aufgefallen, wieviel Ärger in der Stimme zum Ausdruck kommen kann? Es sind nicht nur die Worte, es ist auch die Art, wie Sie etwas zu sich selbst sagen. Einige Menschen, die sich ihre innere Stimme genau angehört haben, sagen, daß sie der Stimme eines Elternteils verdächtig ähnlich ist.

Die „Diktator"-Strategie ist keine gute Motivationsstrategie. Haben Sie eine derartige Strategie, sollten Sie sie zur „Sirenen"-Strategie umwandeln, die sehr viel besser funktioniert. Dazu müssen Sie zwei Dinge tun:

Zuerst verändern Sie die Stimmqualität. Lassen Sie die Stimme verführerisch, sexy und angenehm werden, so daß es Vergnügen bereitet, ihr zuzuhören.

Zweitens sollten Sie den Wortlaut verändern. Verbannen Sie mehrere Wörter aus Ihrem inneren Wortschatz: „Ich muß", „Ich soll", „Ich sollte". Diese Wörter gehören zu den Modalverben, das heißt, sie können (im Deutschen) erst in Verbindung mit einem anderen Verb ihre Aussagefunktion in einem Satz erfüllen (siehe auch Glossar *Modalverben*). Die oben genannten Modalverben sind nicht sehr angenehm und auch nicht sehr wirksam. Wenn sie es wären, müßten Sie sie nicht *immer wieder* gebrauchen.

Ersetzen Sie die genannten Modalverben durch: „Ich kann." So wird aus „Ich muß anrufen" ein „Ich kann diesen Anruf jetzt erledigen." „Ich kann" wirkt permissiver und aufbauend.

Vielleicht benutzen Sie diese Modalverben auch in der negativen Form: „Ich muß nicht", „Ich soll nicht", „Ich sollte nicht". Solche Formulieren schaffen Begrenzungen. Stellen Sie sich selbst die befreiende Frage, die Sie auch einem Kunden oder einer Kundin stellen, wenn Sie diese Worte bei ihm oder ihr hören: „Was würde geschehen, wenn ich es täte ... ?"

Finden Sie die hinter diesen Worten verborgenen Einschränkungen sowie mögliche Folgen heraus; sie sind vielleicht weniger wichtig als Sie denken.

Verbinden Sie die „Sirenen"-Strategie und die „Zuckerbrot"-Methode, um noch bessere Ergebnisse zu erzielen. Das kann Ihnen die Arbeit viel angenehmer machen.

„Etwas tun" und „etwas getan haben"

Die dritte der Strategien, die nicht gut funktionieren, besteht darin, sich vorzustellen, daß man die Arbeit tut. Bei einer Arbeit, die Sie nicht gerade besonders gern tun, können Sie sich vorstellen, wie es sein wird, wenn Sie die Arbeit *getan haben*. Fühlen Sie sich *im voraus* gut. Nehmen Sie die Freude vorweg, die Sie darüber empfinden werden, sobald die Arbeit aus dem Weg ist und Sie für neue Dinge frei sind. Sehen Sie die Aufgabe vor Ihrem inneren Auge als vollendet.

Wenn Sie die Arbeit als angenehm empfinden, stellen Sie sich vor, wie Sie die Arbeit tun. Fühlen Sie im voraus das Vergnügen, das Sie bei der Arbeit verspüren werden. Danach führen Sie die Arbeit tatsächlich aus.

Schließlich müssen Sie nicht die ganze Arbeit auf einmal machen, Sie können sie in kleinere Aufgaben unterteilen. Bedenken Sie auch folgendes: Wenn Sie eine Arbeit als Teil einer größeren Aufgabe sehen, ist das motivierender, und die kleinere Aufgabe fällt Ihnen dann leichter.

ARBEITSSTILE

Über Motivation nachzudenken heißt auch, die eigenen Arbeitsstile zu kennen, damit Sie Ihre Arbeit entsprechend Ihren Stärken organisieren. Es gibt so viel, was wir tun könnten, und so viele Informationen, die wir aufnehmen könnten, daß wir uns Filter zugelegt haben, um Dinge auszublenden, an denen wir nicht interessiert sind. Dasselbe können Sie bei Ihren Kunden beobachten. Diese Muster werden im NLP „Metaprogramme" genannt (siehe Glossar). Rodger Bailey entwickelte sie speziell für den Wirtschaftsbereich („Language and Behaviour Profile", LAB).

Metaprogramme sind von ihrer Struktur her sehr einfach. Denken Sie zum Beispiel an ein volles Glas Wasser. Stellen Sie sich jetzt vor, daß Sie die Hälfte davon trinken. Was ist übrig? Ist das Glas halb voll oder halb leer? Beides. Kein vernünftiger Mensch würde darüber streiten. Einige Menschen sehen sich eine Arbeit an und denken an die Vorteile, andere schauen sich dieselbe Arbeit an und sehen alle Nachteile. Keines dieser Muster ist besser als das andere, sie sind einfach unterschiedlich.

Einige Muster erscheinen uns naheliegend. Wahrscheinlich sind das unsere eigenen. Andere mögen verrückt erscheinen – weil es die Muster von anderen sind.

An dieser Stelle zwei Warnungen:
– Erstens können sich diese Muster je nach Kontext verändern. Mit anderen Worten, ein Mensch ist vielleicht in seinem Berufsleben sehr pessimistisch und sieht überall nur halbleere Gläser. (Das wird manchmal „downside planning" genannt, und Versicherungsgesellschaften beschäftigen gern solche Menschen, die sich fragen: „Was *könnte* hier schiefgehen?") Im Privatleben sind hingegen für diesen Menschen die meisten Gläser halb*voll*.
– Zweitens zeigen sehr wenige Leute diese Muster in ihrer extremen Form, sie sind vielmehr als *Tendenz* vorhanden, die Welt zu betrachten.

„Proaktiv" – „Reaktiv"

In diesem ersten Muster geht es um das eigene Handeln. Ein proaktiver Mensch initiiert Taten. Er stürzt sich hinein und handelt. Proaktive Menschen stimmen mit dem Werbespruch einer großen Sportfirma überein: „Just do it. (Mach es einfach.)" Der reaktive Mensch hält sich zurück, denkt nach und wartet, was andere tun.

Es gibt einen Witz über einen extrem reaktiven Menschen, der sehr religiös war und viel Geld verdienen wollte. Dieses Geld wollte er

dann an Wohltätigkeitsorganisationen weitergeben und gute Werke tun. Also betete er zu seinem Gott. Er betete fromm viele Jahre, und nichts geschah. Er war entmutigt. Eines Nachts erschien ihm sein Gott im Traum und sagte: „Hör mir zu, komm mir wenigstens auf halbem Weg entgegen, und kauf ein Lotterielos."

Verkaufen ist überwiegend ein proaktiver Beruf. Sie gehen nach draußen und nehmen Kontakt zu Menschen auf. Proaktive Kunden sind eher impulsive Käufer, reaktive Kunden zögern und denken nach (und kaufen vielleicht nie).

Denken Sie an Ihre Firma. Sie könnte voll von proaktiven Fachleuten sein, aber sie könnte aufgrund von wirtschaftlichem Druck eine reaktive Firmenkultur entwickelt haben. Es ist nicht ungewöhnlich, daß Firmen die Tugenden der Proaktivität rühmen und dann von Krise zu Krise schlittern. Sie müssen dann auf kurzfristige Notfälle reagieren, so daß die Leute im Verkauf, die eigentlich wegen ihrer Proaktivität eingestellt wurden, auf organisatorische Probleme reagieren müssen.

„Hin zu" – „Weg von"

Das ist ein Muster, das wir schon viele Male in unterschiedlichen Verkleidungen betrachtet haben. Menschen, die *hin zu* orientiert sind, sind zielorientiert. Sie bewegen sich auf etwas zu, das für sie einen Wert hat. Sie bleiben auf ihre Ziele fokussiert. Sie reagieren positiv auf Herausforderungen, bei denen die Leistung ihnen ein gutes Gefühl und einige Belohnungen einbringt. Reisen nach Übersee, besondere Veranstaltungen und andere Belohnungen motivieren Menschen, die sich *hin zu* orientieren – dazu gehören auch Anerkennung und Status. Das traditionelle System, das Verkaufsabschlüsse auflistet, monatliche Prämien vergibt und einen Wettbewerb um die Monatszahlen veranstaltet, ist vollständig auf diese Leute ausgerichtet. Kunden, die *hin zu* orientiert sind, kaufen, um etwas dabei zu gewinnen, und nicht, um ein Problem zu vermeiden.

Menschen mit dem Muster *weg von* sind motiviert, Verluste zu vermeiden. Sie bemerken Schwierigkeiten und sind besonders gut darin, Probleme im voraus zu identifizieren und zu lösen. Belohnungen und Anerkennung sind für diese Menschen nicht so wichtig; für Menschen, die *weg von* orientiert sind, sind Drohungen, Angst vor Entlassung und Gesichtsverlust eine wirksamere Motivation.

Hier zeigt sich wieder der alte Streit um Zuckerbrot oder Peitsche – welches ist die bessere Motivationsstrategie? Die Antwort heißt: beides, abhängig davon, welcher Typ in welchem Kontext motiviert werden soll.

Fachleute in Verkauf und Vertrieb sind zu einem hohen Prozentsatz *hin zu* orientiert. Bei Verhandlungen mit Kunden konzentrieren sie sich vorwiegend auf die Vorteile ihres Produkts. Denkt der Kunde jedoch *weg von*, dann führt ein Gespräch schneller zum Erfolg, wenn Sie sich über die Verluste unterhalten, die der Kunde erleidet, wenn er das Produkt nicht kauft. Eine Lebensversicherung kann Ihnen entweder Sicherheit im Ruhestand oder die Vermeidung von Not für die Familie im Falle Ihres Todes bieten. Wenn Sie wissen, ob ein Kunde *hin zu* oder *weg von* orientiert ist, zeigt Ihnen das, welche der zwei Tendenzen Sie betonen sollten.

Nicht wenige, die im Verkauf tätig sind und die *hin zu* denken, arbeiten für Vorgesetzte, die erwarten, daß alle anderen auf *ihren* Stil des *weg von* reagieren. Das heißt, diese Vorgesetzten benutzen hauptsächlich Drohungen, um ihre Mitarbeiter und Mitarbeiterinnen zu motivieren. Wenn das auch bei Ihnen der Fall ist, ist es um so wichtiger, daß Sie Ihre eigenen Ziele festsetzen und auf etwas Positives hinarbeiten. Sonst blockiert diese Art des Managements Ihre ganze Motivation und Energie.

Betrachten Sie sich noch einmal Ihre Firma. Ermutigt Ihre Firma bei den Mitarbeitern in Verkauf und Vertrieb die Einstellung *hin zu*,

reagiert sie aber andererseits auf den Markt und die Umstände, indem sie Verluste zu vermeiden sucht? Ergreift Ihre Firma Gelegenheiten, die der Markt bietet?

„Allgemein" – „Spezifisch"

Allgemein orientierten Menschen fällt es leichter, wenn Sie sich etwas als Gesamtbild ansehen. Sie möchten das ganze Projekt überblicken, sie denken und verstehen vom Gesamtkonzept her. Sie verwenden gern globale Begriffe. Sie würden ein Puzzle nicht beginnen, bevor sie das Bild auf dem Schachteldeckel gesehen und verstanden haben. Wenn Sie ihnen eine Teilaufgabe geben, sind sie demotiviert, sofern sie nicht erkennen können, wie sich ihr Teil in die Gesamtaufgabe einfügt. Sie konzentrieren sich häufiger auf das, „was" sie erreichen wollen, weniger auf das „wie". Bei einer Abfolge von mehreren Schritten lassen sie oft einzelne Schritte aus.

Spezifisch orientierte Menschen arbeiten sich zu dem Gesamtbild vor, indem sie kleinere Teile zusammensetzen. Für sie ist das Gesamtkonzept nicht nur unwichtig, es kann auch eine Ablenkung bedeuten. Diese Eigenschaft kann es den Personen erschweren, Prioritäten zu setzen. Sie reinigen noch die Rettungsboote, wenn das Schiff schon untergeht.

Stellen Sie sich vor, daß eine *spezifisch* orientierte Verkäuferin auf einen *allgemein* orientierten Kunden trifft. Es wird problematisch, wenn die Verkäuferin unbedingt im Detail über das Produkt und die Einzelheiten von Lieferung, Installierung und Provision sprechen will, während der Kunde eigentlich nur die allgemeinen Vorteile, die Kosten und allgemeine Informationen erfahren will. Wenn im umgekehrten Fall der Kunde *spezifisch* und die Verkäuferin *allgemein* orientiert sind, kann das zu Frustrationen beim Kunden führen. Dieser erhält nicht genügend Informationen, um seine Entscheidung treffen zu können, und die Verkäuferin ist verwirrt, da sie einen umfassenden Überblick gegeben hat.

Generell läßt sich sagen, daß Sie Ihr Produkt um so allgemeiner darstellen müssen, je höher die Hierarchieebene ist, an die Sie sich mit
Ihrem Verkauf wenden. Das ist einer der Gründe, warum einige Vertriebsleute oder Verkäufer gut mit Kontakten auf Geschäftsführer-
ebene zurechtkommen – für sie ist es natürlicher, das Gesamtbild zu
zeichnen.

„Optionen" – „Vorgehensweisen"

Dieses Muster ist im Verkauf besonders wichtig. An *Optionen* orientierte Menschen möchten die Wahl haben und Alternativen entwickeln können, manchmal sogar zwanghaft. Sie können vorzüglich
Systeme entwickeln, haben aber Schwierigkeiten, sich dann an ein
System zu halten, egal wie gut es ist. Für sie zählt die Freiheit, zu
wählen und anders zu sein. Auf *Optionen* ausgerichtete Menschen
werden einer Anleitung nie buchstabengetreu folgen, wie gut diese
auch sein mag.

An *Vorgehensweisen* orientierte Menschen andererseits eignen sich
gut für Routinearbeiten. Sie kümmern sich eher darum, *wie* etwas zu
tun ist, als daß sie nach dem Warum fragen. Ohne Routine fühlen sie
sich blockiert. Viele Arbeiten im Geschäftsleben sind nur als festgelegte Abläufe erfolgreich. Um nur einige Beispiele zu nennen: die
Buchführung, das Programmieren von Computern, das Steuern
eines Flugzeugs. Geld läßt sich im Geschäftsleben nur „machen",
wenn Vorgehensweisen eingehalten werden, die bereits zu Erfolg
geführt haben, die also „funktionieren" (und indem andere Pro-
zeduren erfunden werden, die genau so gut oder besser funktionieren).

Das führt besonders in Verkauf und Vertrieb zu einer paradoxen Situation: Die meisten Verkaufstrainings sind verfahrensorientiert,
ebenso die entsprechenden Skripten. Obwohl im Verkaufstraining
Verfahrensweisen entwickelt werden sollen, wird zugleich meist die

Idee vertreten, daß die Orientierung an *Optionen* besser ist. Der Verkaufsbereich zieht im allgemeinen Menschen an, die optionsorientiert sind, von denen dann aber gefordert wird, daß sie bestimmten Verfahrensweisen folgen.

Unser Verkaufstraining zielt darauf ab, einen gewissen festen Rahmen vorzugeben, innerhalb dessen Sie so kreativ sein können, wie Sie es sich wünschen. Und das gilt auch für ein gutes Skript: Es bildet einen flexiblen Rahmen, in dem Sie kreativ sein können.

„Innenorientiert" – „Außenorientiert"

Wie wissen Sie, daß Sie gute Arbeit geleistet haben? Denken Sie einmal kurz darüber nach. Es gibt darauf zwei extrem voneinander abweichende Antworten. Die erste lautet: „Ich weiß es einfach." Diese Antwort erhalten Sie von *innen*orientierten Menschen. Sie haben ihre eigenen Standards, und diese wenden sie an, um Handlungen zu vergleichen und um zu entscheiden, was sie tun. Innenorientierte Menschen bestehen darauf, selbst zu entscheiden, und sie leisten Entscheidungen, die andere für sie treffen, entschieden Widerstand. Sie werden oft als „stur" bezeichnet, sie haben unter Umständen Schwierigkeiten, Vorgesetzte zu akzeptieren, und sie brauchen sehr wenig Überwachung. Manchmal haben innenorientierte Menschen ein ungutes Gefühl, wenn sie Kunden beeinflussen sollen. Sie wollen, daß diese selbst entscheiden und sich so wenig wie möglich von außen beeinflussen lassen. Das kann man dann allerdings kaum „verkaufen" nennen.

Die zweite Antwort auf die oben genannte Frage, diesmal von einer *außen*orientierten Person, wäre: „Ich weiß, daß ich gute Arbeit geleistet habe, wenn andere das sagen." Außenorientierte Menschen brauchen einen Managementstil mit einem hohen Maß an äußerer Motivation, Lob und Führung.

Die Motivationsstrategien mit Zuckerbrot und Peitsche sind beide außenorientiert. Solche Menschen brauchen andere Menschen, damit diese ihnen die Grundlagen für ihre Entscheidungen und Handlungen liefern. Sie sind für Feedback sehr empfänglich und folgen gern genau festgelegten Grundregeln. Außenorientierte Menschen müssen geführt werden und brauchen Feedback zu ihrer Arbeit.

Die meisten Menschen liegen irgendwo zwischen diesen beiden Extremen: Sie haben innere Standards und schätzen außerdem Feedback von außen.

„Gemeinsamkeiten" – „Unterschiede"

Bei diesem Muster geht es darum, durch Vergleich herauszufinden, was gleich und was unterschiedlich ist.

Bei Leuten, die auf Unterschiede achten, spricht man davon, daß sie *mismatchen* (siehe Glossar). Sie möchten wissen, was bei Produkten unterschiedlich ist, und sie achten allgemein sehr auf Unterschiede. Sie lieben Veränderungen und sind schnell gelangweilt, wenn alles gleich bleibt. Häufig wechseln sie schnell ihre Arbeitsstellen.

Kunden mit diesem Muster wollen hören, daß ein Produkt „neu" und „anders" ist.

Leute, die auf das achten, was bei Menschen, Situationen und Ereignissen gleich bleibt, *matchen* (siehe Glossar). Sie behalten gern einen festen Arbeitsplatz, und sie lieben das Vertraute.

Das Muster in der Mitte zwischen den beiden genannten ist das häufigste: Gleichheit mit Ausnahmen. Der Verkauf ist ein gutes Beispiel dafür. Sie machen die gleiche Arbeit, aber an jedem Tag mit anderen Leuten.

„Unabhängigkeit" – „Nähe" – „Kooperation"

Dieses Muster betrifft in unserem Kontext vor allem berufliche Beziehungen. Viele Verkaufsjobs ziehen *unabhängige* Mitarbeiter und Mitarbeiterinnen an. Sie arbeiten gern und erfolgreich für sich allein, sie sind produktiv, und sie übernehmen Verantwortung für das Ergebnis.

Menschen, die *Nähe* bevorzugen, arbeiten gern da, wo auch andere sind. Sie arbeiten gut als Aufsicht für andere und lassen sich umgekehrt auch von anderen beaufsichtigen. Diese Menschen sind gute Verkaufsmanager und gute Mitarbeiter in Vertrieb und Verkauf, da sie mit anderen leicht Rapport herstellen können (siehe Glossar *Rapport*).

Kooperative Menschen arbeiten am besten mit anderen zusammen, mit denen sie die Verantwortung teilen. Sie arbeiten wirkungsvoll im Team. Die besten Verkaufsteams sind mit Menschen besetzt, die Kooperation und Nähe bevorzugen. Das bedeutet allerdings auch, daß sich dort nicht unbedingt die Verkäufer mit den besten individuellen Leistungen befinden.

Dies sind die Grundmuster einiger wichtiger Metaprogramme. Es handelt sich dabei aber eher um Tendenzen als um „alles oder nichts"-Zuordnungen. Es sind Beschreibungen und keine Erklärungen, und wenn Sie erkennen, daß ein Muster sehr genau auf Sie zutrifft, heißt das nicht, daß Sie keine Wahl haben und sich nicht auch anders verhalten können.

Sie *sind* nicht Ihr Verhalten, und Ihre Metaprogramme legen Ihr Verhalten nicht fest. Kein Muster ist grundsätzlich besser als ein anderes, es hängt immer davon ab, was Sie tun wollen.

Um diese Muster detaillierter kennenzulernen, ist auch Software erhältlich (siehe *Beratung*, Teil 6).

Allgemein werden von Verkauf und Vertrieb Fachleute angezogen, die sich „hin zu" ausrichten, außenorientiert und proaktiv sind sowie Nähe bevorzugen. Und wie wir gesehen haben, werden die in diesem Berufszweig Tätigen häufig mit Doppelbotschaften konfrontiert. Wichtig ist, daß *Sie* sich kongruent mit Ihrer Arbeit fühlen. Dies werden wir im nächsten Kapitel näher betrachten.

Kapitel 15
Sich mental vorbereiten

AUF KONGRUENZ ACHTEN

Kongruent zu arbeiten bedeutet, sich klar auf Ziele und Werte auszurichten. Wenn Sie kongruent sind, können Sie sicher sein, daß Sie kompetent sind. Ihre Kongruenz wirkt sich auf *die* Kunden aus, die – sei das nun angemessen oder nicht – ihren Eindruck von dem Verkäufer mit ihrem Eindruck von dem Produkt gleichsetzen. Wenn sie zu denen gehören, die das Produkt und seinen Repräsentanten voneinander getrennt sehen können, kaufen sie unter Umständen *trotz* und nicht wegen ihm. Würden Sie einem Süßigkeiten mampfenden, über 100 Kilo schweren Verkäufer ein Programm zur Gewichtskontrolle abkaufen?

Es ist außerdem wichtig, daß Sie bezüglich bestimmter Aspekte und Elemente Ihrer Arbeit kongruent sind. Dieses Kapitel zeigt Ihnen, wie Sie auf Ihre Kongruenz achten können. Sie können diesen Kongruenztest für jeden Bereich Ihres Lebens anwenden.

Denken Sie zuerst an eine Zeit, in der Sie vollständig in einer Arbeit aufgingen. Es kann irgend etwas sein und muß nicht mit Verkauf oder Vertrieb verbunden sein. Wenn Sie an diese Situation zurückdenken: Sehen Sie, was Sie damals sahen, hören Sie, was Sie hörten, und fühlen Sie, was Sie fühlten. Nehmen Sie wahr, wie sich Ihr Körper anfühlt. Wie ist das, wenn Sie sich ganz für etwas einsetzen? Für

viele Menschen ist das ein „tolles Gefühl". Für andere ist das eine ganz bestimmte innere Stimme. Finden Sie Ihr eigenes Signal heraus. Lernen Sie dieses Gefühl näher kennen. Es läßt sich unmöglich vortäuschen. Sie können sich nichts vormachen. Vielleicht bekommen Sie auch ein Signal, das Sie innerhalb einer Stufenfolge einzuordnen wissen. Je stärker das Gefühl, desto *kongruenter* sind Sie.

Der zweite Schritt bedeutet, daß Sie Ihr Signal für *Inkongruenz* finden.

Erinnern Sie sich an eine Zeit, in der Sie bei einer Aufgabe oder einem Projekt nicht voll engagiert waren. Sie waren inkongruent und erlebten eine „ja aber"-Situation. Wie fühlen Sie sich damit? Wie fühlt sich Ihr Körper an, welche inneren Bilder und Geräusche nehmen Sie wahr? Manche Menschen hören in dieser Situation innerlich eine Stimme voller Zweifel. Dieses Signal ist Ihr Freund. Es warnt Sie, daß etwas an dieser Situation noch nicht stimmt.

Denken Sie jetzt an den Teil Ihrer Arbeit, den Sie auf Kongruenz überprüfen möchten. Fragen Sie sich zum Beispiel: „Bin ich, was dieses Treffen angeht, kongruent?" Achten Sie genau auf Ihr persönliches Signal. Wenn kein Kongruenzsignal kommt oder wenn das Signal für Inkongruenz auftaucht, kann Ihnen das als Warnung dienen, daß Sie noch nicht vollständig vorbereitet sind. Ist das der Fall, müssen Sie sich noch einige Fragen stellen und mit sich verhandeln, so als wären Sie sowohl Verkäufer als auch Kunde. Es gibt offensichtlich noch Persönlichkeitsanteile in Ihnen, die noch nicht hinter dem stehen, was Sie tun wollen.

- Was müßten Sie noch tun, um sich bei dieser Aufgabe kongruent zu fühlen?
- Haben Sie genügend Zeit zur Vorbereitung?
- Fühlen Sie sich durch die Aufgabe unter Druck gesetzt?
- Müßten Sie an dieser Stelle nein sagen?
- Kennen Sie das Produkt gut genug?

Finden Sie heraus, was Sie tun müssen, um kongruent zu werden. Manchmal benötigen Sie noch eine spezielle Vorbereitung, oder Sie müssen sich noch um spezielle Bedingungen kümmern.

VORBEREITUNG FÜR BESPRECHUNGEN

Der Erfolg einer Verkaufsbesprechung hängt von der Qualität Ihrer Vorbereitung ab. Sie können sich auf zwei Arten vorbereiten. Die Berücksichtigung von beiden trägt zu Ihrer Kongruenz und Effektivität bei dem Treffen bei:

1. *Praktische Vorbereitung*: Bereiten Sie das schriftliche Material gründlich vor, und kommen Sie pünktlich. Manche Vorgesetzte erwarten sonst nichts von Ihnen.

2. *Mentale Vorbereitung*: Mentales Üben wird von nahezu allen Spitzenkräften in jedem uns bekannten Tätigkeitsbereich praktiziert.

Mentales Üben heißt, daß Sie sich mit allen Sinnen vorstellen, wie Sie sich das Treffen wünschen. Vergegenwärtigen Sie sich mental Bilder, die den Erfolg wiedergeben, dann wird ihr Geist für den Erfolg, den Sie sich vorgestellt haben, in der Realität sorgen. Wir alle wissen, wie wir mit unseren Erwartungen selbsterfüllende Vorhersagen schaffen („self-fulfilling prophecies").

Glauben Sie daran, daß Sie versagen, dann wird es wahrscheinlich eintreten. Planen Sie den Erfolg, und er wird eintreffen, sofern dies grundsätzlich im Bereich des Möglichen liegt.

Mentales Üben für den Erfolg

Dies ist ein einfacher Prozeß mentalen Übens, der von vielen Spitzenkräften angewendet wird:

- Stellen Sie sich Ihren größten Erfolg vor, in einer Zeit, in der Sie sich bei dem, was Sie machten, gut fühlten, als Sie zuversichtlich waren und alles gut lief. Es muß kein Verkaufsgespräch sein.

- Betrachten Sie zweitens die Dinge, die charakteristisch für diese Szene sind. Nehmen Sie aufmerksam die Szene wahr, die Sie in Ihrem Geist aktualisiert haben, und beschreiben Sie diese für sich selbst. Betrachten Sie Ihr inneres Bild:

  Beobachten Sie von außen sich selbst in der Szene, oder sind Sie Bestandteil des Bildes und sehen alles mit eigenen Augen?
  Wie groß ist Ihr mentales Bild?
  Wie hell ist es?
  Ist es ein bewegliches Bild oder ein Standbild?
  Ist es farbig oder schwarzweiß?
  Wo im Raum befindet sich das Bild, um Sie herum? Auf einer Seite? Ist das Bild scharf oder verschwommen?
  Ist es zwei- oder dreidimensional?
  Was fällt Ihnen sonst an dem Bild auf?

- Schreiben Sie diese Merkmale Ihres zuversichtlichen, inneren Bildes auf. Die Unterscheidungen in Ihrem Bild werden im NLP *visuelle Submodalitäten* genannt.

  Jetzt achten Sie auf Geräusche in Ihrer Erinnerung an diese Szene.
  Hören Sie Stimmen oder Klänge oder beides?
  Wo etwa kommen die Geräusche her?
  Wie laut sind die Geräusche?
  Ist ein Rhythmus herauszuhören?
  Sind sie lauter oder leiser als normal?

Wenn Stimmen zu hören sind, was sagen sie und in welchem Tonfall?

- Schreiben Sie diese Merkmale auf. Es sind die *auditiven Submodalitäten*.

Ihr Geist stattet die Bilder von Erfolg auf Ihre spezifische Weise aus. Um also mental für den Erfolg in der *Zukunft* zu üben, stellen Sie sich diese zukünftige Szene genau so vor wie Ihren Erfolg in der Vergangenheit. Sie haben nämlich gerade durch die Übung entdeckt, wie Ihr Gehirn Ihre Erfolge kodiert.

Wenn Sie uns nicht glauben, sollten Sie sich an eine weniger angenehme Erfahrung erinnern, eine, die Sie lieber vergessen würden. Achten Sie darauf, inwiefern sich das Bild unterscheidet. Es kann dunkler und kleiner sein und sich an einer anderen Stelle im Raum befinden. Vielleicht gehören andere Geräusche dazu. Sollte Ihnen ein böser Geist die Bilder vertauschen, könnten Sie nur durch Sehen und Hören erkennen, welches das erfolgreiche war, ohne daß Sie ein Wort verstehen müßten. Natürlich wird die wirkliche Szene anders sein, und andere Personen werden beteiligt sein, aber Sie werden auch anders darüber denken.

Denken Sie jetzt an den bevorstehenden Besprechungstermin genau auf die Weise, wie Sie an Ihren Erfolg gedacht haben. Wenn die Erinnerung an den Erfolg groß und hell war, üben Sie das Treffen, indem Sie es in den Rahmen eines großen, hellen Bildes einpassen. Gleichen Sie das bevorstehende Treffen dem Rahmen für die Erinnerung Ihres Erfolges an (im NLP nennt man das *Reframing*; siehe Glossar). Beobachten Sie dann sich selbst bei diesem Treffen, so als ob Sie einen Videofilm ansehen. Stellen Sie das Video selbst zusammen, und verändern Sie es nach Wunsch. Sie sind der Hauptdarsteller. Sehen Sie sich selbst in dem Film. Lassen Sie ihn so ablaufen, wie Sie es haben wollen. Hören Sie auf den Soundtrack. Achten Sie auf die Antworten der Kunden. Spielen Sie sich die schwierigen Fragen

vor, die kommen werden. Beobachten Sie sich, wie Sie Ihr Ziel leicht und voller Zuversicht erreichen. Beobachten Sie, wie alles bis zum Ende abläuft und Sie wirklich zufrieden sind.

Wenn Sie dann mit Ihrem eigenen inneren Film zufrieden sind, treten Sie in ihrer Vorstellung in den Film hinein. Sie *assoziieren sich* sozusagen mit Ihrem mentalen Bild. Sehen und hören Sie das Treffen, als ob Sie dabei wären. Zuvor hatten Sie nur die Perspektive einer Fliege an der Wand, die sich vergewisserte, daß alles in Ordnung war. Jetzt sind Sie dort und handeln so, wie Sie es sich vorgenommen haben, Sie sprechen so, wie Sie es vorbereitet haben. Wenn Sie zu irgendeinem Zeitpunkt unzufrieden sind, treten Sie aus dem inneren Video heraus und ändern den Film, bis Sie zufrieden sind. Dann gehen Sie wieder hinein. Um möglichst viel von diesem mentalen Video zu profitieren, müssen Sie assoziiert in Ihrem mentalen Film sein (siehe auch Glossar *Assoziieren*).

Trotz dieser Übung haben Sie natürlich keinen Einfluß darauf, was der Kunde sagt und tut, aber Sie können *Ihr* Verhalten ändern und damit auch das des Kunden beeinflussen, wenn Sie ihm begegnen.

Als nächstes planen Sie den Besprechungstermin unter Berücksichtigung aller möglichen Perspektiven (der drei *Wahrnehmungspositionen,* siehe auch Glossar). Stellen Sie so viele Stühle auf, wie Sie Personen erwarten, und stellen Sie diese etwa dahin, wo sie sich während der Besprechung voraussichtlich befinden werden. Dann nehmen Sie Ihren Platz ein. Obwohl bei diesem Üben Ihr Büro, die Anordnung Ihres Schreibtischs und die räumliche Situation anders als bei dem wirklichen Treffen sind, können zumindest Sie selbst „so tun, als ob", um die Situation möglichst realistisch zu gestalten. Dann planen Sie das Treffen aus Ihrer Sicht (aus der *ersten Position*). Wenden Sie dabei die Erkenntnisse aus der vorangegangenen Übung an. Legen Sie fest, was Sie erreichen wollen, wie Sie wissen werden, daß Sie es erreicht haben, wie Sie sich verhalten werden, wie Sie das Treffen aufbauen und was Ihnen sonst zur Planung nützlich erscheint.

Haben Sie die nötigen Informationen aus der ersten Position, nehmen Sie beispielsweise den Platz einer Kundin ein und versetzen sich in ihre Lage (das ist die *zweite Position*). Jetzt planen Sie das Treffen aus dieser zweiten Position. Was sind meine Wünsche, Bedürfnisse und Werte *als Kundin*? Was erwarte ich? Wenn Sie die Haltung der Kundin zu dem Treffen in Betracht ziehen, finden Sie zu Aspekten und Gedanken, die Ihnen nie in den Sinn gekommen wären, wenn Sie das Treffen nur aus Ihrer eigenen Position betrachtet hätten.

Wenn Sie die Informationen der zweiten Position zusammengetragen haben, stellen Sie sich neben die Stühle und übernehmen die Rolle des distanzierten Filmregisseurs (der *dritten Position*). Aus dessen Sicht sagen Sie voraus, was sich aufgrund der Pläne und Absichten, die Sie in der ersten und zweiten Position erhalten haben, zwischen diesen zwei Personen abspielen könnte. Wahrscheinlich wissen Sie zu diesem Zeitpunkt, was Sie bei Ihrem Vorgehen verbessern könnten. Seien Sie Ihr eigener Berater. Kehren Sie mit diesem Rat zu dem Stuhl der ersten Position zurück, und planen Sie das Treffen um. Natürlich können Sie das auch „im Kopf" ausführen, ohne die Stühle.

Für einen guten emotionalen Zustand sorgen

Der wichtigste Faktor für Ihren Erfolg bei einem Verkaufsgespräch wird ihr eigener emotionaler Zustand sein. Wie wollen Sie sich fühlen? Denken Sie an die Prinzipien zur Zielfestlegung (siehe Kapitel 3). Wenn Sie denken: „Ich will nicht nervös sein", was glauben Sie, wie Sie sich fühlen werden?

Viele Verkäufer antworten vielleicht, daß Sie Selbstvertrauen spüren möchten. Selbstvertrauen entsteht vor allem aus einer guten Vorbereitung. Fragen Sie sich: „Verdiene ich es, Erfolg zu haben?" Sie müssen Ihre Materie kennen. Ist das nicht der Fall, haben Sie zu

Recht ein ungutes Gefühl. Worüber Sie noch nachdenken sollten, ist die Frage, wie oft Sie Erfolg haben müssen, um Selbstvertrauen zu empfinden. Einmal? Zweimal? Dreimal? Öfter? Nie? Viele Leute, viele unterschiedliche Meinungen. Denken Sie über diese Frage nach, falls Sie zu denen gehören, die sich jedes Mal beweisen müssen, wenn Sie vor andere Menschen treten.

Es gibt einen einfachen Prozeß, der es Ihnen möglich macht, bei einem schwierigen Treffen in einen ressourcenreichen Zustand zu kommen und Selbstvertrauen oder welches Gefühl auch immer zu verspüren (siehe Glossar *Ressourcen*). Der Prozeß funktioniert nach dem sogenannten „Achterbahnprinzip". Stellen Sie sich vor, Sie sind in der Achterbahn an dem höchsten Punkt (Sie können sich auch in einem Karussell vorstellen, wenn Sie noch nie Achterbahn gefahren sind). Jetzt erleben Sie, wie das ist, hinunterzusausen, Sie sehen, was Sie sahen, hören, was Sie hörten und huuuuu ... fühlen, was Sie fühlten. Jetzt sind Sie natürlich nicht wirklich in einer Achterbahn. Aber Sie können die Gefühle weitgehend wieder wach werden lassen.

Fantasierte und wiederbelebte Erinnerungen können im Hier und Jetzt reale Gefühle auslösen. Um dieses Prinzip zu Ihrem Nutzen einzusetzen, müssen Sie sich nur an eine Zeit erinnern, in der Sie zuversichtlich waren, und dann diese Gefühle für sich einsetzen. Es muß nicht die gleiche Situation, also eine Verkaufsbesprechung sein. Es kann irgendeine Situation sein. Sie wollen das *Gefühl* aktivieren, nicht die *Situation*.

Wenn Sie glauben, daß Sie sich noch nie sicher fühlten, sind Sie da wirklich sicher? Ganz bestimmt? Sind Sie ganz sicher, daß Sie sich noch nie sicher gefühlt haben? Wenn ja, dann nehmen Sie *dieses* Gefühl von Sicherheit – also sicher zu sein, daß Sie sich noch nie sicher gefühlt haben.

Der erste Schritt besteht nun darin, an eine Situation in der Vergangenheit zu denken, als Sie sich so fühlten, wie Sie es sich bei dem be-

vorstehenden Treffen imaginieren. Versetzen Sie sich so intensiv wie möglich in diese Erinnerung. Sehen Sie, was Sie damals sahen, hören Sie, was Sie damals hörten, und fühlen Sie, was Sie fühlten, so stark wie möglich. Und dann kommen Sie wieder in die Gegenwart zurück.

Als nächstes entscheiden Sie, welche Assoziation oder welchen Auslöser Sie wählen wollen, der Sie an dieses Gefühl erinnert. Im NLP wird das als *Anker* benannt (siehe Glossar). Wir können bewußt irgendwelche Assoziationen schaffen, um die gewünschten Gefühle hervorzurufen, anstatt zufällig auf Anker aus unserer Umwelt zu reagieren. Beispiele für Anker, auf die wir täglich reagieren, sind Verkehrsampeln, das Klingeln des Telefons und die Polizeisirene. Werbeleute versuchen durch gezielten Einsatz von Bildern und Klängen ein Produkt mit guten Gefühlen zu verbinden (zu „ankern").

Sie können auch Anker für sich selbst schaffen. Ein Manager hängte ein Bild in seinem Büro verkehrt herum auf. Immer wenn sein Blick darauf fiel, wurde er daran erinnert, daß er Dinge auch etwas anders sehen konnte und daß etwas nicht so vorhersehbar sein mußte, wenn er es zuließ. Ein anderer hängte ein Hufeisen an die Wand. Wenn man ihn fragte: „Sie sind doch sicher nicht so abergläubisch und glauben, daß ein Hufeisen Glück bringt?", dann antwortete er: „Natürlich nicht!" Auf die Frage, warum das Eisen dann an der Wand hinge, pflegte er zu antworten: „Weil es hilft!"

Wählen Sie Ihre persönlichen drei Anker:
- *Ein visueller Anker* ist etwas, was Sie vor Ihrem inneren Auge sehen können, zum Beispiel ein Symbol oder eine konkrete Szene, verbunden mit Ihrer Erinnerung.
- *Ein auditiver Anker* ist ein hörbarer Ausdruck oder ein Wort, etwas, das Sie sich selbst sagen können. Wenn es ein Wort ist, sollten Sie darauf achten, daß in der Stimme die Zuversicht, die Sie spüren wollen, zum Ausdruck kommt.

- *Ein kinästhetischer Anker* ist eine kleine, unauffällige Geste. Einige Menschen machen eine Faust oder bringen zwei Finger zu einer bestimmten Haltung zusammen, um sich an etwas Unterstützendes zu erinnern.

Danach versetzen Sie sich vollständig in die Erfahrung des gewünschten ressourcenreichen Zustands zurück. Sehen Sie, was Sie sahen, hören Sie, was Sie hörten, und spüren Sie Ihre Gefühle. Es kann hilfreich sein, wenn Sie Ihren Körper in dieselbe Position bringen wie damals (falls es angemessen erscheint). Wenn Sie den ressourcenreichen Zustand völlig erreicht haben, verbinden Sie Ihre drei Anker mit diesem Eindruck: Sehen Sie das Bild, hören Sie das Geräusch oder das Wort, und machen Sie die Geste. Dann gehen Sie aus diesem Zustand heraus, und denken Sie an etwas anderes.

Testen Sie nun Ihre Anker. Sehen Sie das Bild, hören Sie das Geräusch, machen Sie die Geste, und beachten Sie, wie damit das ressourcenreiche Gefühl zurückkommt. Sind Sie noch nicht zufrieden mit der Wirkung, gehen Sie zum vorhergehenden Schritt zurück und verbinden die Anker wieder mit dem ressourcenreichen Zustand. Tun Sie das so oft wie nötig, so daß die Anker jedes Mal die ressourcenreiche Empfindung zurückbringen.

Üben Sie Ihre Besprechung mental, indem Sie Ihre eigenen Assoziationen nutzen. Sie können sie dann einsetzen, um sich zu Beginn des Treffens in einen ressourcenreichen Zustand zu bringen. Oder nutzen Sie sie als Erholungsstrategie, wenn während des Treffens etwas danebengeht.

Ankern und der Einsatz ihrer ressourcenreichen Zustände ist eine Fertigkeit, die mit etwas Übung immer leichter fällt. Bei manchen Menschen ist die Wirkung schon beim ersten Mal dramatisch effektiv. Wir leben in einer Kultur, die glaubt, daß Gefühle willkürlich sind und meist durch andere Leute verursacht werden. Diese

„Achterbahn"-Technik ist ein Weg, um etwas Kontrolle über Ihre Gefühle zu bekommen, um wählen zu können, was Sie fühlen, und nicht der Situation und anderen Menschen ausgeliefert zu sein.

MENTALE EINSATZBESPRECHUNG

Jeder macht Fehler. Der Trick besteht darin, aus Fehlern zu lernen, damit Sie denselben Fehler nicht zweimal machen. Dieser Abschnitt zeigt Ihnen, wie Sie eine Besprechung abschließen können und wie Sie das Treffen noch einmal analysieren können, um daraus zu lernen. Machen Sie das innerhalb von 24 Stunden nach dem Treffen, solange die Erinnerung noch frisch ist. Der Prozeß wird etwa zehn Minuten in Anspruch nehmen.

Suchen Sie sich eine ruhigen Raum, in dem Sie voraussichtlich nicht gestört werden. Lassen Sie das Treffen innerlich noch einmal wie ein Video ablaufen, sehen Sie, was Sie sahen, hören Sie, was Sie hörten, spielen Sie es noch einmal durch – wie die Zusammenfassung der Höhepunkte eines Sportereignisses. Wenn Sie das tun, werden Ihnen Stellen auffallen, an denen Sie gern mehr Wahlmöglichkeiten gehabt hätten. Behalten Sie diese im Gedächtnis. Danach spielen Sie Ihr Video noch einmal ab, und gehen Sie zurück an die Stellen, an denen Sie gern mehr Wahlmöglichkeiten hätten: Halten Sie dort Ihr mentales Video an. Das kann ein Punkt sein, an dem Sie etwas taten, was den Verkauf behinderte. Vielleicht war Ihr Verhalten in Ordnung, und Sie möchten es noch *besser* machen. Es mag alles in Ordnung gewesen sein, Sie möchten aber *weitere* Möglichkeiten erkunden.

Nachdem Sie das „Video" ausgewertet haben, treten Sie mental heraus, nehmen einen distanzierten Standpunkt ein und beobachten

sich an dieser Stelle des Treffens. Jetzt verändern Sie diesen Abschnitt kreativ und beobachten sich, wie Sie etwas anderes tun, etwas Besseres, etwas Passenderes.

Wenn Sie zufrieden sind, versetzen Sie sich mental wieder in das Video hinein und üben dieses neue Verhalten in der entsprechenden Situation. Machen Sie sich einen Spaß daraus, zu „schauspielern", wie es hätte sein können. Während Sie das tun, überprüfen Sie, ob es nun die gewünschte Wirkung hat. Wenn Sie merken, daß etwas noch nicht stimmt, kommen Sie heraus, denken sich eine weitere Alternative aus, beobachten sich, wie Sie das tun und gehen noch einmal durch den Prozeß. Das tun Sie, bis Sie von jedem Standpunkt aus voll zufrieden sind, sowohl von dem Blickwinkel, von dem aus Sie sich beobachten, als auch von dem Blickwinkel, aus dem Sie es tatsächlich tun.

Es hat sich noch nicht so abgespielt, aber nächstes Mal ...

Gehen Sie das gesamte Treffen auf diese Weise durch, und lernen Sie so viel wie möglich daraus. Die Schlüsselfrage, die Sie sich während dieses Prozesses immer wieder stellen, lautet: „Was würde ich beim nächsten Mal anders machen?"

Nehmen Sie Ihr mentales Video, und heben Sie es an einem sicheren „Ort" auf. Sie müssen nicht die ganze Zeit daran denken, damit sich die neuen Wahlmöglichkeiten auf Ihr Verhalten auswirken.

Entwicklungspläne

Es ist zu hoffen, daß Ihre Firma es als ihre Aufgabe ansieht, Ihnen Zeit und Geld zur Verfügung zu stellen, damit *Sie Ihre* Fertigkeiten trainieren und entwickeln können und Ihre Karriere voranbringen. Leider tun manche das nicht. Trainings können vorrangig unter dem Gesichtspunkt der Kosten und nicht als Investitionen betrachtet werden. Und wenn Mittel vorhanden sind, konzentriert man sich oft

darauf, *die* Fertigkeiten zu trainieren, die Sie in Ihrer *jetzigen* Position brauchen. Man denkt kaum daran, Fertigkeiten zu fördern, die auf der *nächsten* Stufe der Karriereleiter erforderlich sind.

Unabhängig davon, ob Ihre Firma Sie bezüglich Weiterbildung und Entwicklung unterstützt, ist es vernünftig, wenn Sie selbst die Verantwortung dafür übernehmen. Dann haben Sie selbst die Kontrolle darüber.

Jede Arbeit erfordert eine Kombination verschiedener Fertigkeiten. Diese sind wie Glieder in einer Kette, die zusammengefügt das Endprodukt ergeben. Ungücklicherweise sind nicht viele von uns in allen Bereichen unserer Arbeit gut, nicht alle Glieder in unserer Kette sind stark. Einige der benötigten Fertigkeiten erfordern etwas mehr Mühe. Manche Menschen versuchen die schwachen Glieder zu kompensieren, indem Sie ihre Stärken betonen. Wenn ein Verkäufer bei Erstkontakten nicht so gut ist, steigert er sich vielleicht bis zu seinen Verkaufsabschlüssen um so mehr. Nach seiner Logik erschließt er zwar nicht so viele Chancen, aber diejenigen, die er erschließt, werden von ihm auch zum Abschluß geführt.

Am Ende dieses Buches finden Sie einen Plan mit Übungen zum Aufbau von Fertigkeiten und Trainingsmöglichkeiten, wenn Sie sich über eigene Stärken hinaus zusätzlich weiterbilden möchten. Beim Training geht es darum, Fertigkeiten unter geschützten Umständen zu trainieren, damit sie für die Situation mit den Kunden wie eine Art zweite Natur werden. Wenn wir immer wieder üben, müssen wir immer weniger bewußt darauf achten, was wir tun. Von einer „bewußten Inkompetenz" entwickeln wir uns eine „unbewußte Kompetenz", bei der wir nicht mehr über das nachdenken müssen, was wir tun, sondern es einfach tun. Auf dieser Ebene meistern Sie die Dinge, für die Sie sich entschieden haben.

TEIL 4
VERKAUFSMANAGEMENT

Kapitel 16
Führen und Leiten

Im Management sind Verkaufsfertigkeiten notwendig, aber sie allein reichen nicht aus. Eine aufbauende Umgebung zu schaffen, in der die Mitarbeiter und Mitarbeiterinnen quantitativ und qualitativ gute Leistungen erbringen, erfordert Fähigkeiten, an die manche solange nicht einmal dachten, bis sie auf den Managerstuhl befördert wurden, den Titel und die entsprechenden Aufgaben übernahmen.

Wir konzentrieren uns im folgenden auf drei Aspekte, die dazu beitragen, ein „erfolgreicher" Manager zu werden:
- Was trägt NLP zu einem effektiven Management bei?
- Wie lassen sich die Fertigkeiten des Selbstmanagement in einer Organisation anwenden?
- Welche Auswirkungen hat der neue Markt auf das Verkaufsmanagement?

Als Manager oder Managerin brauchen Sie die Fähigkeit, Verkauf und Vertrieb aus einem weiten, organisatorischen Blickwinkel zu sehen. Sie müssen sich der ersten Position bewußt sein: dem Standpunkt des im Verkauf Tätigen (siehe Glossar *Wahrnehmungspositionen*). Sie müssen sich der zweiten Position bewußt sein: dem Standpunkt der Kunden. Und insbesondere müssen Sie die dritte Position einnehmen und den gesamten Prozeß überschauen können. In vieler Hinsicht setzt das Management genau die organisatorischen Fertigkeiten ein, die wir bereits zuvor erläutert haben:

Ziele vorgeben, Prioritäten setzen, das Ziel in überschaubare Aufgaben unterteilen sowie die Ressourcen kennen, um die Teilaufgaben zu erledigen. Diese Fertigkeiten müssen jedoch offensichtlich hier in einem größeren Rahmen angewendet werden (siehe Glossar *Reframing*).

Verkaufsmanager und Verkaufsmanagerinnen verdienen oft weniger als einige der ihnen unterstellten Kollegen. Sie arbeiten länger und unter größerem Streß für weniger Anerkennung. Dagegen können sich die Verkauf- und Vertriebsleute eindeutig auf das konzentrieren, was sie mit ihrer Arbeit erreichen wollen, und stärker persönliche Ziele berücksichtigen. Für Manager haben die Bedürfnisse und Ziele der Firma sowie das Wohlergehen ihres Verkaufsteams Vorrang. Als Manager können Sie nicht mehr nur an sich denken und Leistungen an Ihren persönlichen Vorteilen messen. Ihre Aufmerksamkeit, Ihr Interesse und Ihre Teilnahme müssen bis in den letzten Winkel der Firma reichen.

Ein Verkaufsmanager muß auch die Balance finden zwischen Reaktionsfähigkeit – also der Fähigkeit, bei Ereignissen und Notfällen zu reagieren – und Proaktivität – also der Fähigkeit, Aktionen zu initiieren. Andere werden seinem Vorbild folgen (siehe Glossar *Modelling*).

Viele Fachleute streben nach einer Position im Management, da dies der natürliche Verlauf zu sein scheint. Einige sehen darin die Chance, daß sie zur Abwechslung einmal *anderen* Leuten sagen können, was sie zu tun haben. Es ist wichtig, daß Sie sich über Ihre Motive im klaren sind, wenn Sie einen Managementposten anstreben. Wenn Sie Manager geworden sind und dann merken, daß Ihnen das nicht gefällt, können Sie in derselben Firma nur schlecht wieder in den Verkauf zurück. Fragen Sie sich:

„Was erwarte ich mir wirklich von dem Posten als Verkaufsmanager/Verkaufsmanagerin?"

Denken Sie über Ihre Ziele nach, wenn Sie das nicht schon vorher getan haben (siehe Kapitel 13). Fragen Sie sich dann: „Was ist für mich an einer Position in der Verkaufsleitung wirklich wichtig?" Machen Sie sich Ihre eigenen Werte als Verkaufsmanager klar.

DIE FÜHRUNG ÜBERNEHMEN

Laotse schreibt: „Bei einem großen Führer werden die Leute sagen: ‚Wir haben es selbst geschafft.'"

Zunächst ist ein Manager eine Führungsperson. Der Manager ist wie jemand, der eine Schneise durch den Wald schlägt, um voranzukommen. Ein Führer steigt auf einen Baum, sieht sich um und könnte sehr wohl rufen: „Falsche Richtung!" Sie führen andere, und um das gut zu tun, müssen Sie sich selbst führen. Manager sehen sich zwei Hauptaufgaben gegenüber: erstens klar herauszuarbeiten, was die Firma zu erreichen versucht; zweitens eine aufbauende Umgebung zu schaffen, in der die Mitarbeiter und Mitarbeiterinnen ihre persönlichen Ressourcen und Qualitäten voll ausschöpfen können und Bestleistungen erbringen.

Ihre größte Ressource ist Ihr Team. Die Mitarbeiter in Verkauf und Vertrieb sind sehr kostbar, und Sie müssen sich um sie kümmern. Behandeln Sie Ihre Mitarbeiter immer so, wie diese Ihrer Meinung nach Ihre besten Kunden behandeln sollten – dann werden sie das auch tun. Das Weiterbildung und das Neueinstellen von Fachleuten für Verkauf und Vertrieb kostet viel, und gute Leute sind schwer zu finden. Führungsqualität bedeutet zunehmend Aufbau von Teams, in denen sehr unterschiedliche Menschen an einem Strang ziehen, so daß sich ihre Unterschiede als Stärke erweisen und nicht als Grund für Meinungsverschiedenheiten. Ein guter Anführer fördert die Entwicklung anderer, damit auch diese führen können.

Führungsqualitäten erwachsen aus Kongruenz. Wenn Ihre Ziele und Werte übereinstimmen, sind Sie einflußreicher und können mehr erreichen. Teams zerbrechen, wenn die Mitglieder widerstreitende Interessen haben. Genauso können Sie nur schwer Erfolg haben, wenn Ihre Persönlichkeitsanteile in verschiedene Richtungen ziehen. Im Sport wird gewöhnlich *der* Teilnehmer Sieger, der mit all seinen Körperkräften auf sein Ziel hinstrebt: Der kleinste Fehler kann entscheidend sein, vielleicht ist es nur eine Zehntelsekunde, aber genau die trennt den Sieger von den Konkurrenten.

Führung ist ein emotional gefärbtes Wort, und gewöhnlich werden damit nur militärische Vorstellungen von Charisma und von gewonnenen und verlorenen Schlachten verbunden. Wie auch immer, Menschen „marschieren" nun einmal lieber mit Ihnen, wenn Sie *ihre* Werte mit ihnen teilen, als wenn sie nur einem Befehl folgen müssen. Mit den besten Anführern haben Sie möglicherweise Eigenschaften wie Intelligenz, Engagement, Energie, Integrität und Glaubwürdigkeit gemeinsam. Verkäufer und Vertriebsleute auf dem neuen Markt brauchen Leitungspersonen mit genau diesen Eigenschaften.

Ein Manager steht im Dienst der Kollegen. Die alte Pyramide für das Management wird auf den Kopf gestellt. Die Pyramide verläuft nicht mehr von einer breiten Basis nach oben, von der aus alle den Manager an der Spitze unterstützen, die Pyramide balanciert vielmehr auf ihrer Spitze. Die Manager, vom Vorstandsvorsitzenden abwärts, dienen den Fachleuten unter ihnen. Und die Firma dient den Kunden.

Glaubenssätze

Was Sie von den Menschen denken, beeinflußt die Art und Weise, wie Sie mit ihnen umgehen. Obwohl wir Glaubenssätze gewöhnlich nicht als Ressourcen betrachten, bringen wir hier vier hilfreiche Glaubenssätze (siehe Glossar *Glaubenssätze*). Sie sind die grund-

legenden Prinzipien des NLP. Sie können wahr sein oder nicht, das läßt sich nicht beweisen. Handeln Sie so, als wären sie wahr, und achten Sie auf die Ergebnisse. Unsere Glaubenssätze funktionieren wie sich selbst erfüllende Prophezeiungen. Ob Sie daran glauben, daß Sie etwas können oder nicht können – in jedem Fall *haben Sie recht.*

1. *Wir handeln alle aus einer positiven Absicht heraus.* Das bedeutet, daß unsere Handlungen in unserem Bezugsrahmen voll verständlich sind. Wir alle machen Fehler, die wir erst im nachhinein erkennen. Wenn uns auch unser Handeln im nachhinein und von außen betrachtet unsinnig erscheinen mag, angesichts der Glaubenssätze und Ideen, die wir hatten, erschienen sie *zum gegebenen Zeitpunkt* vernünftig und als die beste Wahl. Jemand, der herumtappt und mit einer imaginären Pistole auf Leute schießt, sieht verrückt aus, solange Sie nicht merken, daß er einen Cyberspace-Helm auf dem Kopf trägt. Auch ohne die Hilfe eines solchen Helms können wir in unserem Kopf sehr bizarre Realitäten erschaffen!

2. *Wir alle haben die für eine Aufgabe nötigen Ressourcen oder können diese erwerben.* Ohne diese Überzeugung sind das Delegieren von Aufgaben und das Abgeben von Verantwortung eine nervenaufreibende Angelegenheit. Sie müssen vertrauen können. Wenn Sie nur Mikromanagement betreiben und zögernd delegieren, übermitteln Sie Ihren Mitarbeitern die Botschaft, daß sie inkompetent sind. Und das ist der schnellste Weg zu einem Magengeschwür oder ähnlichem.

3. *Niemand hat die Absicht, schlechte Arbeit zu leisten.* Das steht in enger Verbindung mit den ersten zwei der gennanten Überzeugungen. Wenn Sie glauben, daß die Leute arbeiten wollen, daß sie ehrlich sind und etwas leisten wollen, dann schaffen Sie eine Umgebung, in der es die Kollegen freiwillig zu guten Leistungen bringen.

4. *Es gibt kein Versagen, nur Feedback.* Versagen ist *eine* Möglich-
keit, um ein Ergebnis zu beschreiben, das so nicht gewollt war.
Versagen klingt sehr endgültig. Denken Sie statt dessen daran, Ihr
Ziel im Auge zu behalten und es weiter zu verfolgen. Verwenden
Sie Feedback, um das, was Sie tun, zu ändern. Ziehen Sie aus
Feedback Lehren für Ihre zukünftige Arbeit.

Sie werden Fehler machen, es sei denn, Sie wären der Supermann
oder das Superweib (und das ist eine fürchterliche Verantwortung).
Ein Führer ist jedoch flexibel und nutzt die Ergebnisse, auch wenn
sie nicht genau dem entsprechen, was er wollte. Er kann mit unerwarteten Dingen umgehen und sie sogar zu seinem Vorteil ummün-
zen. Die Umstände ändern sich, sogar von einem Tag zu anderen,
und Ihr Führungsstil muß sich dementsprechend ändern. Ein plötz-
licher Gesamtleistungsabfall, eine Spitzenfrau mit persönlichen Problemen, eine Veränderung in der Firmenpolitik oder -strategie, alles
beeinflußt Ihre Art, wie Sie mit Ihren Kollegen und Kolleginnen
umgehen.

Motivation

Ein Manager oder eine Managerin motiviert und inspiriert das Verkaufsteam. Wenn Sie Leute führen, motivieren Sie sie auch. Wie können Sie Leute kongruent führen und dabei ihre Ziele und Werte anerkennen? Sicher nicht so, wie manche Manager, die so tun, als
hätten sie ein Fußballspiel zu bestreiten. Diese Manager rufen morgens um acht Uhr alle zusammen, beschimpfen und bedrohen die
einen mit prognostizierten schlechten Ergebnissen, ermutigen und
spornen die anderen an und schicken schließlich alle hinaus, als seien
sie automatische Spielfiguren, die bis zum Anschlag aufgezogen
sind. Für langfristige Leistungen ist diese Form der Motivation nicht
geeignet. Das funktioniert vielleicht bei einem Gewichtheber, dessen

Job in zehn Sekunden geschafft ist, aber für die Leute im Verkauf, die während der Woche viele Kunden haben, sind Adrenalinstöße keine Motivation.

Motivation wird auch oft mit der Beurteilung von Ergebnissen verwechselt. Die Mitarbeiter und Mitarbeiterinnen im Verkauf werden ermuntert, sich mit anderen zu vergleichen, die bessere Leistung bringen. Oft wird angenommen, daß das motivierend wirkt, und die positive Absicht der Botschaft lautet: *„Sie* könnten auch so sein." Diese Art von Vergleich schafft aber nur ungute Gefühle. Die Mitarbeiter werden an Lehrer erinnert, die sagten: „Warum kannst du nicht so gut wie Johanna sein?" Darauf gibt es nur eine Antwort: „Ich möchte nicht wie Johanna sein, ich will ich selbst sein. Und

wenn Sie mir Johanna als Vorbild hinstellen, werde ich sie nicht mögen, denn ich fühle mich schlecht, wenn ich an sie denke." Motivation in Form von Vergleichen ist nicht nur ineffektiv, sie schafft Uneinigkeit.

Wahrscheinlich versuchen Sie, andere genau so zu motivieren, wie Sie sich selbst motivieren. Wir haben bereits über das Motivationsmodell Zuckerbrot und Peitsche gesprochen (siehe Kapitel 14). Wenn Sie *hin zu* orientiert sind, motivieren Sie andere durch Belohnungen: mit „Zuckerbrot". Menschen mit der Ausrichtung *weg von* motivieren andere wahrscheinlich eher durch Strafandrohung: mit der „Peitsche".

Letztere Methode wurde von einem Manager voll ausgereizt, der sein Verkaufsteam an einem Montagmorgen versammelte und sagte: „Ihr seid alle gefeuert. Aber Ihr bekommt bis Freitag nachmittag Zeit, mir zu beweisen, daß Ihr Euren Job verdient habt." Ein solcher Führungsstil schafft böses Blut und ist ein „Management der schlechten Nachrichten". Das bloße Erscheinen dieses Managers ist ein Anker für Ärger (siehe Glossar *Anker*). Er gehört zu denen, die nur wissen wollen, was schiefging und welche Fehler Ihnen unterlaufen sind. Von ihnen wiederum hören Sie nur, wenn es Ärger gibt. „Sie wissen, daß alles in Ordnung ist, wenn Sie nichts von mir hören" ist eine verbreitete Botschaft. Aber ein Manager, der Führer ist, ermutigt Proaktivität und die persönliche und berufliche Entwicklung seiner Mitarbeiter und Mitarbeiterinnen. Diese Entwicklung wird innerlich angestoßen und nicht durch ein System von Anreizen aufgezwungen.

Zuckerbrot und Peitsche sind äußere Anreize. Sie bringen uns auf den alten Markt zurück, auf dem Verkaufen eine Schlacht gegen den Widerstand des Kunden war, auf dem Kunden als Feinde betrachtet wurden und als Festungen, die es zu erstürmen galt. Inkongruente Verkäufer brauchten möglicherweise eine Motivation von außen: Druck, Drohungen oder besondere Belohnungen (siehe Teil 1).

Um ein anschauliches Sinnbild für den Langzeiteffekt *dieses* Motivationssystems zu bekommen, können Sie folgendes Experiment machen: Sie streichen den Boden Ihres Mikrowellenherdes mit Sonnenblumenöl ein. Legen Sie so viele Trauben, wie es Verkäufer in Ihrer Firma gibt, auf eine Seite in den Herd. Schließen Sie die Tür. Schalten Sie den Herd ein, und raten Sie, was mit den Trauben geschieht. Aufgrund des physikalischen Phänomens der Wärmeübertragung werden sie über das heiße Öl schießen. Besonders leistungsfähige schlittern schnell und weit. Unglücklicherweise läßt dasselbe physikalische Phänomen die Trauben nach und nach explodieren.

Wenn Menschen durch die Aussicht auf einen Gewinn motiviert werden, dann arbeiten sie, weil sie es wollen, und nicht, weil sie es müssen. Mit der Aussicht auf ein persönliches Ziel sind sie durch positive Gefühle motiviert. Was ist ihr Ziel, und was ist ihnen an ihrer Arbeit wichtig? Um Ihre Leute effektiv zu managen und zu führen, müssen Sie von jedem Ihrer Mitarbeiter ein Dossier mit seinen Schlüsselkriterien anlegen, und dabei auch die Orientierung *hin zu* oder *weg von* einbeziehen. Dies läßt sich im Gespräch herausfinden. Mit Rapport können Sie das erklären und fragen, was ihnen wichtig ist. Erklären Sie, daß Sie das wissen möchten, um besser zusammenarbeiten zu können. Wenn Sie Menschen mit dem führen, was ihnen wichtig ist, werden sie auch folgen.

Das ist der Grund, warum Sonderprogramme, bei denen gute Leistungen mit Ferienreisen oder Geschenken belohnt werden, oft nicht wirken. Solche Methoden dienen dazu, auf verdeckte Weise positiv zu motivieren. Das ist, als würde man einem Kunden einen Nachlaß anbieten, obwohl der Preis keine Rolle für ihn spielt. Er ist durchaus bereit zu zahlen, sofern das Produkt seinen Kriterien entspricht. Wenn es das nicht tut, würden Sie einen Fehler machen, es ihm zu überlassen.

Bei vielen Anreizen ist es so, als gäbe man Menschen Süßigkeiten, die sie gar nicht wünschen. Sie nehmen sie, wenn ihnen nichts

anderes angeboten wird, aber sie finden sie nicht wirklich befriedigend. Wenn *Sie* zu viel von dem bekommen, was Sie *nicht* wollen, bekommen auch Sie nie *genug*. In der Industrie wurde bereits häufig untersucht, was Menschen am meisten motiviert, und Geld war fast durchweg an dritter oder vierter Stelle. Wichtiger ist für die Fachleute im Verkauf, anerkannt und geschätzt zu werden und Unterstützung und Anleitung zu erfahren. Um Menschen zu motivieren, geben Sie ihnen, was sie schätzen. Wenn Sie das tun, werden Ihre Mitarbeiter sich selbst motivieren, und Sie unterbrechen damit zugleich einen Teufelskreis, in dem diese fortwährend nicht nach innen, sondern auf Sie schauen und Zuckerbrot und Peitsche erwarten.

Um sich selbst zu motivieren, vergleichen Sie Ihre jetzige Situation mit einer inspirierenden Zukunft, die aufgrund *Ihrer eigenen Ziele und Werte* entstanden ist. Das gleiche gilt auch für Führungsaufgaben: Um andere zu motivieren, lassen Sie sie ihre gegenwärtige Situation mit ihrer Vision einer inspirierenden Zukunft vergleichen.

Wollen Sie jedoch Fortschritte einschätzen, sollten Sie Ihre jetzige Situation mit Ihrer *Ausgangsposition* vergleichen.

Kapitel 17

Die logischen Ebenen im Management

Stellen Sie sich vor, Sie besprechen mit Ihrem Verkaufsteam einen schwierigen Auftrag. Zunächst sah alles gut aus, aber mittlerweile scheint er in der Schwebe. Sie forschen nach den Gründen. Einer aus dem Team sagt: „Dort läßt sich nur schwierig arbeiten. Das Gebäude ist wie von einem düsteren Schatten umgeben. Unsere Kontakte wechseln laufend, Verabredungen werden sehr kurzfristig abgesagt. Für uns ist es wirklich schwer, voranzukommen."

Vergleichen Sie das mit einer anderen Antwort: „Das Geschäft ist einfach nichts für uns. Wir fühlen uns dort nicht wohl."

Oberflächlich betrachtet scheinen diese Antworten gleich zu sein, aber es geht bei ihnen um zwei sehr unterschiedliche Aspekte. In der ersten ist von der *Umgebung* die Rede. Der Mitarbeiter spricht von den zuständigen Personen und dem Ort. In der zweiten Antwort geht es darum, wie sich die Kollegen selbst wahrnehmen, es geht um ihre *Identität*.

Hier ein anderes Beispiel: Sie unterhalten sich mit einigen Mitarbeitern Ihres Verkaufsteams über Gründe, warum die Verkaufszahlen zurückgegangen sind. Eine Kollegin sagt: „Ja, ich hatte einige Probleme, ich habe immer wieder seltsame Fehler gemacht und weiß eigentlich nicht, warum. Ich finde gerade erst wieder zu meinem Schwung zurück."

Ein anderer sagt: „Ich habe Schwierigkeiten, Kaufabschlüsse zu erzielen. Ich weiß nicht recht, warum. Dieser Bereich scheint für mich im Moment ein Problem zu sein."

Die erste Kollegin spricht über *Verhalten*, über isoliert betrachtete Handlungen. Für sie muß sonst nichts hinzugefügt werden. Der zweite Kollege spricht von der *Fertigkeit*, einen Auftrag zu bekommen.

Diese Probleme liegen auf unterschiedlichen Ebenen und erfordern unterschiedliche Lösungen. Individuen und Organisationen begegnen Problemen und ziehen auf verschiedenen Ebenen Konsequenzen aus ihnen. Identität, Glaubenssätze und Werte, Fertigkeiten oder Fähigkeiten, Verhalten und Umgebung werden im NLP als *logische* oder *neurologische* Ebenen bezeichnet (siehe Glossar *Logische Ebenen*). Dieser Ansatz geht hauptsächlich auf den NLP-Trainer Robert Dilts zurück, der auf diesem Bereich forschte und ein entsprechenden Modell entwickelte.

Die logischen Ebenen im Management

Folgende logischen Ebenen sind im Management von Bedeutung:
- *Umgebung:* das *wo* und *wann*, die Menschen, Orte und Dinge, mit denen wir zu tun haben.
- *Verhalten:* unsere Handlungen, das, was wir *tun*.
- *Fähigkeit:* die Fertigkeiten, die wir einsetzen. Fertigkeiten und Fähigkeiten sind definiert als durchgängiges Verhalten über eine bestimmte Zeit hinweg, das uns unsere Ziele erreichen läßt. Eine Fähigkeit gibt Antwort auf die Frage, *wie* wir etwas tun.
- *Glaubenssätze und Werte:* Glaubenssätze sind die Vorstellungen, nach denen wir handeln, so als seien sie wahr. Wir alle haben schon die Erfahrung gemacht, daß wir dachten, etwas sei wahr, und später stellte sich heraus, daß dies nicht so war. (Hier fällt mir als Beispiel das Christkind ein.) Ob nun die Inhalte wahr sind

oder nicht, unsere Handlungen gründen auf unseren Glaubenssätzen und Werten. Glaubenssätze können stärkend wirken, zum Beispiel: „Jeder hat die Ressourcen, die er braucht, oder er kann sie sich verschaffen"; sie können aber auch einschränkend sein: „Menschen sind faul und unzuverlässig und müssen immer beaufsichtigt werden." Werte sind das, was uns wichtig ist. Glaubenssätze und Werte beantworten die Frage, *warum* wir etwas tun.

– *Identität:* die niedrigste logische Ebene und die Antwort auf die Frage, *wer* wir sind. Was für ein Mensch sind Sie, und was ist Ihre „Mission" im Leben?

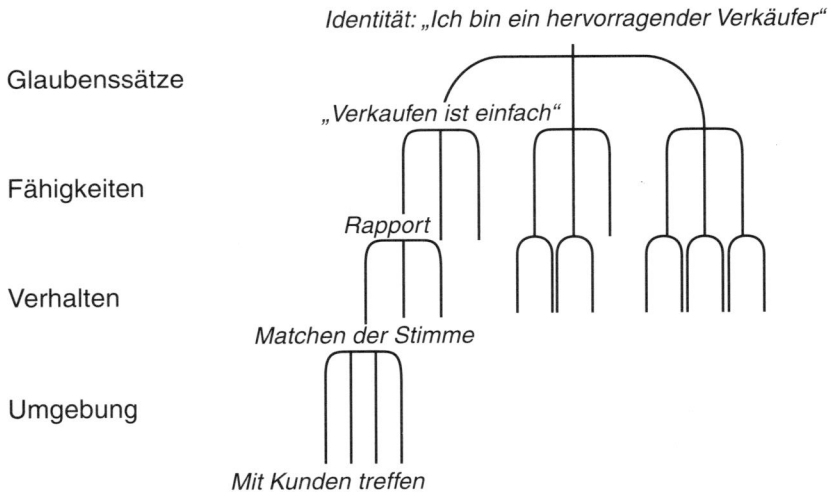

Der Aufbau der logischen Ebenen

Hier einige Aussagen aus dem Verkaufsbereich, die für die verschiedenen Ebenen beispielhaft sind:
- *Identität:* „Ich bin ein guter Verkäufer."
- *Glaubenssätze und Werte:* „Verkaufen ist eine wertvolle und sinnvolle Arbeit."
- *Fähigkeit:* „Ich kann gut die Bedürfnisse des Kunden herausfinden."
- *Verhalten:* „Ich konnte zu meinem letzten Kunden guten Rapport herstellen."
- *Umgebung:* „Beim letzten Verkaufsgespräch war der Verkehrslärm außerhalb des Büros sehr störend."

Was läßt sich mit diesem Modell machen? Wenn Sie zuhören, was die Leute sagen, können *Sie* auf der entsprechenden logischen Ebene ansetzen. Sie hören, von welcher Ebene her eine Person spricht, sofern Sie nicht nur auf die Worte hören, sondern auch auf die Art, wie sie die Worte ausspricht.

Hier ein Beispiel: „Ich kann das hier nicht machen."
- Würde die Person eine Identitätsaussage machen, würde das Pronomen betont: *„Ich* kann das hier nicht machen."
- Glaubenssätze und Werte entscheiden, was möglich und wichtig ist, also würden die Zweifel einer Person auf der Glaubensebene zum Ausdruck gebracht: „Ich *kann* das hier einfach *nicht* machen."
- „Ich kann das hier nicht *machen*" weist auf eine bestimmte Fertigkeit oder Fähigkeit hin.
- *„Das* kann ich nicht machen" bezieht sich auf etwas Bestimmtes, bei dem Sie unter Umständen Abhilfe schaffen könnten.
- *„Hier* kann ich das nicht machen" bezieht sich auf die Umwelt. Der Sprecher könnte es möglicherweise an einem anderen Ort machen.

Sie können auf jeder logischen Ebene Veränderungen vornehmen, und die Resultate werden sich dann auf die ganze Organisation aus-

wirken. Je höher die logische Ebene, auf die Sie einwirken, desto größer die Veränderungen für die Einzelnen und die Organisation.

Zum Beispiel könnten die Kollegen im Verkauf Schwierigkeiten wegen ihrer unzureichenden Büroausstattung haben, so daß einfache Eingriffe auf der Umweltebene, wie bessere Ausstattung, Unterstützung bei der Organisation von Reisen und bessere Informationen, sehr viel bewirken können. Wenn Mitarbeiter häufig krank sind, könnte das eine Frage der Arbeitsmoral sein, oder aber es könnte die Klimaanlage daran schuld sein.

Eine Firmenkultur ist ein interessantes Beispiel, das sowohl zur Identitäts- als auch zur Umgebungsebene gehören kann. Eine Verkäuferin kann Schwierigkeiten haben, sich der Firmenkultur anzupassen. Für sie liegt es an der Umgebung, allerdings kann sie das Problem nicht recht zum Ausdruck bringen. Firmenkultur kann aber auch die Identität der Firma betreffen, das, was sie einzigartig macht: Es ist „die Art, wie wir Dinge tun". Eine Firmenkultur ist leicht intuitiv zu erfassen, aber nur schwer direkt zu beeinflussen. Denken Sie an die kulturellen Unterschiede zwischen zwei verschiedenen Fluglinien, die Sie kennen. Beide sind Fluglinien, aber damit hört schon jede Ähnlichkeit auf.

Sobald Sie zielgerichtet eine Firmenkultur auf der Identitätsebene beeinflussen, sind die Veränderungen in der ganzen Firma spürbar, wohingegen eine Veränderung der Umgebung nicht diese Wirkung zeigt.

Einige Mitarbeiter aus dem Verkauf suchen eine Veränderung ihrer Umgebung, indem Sie die Arbeitsstelle wechseln, aber sie nehmen ihre Glaubenssätze und Fähigkeiten mit sich, so daß ihnen garantiert wieder die gleichen Probleme begegnen. Manche Menschen haben einschränkende Überzeugungen gegenüber ihrer Verkaufstätigkeit, sie schätzen sie einfach nicht. Auch wenn sie vielleicht ein Produkt verkaufen, sprechen sie nur zögernd davon, etwas zu „verkaufen".

Also werden diese Menschen auf der Identitätsebene kaum für sich in Anspruch nehmen, Verkäufer zu *sein*. Die Identität eines Menschen hängt eng mit seinem Selbstbild und seiner Selbstachtung zusammen.

Fertigkeiten werden sich nicht entfalten, ohne daß sie durch eine verstärkende Überzeugung oder durch Werte unterstützt werden. Verändern Sie einen Glaubenssatz, und die Wirkung zeigt sich an vielen Fertigkeiten und Verhaltensweisen. Verändern Sie Ihr Verhalten, und es hat *vielleicht* eine Wirkung auf höheren Ebenen – aber das ist nicht sehr wahrscheinlich. Verhaltensänderungen zeigen gewöhnlich wenig Wirkung. Die Veränderung von Glaubenssätzen und Fertigkeiten und speziell von Identität schafft vielfältige Wirkungen.

WEITERBILDUNG

Eine Möglichkeit zur Anwendung dieser logischen Ebenen ist im Bereich der Weiterbildung gegeben. Viele Verkaufstrainings werden mit Argwohn und Skepsis betrachtet, und das zu Recht. Wie wir bereits dargestellt haben, operieren viele Motivationstrainings auf einer logischen Ebene, die nicht dem Bedarf entspricht. Das ist, also ob man bei einer langwierigen Krankheit Notfallmaßnahmen verordnet. Ein effektives Verkaufstraining muß auf der Ebene von Selbstsicherheit und Kongruenz eingreifen – alles andere ist nur ein weiterer Versuch, den Menschen äußeres Verhalten aufzusetzen. Damit wird ein Heilmittel der Verhaltensebene für ein Problem auf der Ebene der Glaubenssätze oder sogar der Identität eingesetzt. Um wirkungsvoll zu sein, muß ein Verkaufstraining höhere Ebenen ansprechen. Dies ist einer der wichtigen Bereiche, wo NLP anhaltende Veränderungen ermöglicht. NLP ist nicht eine Serie inhaltsloser Techniken, die dazu verhilft, mehr von einem Produkt zu verkaufen ...

Sinnvolle Weiterbildung vermittelt eine Mischung aus Fertigkeiten, Einstellungen und Wissen. Wissen allein bewirkt bei den Mitarbeitern im Verkauf nicht viel, denn sie brauchen vielmehr Fertigkeiten sowie Überzeugungen und Werte, um ihre Fertigkeiten auch nutzen zu können. Weiterbildung muß sich auch an der Organisation orientieren, und es muß nach vorgegebenen Kriterien bewertet und beurteilt werden.

Weiterbildungen können aus verschiedenen Gründen fehlschlagen. Erstens können im Training die falschen Leute sitzen. Manche Menschen sind nicht für den Verkauf geeignet, und das Training kann daran dann auch nicht viel ändern. Zweitens ist eine Schulung vielleicht nicht zielorientiert, es ist unklar, was erreicht werden soll. Drittens gibt es unter Umständen keine Kriterien, nach denen die Resultate des Einzelnen oder der Organisation bemessen und beurteilt werden. Das Training kann gut oder schlecht sein, aber es gibt keinen Weg, dies festzustellen. Schließlich gibt es vielleicht für die Trainingsteilnehmer, wenn sie an ihren Arbeitsplatz zurückkehren, keine weitere Unterstützung. Ein Training mag als Kurzferien oder notwendiges Übel betrachtet werden, von dem der Teilnehmer zurückkommt und dann meint, sich erst jetzt an die „wirkliche Arbeit" zu machen. Organisationstrainings und deren Wirkung werden ausführlich in dem Buch *Weiterbildung auf neuem Kurs* behandelt (siehe Literaturverzeichnis *O'Connor/Seymour*).

Modellieren

„Er ist ein geborener Verkäufer." Wir haben diesen Satz schon oft gehört. Aber was heißt das? Ein solcher Ausspruch kann wohl kaum wörtlich gemeint sein. Gemeint ist, daß jemand im Verkauf hervorragend ist und niemand (auch er selbst nicht) weiß, wie er das „macht". Der Hinweis auf ein angeborenes Talent verschleiert lediglich unseren Mangel an Wissen. Bei Menschen, die bei dem, was sie

tun, sehr gut sind, sieht eine Tätigkeit einfach, leicht und natürlich aus, aber sie haben Zeit und Mühe in die Entwicklung dieser Fertigkeit gesteckt. Ein fertiges Produkt ist wie ein Gebäude ohne Innengerüst – die Leistung erscheint wie ein Wunder. Und dennoch wäre ohne das Gerüst das Gebäude nicht errichtet worden. Wenn wir etwas zum Vorbild nehmen und modellieren, decken wir das Gerüst für diese Fertigkeiten auf – mit der NLP-Methode des Modellierens können andere diese Fertigkeiten anderer nutzen, um *ihre* Fertigkeiten zu entwickeln (siehe Glossar *Modellieren*).

NLP wurde ursprünglich entwickelt, indem die Fertigkeiten von Menschen, die gut kommunizieren und Einfluß nehmen konnten, modelliert wurden. Heute werden NLP-Projekte auch im Bildungs- und Wirtschaftsbereich durchgeführt (das heißt, man modelliert die Fertigkeiten, die in diesen Bereichen benötigt werden, von Menschen, die in diesen Bereichen sehr erfolgreich sind). Robert Dilts, einer der Entwickler des NLP, leitete zum Beispiel ein wichtiges Forschungsprojekt für einen multi-nationalen Autokonzern: Es sollten *die* Fertigkeiten identifiziert werden, die für die Führungspositionen in diesem Unternehmen notwendig waren. In der Organisationsstrategie dieses Autokonzerns spielte die Qualität der Mitarbeiter in Führungspositionen eine Schlüsselrolle, und das Projekt steigerte die Fertigkeiten noch zusätzlich.

Modellieren kann im Verkauf auf verschiedene Weisen eingesetzt werden. Zunächst kann es benutzt werden, um die Muster erfolgreicher Verkäufer aufzudecken. Dabei ist es wichtig, daß sie nicht nur im Verkauf erfolgreich sind, auch ihr Privatleben sollte ausgeglichen sein.

Wie auch immer man Fertigkeiten bewertet, überall gibt es diese Leute, die Spitzenleistungen erbringen, und deren Talente könnten die gesamten Geschäftsergebnisse stark verbessern, wenn man sie auch anderen Mitarbeitern weitervermitteln könnte. Nach dem sogenannten Pareto-Prinzip werden in jeder Organisation 80 Prozent

der Ergebnisse von 20 Prozent der Angestellten erzielt. Welch eine Verschwendung von Möglichkeiten! Uns bleibt die Alternative, hervorragende Mitarbeiter und Mitarbeiterinnen zu „modellieren": Wenn wir wissen, wie sie ihre Ergebnisse erzielen, können wir ein spezielles Training entwerfen, um ihre Strategien Mitarbeitern mit durchschnittlichen Leistungen zu vermitteln, damit *alle das tun können, was die Besten tun.*

Zu einem solchen Projekt würde typischerweise auch eine Firmenberatung gehören. Erst dann könnte man entscheiden, welche Fertigkeiten lohnenswert sind, modelliert zu werden, und wer die Kollegen und Kolleginnen sind, die über diese Fertigkeiten verfügen. Die Vorgehensweise würde so gestaltet, daß die Ergebnisse sowohl für den Einzelnen als auch für die Firma gemessen und bewertet werden könnten.

Der nächste Schritt wäre dann, die „vorbildlichen" Kollegen zu begleiten und sie in Verkaufsgesprächen zu beobachten, sie ausführlich zu befragen und dann ein Modell zusammenzustellen, in dem ihre Überzeugungen und Werte, ihre mentalen Strategien, ihre Metaprogramme und ihre logischen Ebenen mit eingeschlossen wären (siehe Fachbegriffe im Glossar). Wir würden auch mit ihren Vorgesetzten kurz über sie sprechen und von einigen Kollegen verschiedene Beschreibungen über sie einholen. Davon ausgehend könnten wir ein Modell aufbauen, was Menschen mit den definierten Spitzenleistungen tun. Muster werden durch Kontraste klarer, also wäre es auch nützlich, Durchschnittsverkäufer zu befragen und zu beobachten, um festzustellen, was *sie* anders machen. Wir vergleichen den Durchschnitt und das Außerordentliche und stellen es einander gegenüber.

Die zweite Stufe des Modellierungsprojektes ist die Überprüfung der Ergebnisse. Vermitteln Sie einigen durchschnittlichen Verkäufer die Fertigkeiten, die von den Spitzenkräften modelliert wurden, und sehen Sie sich das Ergebnis an. Wenden Sie die verabredeten

Meßkriterien an, um den Fortschritt zu beurteilen. Ergibt sich eine positive Beurteilung, kann das Projekt vollständig ausgearbeitet und auf die gesamte Firma angewendet werden.

Als letzter Schritt wird ein Trainingsprogramm entworfen: Hier sollen in Kooperation mit den Trainern der Organisation (sofern die Firma festangestellte Leute für diese Funktion beschäftigt) alle Mitarbeiter im Verkauf mit dem Modell vertraut gemacht werden. Es wird ein Trainingsprogramm für die internen Trainer entworfen, damit diese dann alle Mitarbeiter in Verkauf und Vertrieb schulen können.

Das Modell könnte auch bei der Neueinstellung von Fachleuten für den Verkauf angewendet werden. Jedes Modell ist speziell auf die jeweilige Firma zugeschnitten, denn unterschiedliche Produkte, unterschiedliche Verkaufszyklen und individuelle Firmenkultur bedeuten, daß ein Modell nicht einfach von einer Firma auf die andere übertragen werden kann, in der Hoffnung, daß es auch dort funktioniert.

Modellieren kann auch auf breiterer Basis angewandt werden. Sie können Ihre eigenen Fertigkeiten unter Anwendung von NLP-Techniken modellieren und sie dann auf andere Kontexte übertragen. Wir haben oft Fertigkeiten, aber sie scheinen beliebig aufzutauchen und zu verschwinden. NLP macht es möglich, daß wir ein Stück Kontrolle über unsere eigenen, willkürlich auftauchenden Fähigkeiten erhalten.

Und schließlich können Sie auch Rollenmodelle auswählen: zum Beispiel Menschen, die ihre Geschäfte so betreiben, daß sie sie selbst bleiben, die es anderen ermöglichen, ihre Ziele zu erreichen, so daß beide Parteien Erfolg haben und gute Ergebnisse erzielen. Solche Modelle sind sicher bei unterschiedliche Persönlichkeiten zu finden – aber wer sie auch sind, diese Menschen bleiben *sich selbst* treu. Wählen Sie jemanden, von dem Sie sich angezogen fühlen. Vielleicht haben Sie das Glück und kennen so jemanden in Ihrer Firma. Wir wünschen Ihnen, daß andere *Sie* als ein solches Modell betrachten.

Kapitel 18
Coaching und Besprechungen

COACHING

Coaching ist ein Teil des Verkaufsmanagements. Es umfaßt Fertigkeiten wie Diskussionen leiten und Führung übernehmen, Hilfe für
Verkäufer und Vertriebsleute bei der Lösung von Problemen anbieten oder Korrekturen an Arbeiten vornehmen. Coaching kann
formell oder informell geschehen; im Endeffekt geht es darum, Mitarbeitern und Mitarbeiterinnen zu helfen, ihre Leistungen zu verbessern. Viele der Verkaufsfertigkeiten werden auch beim Coaching
angewendet: Man stellt gute Fragen und findet mit dem Betreffenden heraus, was er möchte und was ihm wichtig ist. Wenn auch
persönliche Probleme diskutiert werden, überlappt Coaching mit
Beratung.

Eine Coaching-Sitzung ist ohne guten Rapport nicht denkbar (siehe
Glossar *Rapport*) – das wäre so, als würden sich zwei Pappfiguren
gegenübersitzen und eine trennende Glasscheibe zwischen sich
haben. Achten Sie also immer zuerst auf Rapport. Eine rück-
blickende Wiederholung von Gesprächsabschnitten ist wichtig,
um sicher sein zu können, daß Übereinstimmung besteht. Eine
Coaching-Sitzung sollte im voraus zeitlich bestimmt werden, sie
sollte vertraulich sein und ohne eine Unterbrechung stattfinden
können.

Nachdem Sie Rapport hergestellt haben, wäre der nächste Schritt, die Ziele des Mitarbeiters herauszufinden. Was erwartet er sich von dieser Sitzung? Dieser Aspekt kann durchaus erweitert werden zu der Frage, was er sich von seiner Arbeit im allgemeinen erwartet, zur Zeit aber nicht bekommt.

Ihr Ziel in einer Coaching-Sitzung ist dasselbe wie in einer Kundenbesprechung: dem anderen helfen, sein Ziel zu erreichen. Setzen Sie Ihre Fähigkeiten ein, und gehen Sie in die zweite Position (siehe Glossar *Wahrnehmungspositionen*), um die Welt des anderen quasi von innen heraus zu verstehen. Sollten Sie nach der Diskussion zu keinem positiven Ergebnis kommen, können Sie immer noch zurück in Ihre erste Position treten und aus dieser Position heraus (als Verkaufsmanager oder Verkaufsmanagerin) geschäftliche Entscheidungen treffen.

Was machen Sie, wenn die „Bedürfnisse" eines Mitarbeiters nicht erfüllbar sind? Ein Beispiel ist die häufig zu beobachtende Situation einer Spitzenkraft, die Manager werden möchte und schon mehrmals abgelehnt wurde. Jetzt hat sie den Verdacht, daß sie innerhalb der Firma keinen Managementposten erreichen kann. Ihre Leistungen haben nachgelassen, und sie sucht vielleicht nach einem verantwortlichen Posten bei der Konkurrenz. (Derartige Bewerber sind für andere Firmen wegen ihrer Insiderkenntnisse sehr interessant.) Vielleicht sind Sie der oder die Vorgesetzte für eine solche Person und wissen, daß „oben" bereits die Entscheidung gefallen ist, daß eine Beförderung nicht in Frage kommt. Wie können Sie diese Person motivieren? Finden Sie das Ziel hinter dem Ziel:

- „Sie möchten einen Managerposten. Was erwarten Sie sich davon?" „Ich erwarte mir zusätzlichen Status, in der Firma und zu Hause."
- „Und wenn Sie diesen Status haben, was gibt Ihnen das?" „Selbstachtung und das Gefühl, etwas erreicht zu haben."

Sie können dieser Person vielleicht keinen Managerposten geben. Aber Sie können möglicherweise auf einem anderen Weg für mehr Status sorgen, womit Selbstachtung und das Gefühl von Entwicklung verbunden wären, wie es diese Spitzenkraft braucht.

Wenden Sie Ihre Kenntnis der logischen Ebenen an (siehe Kapitel 17), wenn Sie Ihre Mitarbeiter coachen und motivieren. Verteilen Sie Lob und Anerkennung auf der Identitätsebene: „Sie sind ein guter Ansprechpartner für Kunden." Wenn Sie negatives Feedback geben, sollten Sie das auf der Verhaltensebene tun: „Es ist wichtig, daß Sie Rapport mit den Klienten haben, bevor Sie deren Bedürfnisse erfragen. Das *haben* Sie beim letzten Klienten *nicht getan*. Wie kann ich Ihnen helfen, damit Sie das in der Zukunft tun?" Damit wird das Verhalten und nicht die Person korrigiert.

Der wichtigste Gedanke ist hier, das Verhalten und nicht die Identität zu kritisieren.

Kritik

Kritisches Feedback kann so vorgebracht werden, daß es hilfreich ist. Die positive Absicht ist, die Leistungen zu verbessern. Kritik muß sich an Fakten orientieren, sie muß spezifisch und zutreffend sein. Sie muß auf Verhalten ausgerichtet sein, das der oder die Betreffende auch verändern kann.

Das Feedback sollte möglichst bald nach dem konkreten Vorfall erfolgen. Sie sollten die Situation so objektiv wie möglich darstellen, Ihre eigenen Gefühle dazu erläutern, die Verantwortung für diese Gefühle übernehmen und dann den Betreffenden um seine Stellungnahme bitten.

Zum Beispiel: „Herr Thomas, bei unserem letzten Treffen mit den Vertretern der Firma XYZ fiel mir auf, daß Sie einen Kunden drei- oder viermal unterbrachen. Der Kunde war sichtlich verärgert. Es

war mir peinlich, und ich habe das Gefühl, daß Ihr Verhalten zu dem schlechten Ergebnis der Sitzung beigetragen hat. Was meinen Sie?"

Ein Beispiel, wie Sie es nicht sagen sollten, ist: „Sie sind ein Idiot. Sie haben den Kunden dauernd unterbrochen und uns damit den Auftrag vermasselt!"

Die allgemeinen Regeln für negatives Feedback sind:
- Stellen Sie Ihre Beobachtungen dar.
- Beschreiben Sie das Verhalten.
- Beschreiben Sie die unerwünschten Konsequenzen.
- Bitten Sie um die Meinung des oder der Betroffenen.
- Vereinbaren Sie die zukünftige Vorgehensweise, und finden Sie zu einer Lösung, der der Mitarbeiter zustimmen kann.

Unüberlegtes Feedback kann Groll hervorrufen und führt zu keinen Veränderungen. Manager mit Führungsaufgaben sollten negatives Feedback so vermitteln können, daß sich der andere weiterhin anerkannt und geschätzt fühlt.

Bleiben Sie selbst offen für Feedback, und lassen Sie sich über alle Vorgänge informieren, auch über schlechte Nachrichten. Im antiken Griechenland war es Brauch, den Überbringer schlechter Nachrichten umzubringen.

In einer Kultur, in der der Bote für seine Botschaft verantwortlich gemacht wird, wird niemand mehr bereit sein, den Boten zu spielen. Wenn die Leute gezwungen werden, Boten zu sein, werden sie nur über die positiven Dinge berichten. Damit gelangt das Management zu keinem Bild von dem, was wirklich passiert, es erfährt nur, was es nach Ansicht des Boten hören will. So kann es passieren, daß wichtige Entscheidungen nur mit der Hälfte der benötigten Informationen getroffen werden.

BESPRECHUNGEN

Besprechungen können die größte Zeitverschwendung oder der produktivste Teil des Tages sein. Ob Sie mit dem Firmenmanagement zusammenkommen und über die Firmenpolitik entscheiden oder sich mit Ihrem Verkaufsteam treffen, um Strategien zu besprechen oder Ergebnisse zusammenzutragen, einige grundlegende Prinzipien lassen Sie Hunderte von Stunden jährlich einsparen.

Die erste Regel lautet: Setzen Sie keine Besprechung an, wenn Sie Ihr Ziel telefonisch, schriftlich oder über E-Mail erreichen können.

Ist eine Sitzung *wirklich* nötig, legen Sie die Zahl der Teilnehmer und die Tagesordnung vorher fest. Begrenzen Sie die Besprechung auf Leute, die faktisch am Thema beteiligt sind und die Entscheidungen treffen können. Fehlt ein wichtiger Teilnehmer oder eine beträchtliche Anzahl der Teilnehmer, verschieben Sie die Sitzung.

Gehen Sie in einem ressourcenreichen Zustand in die Sitzung. Nutzen Sie die Ressourcenanker, die Sie für sich gefunden haben (siehe Kapitel 15), bevor Sie die Sitzung beginnen. Nutzen Sie diese auch, um in diesem ressourcenreichen Zustand zu bleiben, wenn die Besprechung schiefgeht. Wenn der Anblick einer anderen Person und deren Stimme *Ihr* Wohlbefinden beeinflußt, ist diese Person für Sie ein negativer Anker. Bereiten Sie sich vor, wenn Sie in der Besprechung auf eine solche Person treffen. Haben Sie auch daran gedacht, welche Anker andere mit *Ihnen* in Verbindung bringen? Welche Gefühle ruft beispielsweise Ihr Anblick bei Ihrem Verkaufsteam hervor?

Vor Beginn legen Sie Ihr Ziel für diese Sitzung fest und überlegen, was Sie als Beweis sehen, hören und fühlen wollen, damit Sie wissen, daß Sie Ihr Ziel erreicht haben. Fordern Sie auch alle Ihre Mitarbeiter auf, vor der Besprechung Ziele festzusetzen. Allein dieser Schritt erspart schon viele fruchtlose Stunden.

Zu Beginn der Besprechung sollten gemeinsame Ergebnisse und ein Zeitplan übereinstimmend festgelegt werden. Kündigen Sie an, daß die Sitzung rechtzeitig enden wird. Schreiben Sie das Ziel der Sitzung auf ein Flipchart, damit es immer im Blickfeld ist. Zum Beispiel: „Die gegenwärtige Situation beim Auftrag XYZ darstellen, entscheiden, was als nächstes geschehen muß, und die Aufgaben verteilen."

Während der Sitzung wenden Sie Ihre Fertigkeit an, Fragen zu stellen – die, die Sie auch im Verkauf benutzen –, um herauszufinden, was die Fachleute im Rahmen der vereinbarten Ziele erreichen wollen. Stellen Sie mit Hilfe der Tagesordnungspunkte irrelevante Dinge in Frage. Bleiben Sie in der Sitzung bei der Sache. Andere Beiträge können interessant, informativ und richtig, aber dennoch Ablenkungsmanöver sein. Bringt jemand etwas Nebensächliches, können Sie wie folgt reagieren: „Das ist interessant, aber ich kann nicht erkennen, wie das zum Zweck unserer Sitzung gehört." Während Sie das sagen, deuten Sie mit dem Kopf oder mit der Hand auf das schriftlich festgelegte Ziel. Wenn Sie das regelmäßig tun, wird diese Geste ein Anker für Relevanz. Ist dieser Anker etabliert, müssen Sie lediglich diese Geste ausführen, um Ihren Hinweis anzubringen. Dann muß der Sprecher erklären, inwiefern sein Beitrag relevant ist. Ist dieser Beitrag nicht relevant, aber dennoch wichtig, können Sie verabreden, daß Sie ein anderes Mal darüber diskutieren.

Gegen Ende der Sitzung wiederholen Sie noch einmal rückblickend die Hauptpunkte und überprüfen, ob Übereinstimmung erzielt wurde. Verwenden Sie, falls nötig, den Konditional: „Wenn wir X und nicht Y machten, würde das der Sache dienen?" Verteilen Sie Aufgaben, und überprüfen Sie, ob jeder weiß, was er zu tun hat. Sie können auch ein *Future pacing* mit Bezug auf die Entscheidungen machen, indem Sie einige der möglichen Konsequenzen besprechen (*Future pacing* ist ein zielgerichteter Ausblick in die Zukunft; siehe auch Glossar).

Delegieren

Während einer Besprechung werden Sie wahrscheinlich Aufgaben delegieren: Sie geben die Verantwortung an einen Mitarbeiter weiter. Wird Delegieren genutzt, um die Entwicklung des Mitarbeiters zu fördern, um bei erhöhtem Druck die Arbeitslast des Managers zu erleichtern oder um das Team zu unterstützen, dann wird die delegierte Arbeit erfolgreich sein. Wenn aber unbeliebte Arbeiten an jemanden weitergereicht werden, der nicht nein sagen kann, und der Manager sich eigentlich nur das Leben leichter macht, dann funktioniert Delegieren nicht.

Wenn Sie delegieren, sollten Sie sich über die Gründe im klaren sein, und Sie sollten jemanden wählen, der von der Erledigung dieser Arbeit profitieren kann. Erklären Sie die Arbeit, und fragen Sie beispielsweise eine Mitarbeiterin, ob sie zu dieser Aufgabe bereit ist und sich die Arbeit zutraut. Kalibrieren Sie, um Inkongruenz wahrnehmen können (siehe Glossar *Kalibrieren*). Wenn die Mitarbeiterin ja sagt, Sie aber Zweifel erkennen, ist es am besten, wenn Sie nach der Besprechung noch einmal unter vier Augen mit ihr sprechen. Fragen Sie, ob sie Hilfe benötigt, und legen Sie den Ablauf der Arbeit und den Zeitpunkt für die Beendigung fest.

Wenn möglich, warten Sie ab, bis die Mitarbeiterin zum verabredeten Zeitpunkt zu Ihnen kommt. Damit lassen Sie ihr ein Gefühl, selbstbestimmt und verantwortlich arbeiten zu können. Sagen Sie nie: „Teilen Sie mir mit, wenn Sie Probleme haben." Die Leute berichten meist nicht über Fehler. Handelt es sich um eine wichtige Aufgabe, bei der Sie gerne über die Fortschritte Bescheid wüßten, machen Sie gleich zu Anfang aus, wann Sie über den Fortgang unterrichtet werden möchten. Sonst wird Ihr Interesse als Einmischung betrachtet und Sie scheinen dann die Arbeit nicht wirklich delegiert und abgegeben zu haben; Sie haben dann möglicherweise Verantwortung ohne die zugehörige Autorität übertragen.

Gemeinsame Kundenbesuche

Eine der wichtigsten Aufgaben im Verkaufsmanagement ist die gelegentliche Begleitung von Mitarbeitern bei ihren Kundenbesuchen. Unglücklicherweise ist das ein Aspekt, den viele Leute gern vergessen.

Bei einem eher reaktiven Terminkalender wird ein gemeinsamer Besuch sehr leicht wegen anderer Dinge hinausgeschoben. Man vertröstet auf den nächsten Besuch, und dennoch sollten gemeinsame Besuche Priorität haben. Sie sollten im Terminkalender festgelegt und nur in wirklich dringenden Fällen abgesagt werden.

Die Häufigkeit gemeinsamer Kundenbesuche wird von Ihrem Geschäftszweig und von der geographischen Lage des Kunden abhängig sein. Wichtig ist es, sie als entscheidende Managementaufgabe und nicht als Lückenfüller zu betrachten.

Für gemeinsame Kundenbesuche gibt es mehrere Gründe für Sie:
- Sie helfen beim Geschäftsabschluß, wenn beispielsweise eine Mitarbeiterin meint, daß Ihr besonderer Status entscheidend wäre, oder wenn sie einfach eine zweite Meinung zum weiteren Vorgehen möchte.
- Sie beobachten, wie sich Ihr Mitarbeiter verhält, und Sie können dann gemeinsam Verbesserungsmöglichkeiten als Teil eines Entwicklungsplans herausarbeiten.
- Sie pflegen mit Ihren Mitarbeitern den Kontakt außerhalb des Büros, um die Beziehung zu ihnen zu verbessern.
- Sie halten den direkten Kontakt zum Markt aufrecht.
- Sie beobachten Vorgehensweisen Ihrer Mitarbeiter und Mitarbeiterinnen, um diese möglicherweise dem übrigen Team weiterzuempfehlen.

Was auch immer Ihr Ziel ist, lassen Sie es Ihre Mitarbeiter wissen, sonst könnte Ihre Anwesenheit als „Überprüfung" interpretiert werden.

Sie sollten sich vor dem Kundenbesuch mit dem Mitarbeiter, den Sie begleiten, auf ein Ziel einigen, erst dann planen Sie den eigentlichen Besuch. Lassen Sie Ihren Mitarbeiter die Führung übernehmen, es ist sein Kundenbesuch. Legen Sie ein Ergebnis und eine Strategie für das Gespräch fest. Fragen Sie den Mitarbeiter nach dem Grund des Besuchs und nach dem gegenwärtigen Stand der Verkaufsverhandlungen zwischen Kunden und Mitarbeiter.

Woran wird zu erkennen sein, daß beide erreicht haben, was sie erreichen wollen? Gibt es eine Planung für Unvorhergesehenes? Und am allerwichtigsten: Was erwartet Ihr Mitarbeiter von *Ihnen*, wenn Sie im Büro des Kunden sind? Ihr Mitarbeiter sollte Ihnen klar sagen, welches Verhalten er von Ihnen erwartet, und Sie sollten sich daran halten. Wenn Ihr Ziel darin besteht, die Fertigkeiten des Mitarbeiters auf Stärken und Schwächen zu überprüfen, ist es sinnlos, wenn Sie sich in den Mittelpunkt stellen und sagen: „Freut mich, Sie kennenzulernen. Ich bin der Vertriebsleiter. Ich werde den größten Teil des Gesprächs führen." Wenn Sie erst bei dem Besuch zeigen, daß Sie nicht mit Ihrer Rolle einverstanden sind, kann es gut sein, daß sich Ihr Mitarbeiter zurückhält und von Ihnen erwartet, daß Sie die Führung übernehmen.

Nach einem gemeinsamen Besuch sollten Sie noch einmal den Ablauf durchgehen. Obwohl Ihre Beobachtungen wichtig sind, sind sie angesichts der Einschätzung Ihres Mitarbeiters zweitrangig. Lassen Sie ihn zuerst sprechen. Die meisten Leute nutzen die Gelegenheit ausgiebig, jeden kleinen Fehler aufzuzählen. Fokussieren Sie positive Dinge, und nutzen Sie die Zeit für Coaching.

Geben Sie Feedback in jeder Hinsicht, und gehen Sie dabei ins Detail. Am besten beginnen Sie mit positivem Feedback, zum Beispiel: „David, es hat mir sehr gut gefallen, wie Sie die Preispolitik erklärt haben. Sie sind gut auf diesen Punkt eingegangen, indem sie sich auf minimale Qualitätsanforderungen und auf das Feedback des Kunden bezogen haben. Damit haben Sie gleichzeitig den Kunden beruhigt."

Dann geben Sie negatives Feedback, falls nötig. Fragen Sie Ihre Mitarbeiter immer, was sie anders gemacht haben könnten, und wenn
sie nicht sicher sind, bieten Sie eine Alternative an. Zum Beispiel:
„Ich denke, Ihr Abschluß war recht schwach. Sie hätten wegen der
Lieferung den bedingten Abschluß wählen können und damit so
etwas wie eine vage Kaufzusage erhalten." (Siehe Kapitel 10, und
siehe Glossar *Bedingter Abschluß*.)

Unterstützen Sie Ihre Mitarbeiter, damit sie die Punkte erkennen, an
denen ihr Lernen ansetzen kann. Fragen Sie, was ein Kollege das
nächste Mal anders machen will. Sinn dieser Besprechung ist es, dem
Mitarbeiter zu helfen, Verbesserungen zu erreichen und mit einem
guten Gefühl in die Zukunft zu sehen.

Kapitel 19
Entwicklung und Lernen in Organisationen

Veränderung und Stabilität

Zur Funktion des Managements gehört es, eine Organisation „am Laufen" zu halten und Geschäftsabläufe zu verbessern. „Am Laufen halten" heißt, das gleiche weiterhin zu tun, bei Verbesserungen geht es darum, etwas zu verändern. Wie stellen *Sie* das Gleichgewicht zwischen beiden her? Versuchen Sie, beides zur gleichen Zeit und auf der gleichen logischen Ebene zu realisieren, wird das Gefühl entstehen, als liefe man auf der Stelle, während man gleichzeitig versucht, vorwärts zu gehen.

Um eine Verkaufsorganisation in Zeiten der Veränderung am Laufen zu halten, ist ein „Management der Verkaufspipeline" gefragt (siehe Kapitel 4), das heißt, Sie müssen dafür sorgen, daß ständig interessierte Kunden vorhanden und daß Verkäufe möglich sind. Sie müssen führen, Ziele setzen, den Fortschritt überwachen und für Aktivität auf jeder Stufe des Verkaufszyklusses sorgen – und das ununterbrochen. Wenn Sie kurzfristigem Druck erliegen und darauf drängen, daß Aufträge schneller als normal abgeschlossen werden, und wenn das auf Kosten von neuen Kontakten, Präsentationen oder der Pflege vorhandener Kunden geschieht, dann bewegen Sie sich schnell in einer Spirale abwärts bis zur totalen Reaktivität.

Unterschiedliche Produkte und Märkte haben unterschiedliche Verkaufszyklen, und deshalb sind auch die Erfordernisse der „Pipeline" verschieden. Sie müssen die Länge eines durchschnittlichen Verkaufszyklus und die Rückgänge auf jeder Stufe einschätzen, damit Sie vom Erfolg rückwärts planen können. Egal wie lange Ihr Verkaufszyklus sein mag, Sie müssen darauf achten, daß die verschiedenen Verkaufsaktivitäten gleichmäßig stattfinden, um eine der größten Sorgen im Verkauf zu vermeiden: wechselndes Hoch und Tief der Ergebnisse.

Veränderungen sind in einer Firma nur schwer einzuführen und durchzusetzen, da jede Organisation ein System ist, in dem alle Teile miteinander verbunden sind. Wie viele Medikamente können Nebenwirkungen herbeiführen, oft unvorhergesehen und an Körperteilen, die nicht einmal mit der ursprünglichen Verletzung oder Krankheit in Verbindung stehen. So muß ein Manager an die langfristigen Konsequenzen seiner Handlungen denken, und dazu braucht er eine Zeitlinie, auf der auch die *ferne* Zukunft berücksichtigt ist. Und um das Tagesgeschäft zu erledigen, sollte ein Manager die *unmittelbare* Zukunft im Auge haben. Wenn Sie als Manager oder Managerin dazu neigen, entweder „in der Zeit" oder „durch die Zeit" zu denken, müssen Sie daran arbeiten, beide Formen des Denkens zur Verfügung zu haben (siehe Kapitel 3, und siehe Glossar).

Ein faires Belohnungssystem

Organisationsstrukturen haben großen Einfluß auf die individuellen Ergebnisse. Der Einzelne kann nicht alle Faktoren, die sein Ergebnis beeinflussen, vollständig kontrollieren. Deshalb sagen führende Vertreter des *Total Quality Management* (TQM), wie zum Beispiel Edwards Deming, daß Belohnungen, die sich auf Provisionen stützen, ungerecht sind. Wie läßt sich zwischen systemischen Effekten, die sich auf den Einzelnen auswirken, und individuellen Unter-

schieden, die tatsächlich in der Einzelleistung einer Person begründet ist, unterscheiden? Dies ist weitgehend unmöglich.

Aus systemischer Sicht können positive Absichten unbeabsichtigte Nebenwirkungen haben. Bekommen die Fachleute im Verkauf Provisionen gezahlt, kann das dazu führen, daß sie dem Kunden Produkte aufdrängen, die dieser nicht braucht, oder kleine Aufträge werden vernachlässigt und große bevorzugt. Beides ist keineswegs im Interesse der Firma und war sicherlich nicht beabsichtigt.

Je weiter sich der neue Markt entwickelt, desto wahrscheinlicher wird ein Verkaufen auf Provisionsbasis verschwinden und einem neuen System Platz machen. Das ist bereits in einigen Industriezweigen der Fall.

Welche Möglichkeiten bleiben Ihnen sonst, um Mitarbeiter zu „belohnen"? Viele Organisationen kämpfen mit diesem Problem. Das Management und die Mitarbeiter haben natürlich unterschiedliche Ansichten bezüglich eines Kompensationssystems. Letztendlich gibt es kein objektives Bewertungssystem. (Und von wessen Standpunkt aus ist das dann objektiv?) Leistungsorientierte Bezahlung setzt irgendein Bewertungssystem voraus. Für dieses wiederum sind Standards und Kriterien nötig. Aber müssen Sie sie dann nicht gegen die Werte anderer ansetzen?

DIE LERNENDE ORGANISATION

Organisatorische Veränderungen finden auf einer hohen logischen Ebene statt. Veränderungen gehen häufig auf einige wenige kritische Individuen zurück, die Entscheidungen aufgrund abweichender Werte treffen. Wie auch immer Veränderung verursacht ist, eine Firma kann ihre Ergebnisse nicht verbessern, wenn sie nicht für Veränderung und Lernen offen ist.

Eine Lernende Organisation erkennt die Bedeutung der Menschen innerhalb der Organisation an, unterstützt deren Entwicklung und schafft einen Kontext, in dem sie lernen und leiten können. Eine Lernende Organisation wirkt durch ihr Wissen.

Peter Senge, Direktor des Forschungsprogramms für systemisches Denken und Lernende Organisationen an der *Sloan School of Management* am *Massachusetts Institute of Technology*, schreibt in seinem Buch *The Fifth Discipline* (siehe Literaturverzeichnis) über die Philosophie und die Praxis der Lernenden Organisation. Er bestimmt fünf Schlüsseldisziplinen, die nötig sind, um eine Lernende Organisation zu schaffen. Zuerst muß eine gemeinsame Vision geschaffen werden, indem eine Reihe von Zielen und Werten erfaßt werden, die alle Mitglieder der Organisation inspirieren und motivieren. Der zweite Punkt ist das Lernen im Team und die Frage, wie Menschen effektive Teams bilden. Der dritte Punkt betrifft das Entwickeln mentaler Modelle: die unbewußten Ideen von Individuen und Gruppen formen ihr Verhalten und ihre Entscheidungen. In diesem Buch nennen wir diese Ideen „Glaubenssätze und Werte". Der vierte Aspekt ist das persönliche Leistungsbewußtsein, zu dem ein lebenslanges Engagement zur Verbesserung der eigenen Fähigkeiten gehört.

Die in Senges Titel genannte „fünfte Disziplin" ist das systemische Denken. Diese Art des Denkens betrachtet vorrangig die Verbindung von Ereignissen und beurteilt nicht linear Ursache und Wirkung. Systemisches Denken berücksichtigt die unerwarteten Folgen von Entscheidungen des Managements in der Zukunft, die sich unter Umständen räumlich und zeitlich weit entfernt von der ursprünglichen Entscheidung zeigen. Manchmal lernen wir nicht aus einer Erfahrung, weil wir die Ursache nicht mit der Erfahrung in Verbindung bringen können – manchmal war der Zeitraum dazwischen zu lang. Systemisches Denken kann zeigen, wie eine Firmen*struktur* als solche zu Problemen führen kann und wie die

Konsequenzen von Entscheidungen an ganz anderer Stelle im System auftreten und dort genau das Problem erzeugen, das sie ursprünglich beseitigen sollten.

Ein Beispiel: Ein Motivationstraining entmutigt häufig die Verkäufer, indem sie aufgefordert werden, sich auf äußere Motivation zu verlassen und sich von ihren eigenen Werten und Zielen zu entfernen. Je häufiger sie an diesem Training teilnehmen, desto mehr brauchen sie es. Es wirkt iatrogen, das heißt wie eine Medizin, die den Zustand fördert, den sie zu heilen vorgibt.

VERÄNDERUNGEN MANAGEN

Genug der Theorie. Was können Sie als Manager oder Managerin tun, um für sich und andere eine aufbauende Umgebung zu schaffen?

Wir haben bereits über Management auf der Ebene der Werte gesprochen, das Mitarbeiter anerkennt und wertschätzt. Sie können Leute dafür rüsten, selbstbestimmt zu arbeiten, sie übernehmen dann Ihren proaktiven Stil, und je stärker sie das tun, desto weniger müssen sie angeleitet werden. Geben Sie Wissen weiter, tauschen Sie im Dialog und in Diskussionen Gedanken aus. Seien Sie offen für Feedback und bereit, unterschiedliche Standpunkte zu akzeptieren.

Reframen Sie Fehler als Fortschritt und Lernerfahrungen, die für den Fortschritt wichtig sind (siehe Glossar *Reframing*). Ein exemplarisches Beispiel ist die Geschichte eines Verkäufers in einer großen Computerfirma, der einen großen Auftrag bearbeitete. Er brachte ihn fast zum Abschluß, machte dann aber einen eklatanten Fehler, indem er eine wichtige Information mißachtete. Er verlor den Auftrag. Sein Fehler kostete die Firma mehrere tausend

englische Pfund. Sein Manager rief ihn zu sich. „Ich nehme an, daß Sie mich entlassen wollen", sagte der Verkäufer. „Aber nein", sagte sein Manager. „Wir haben gerade mehrere tausend Pfund in Ihre improvisierte Selbstschulung investiert. Machen Sie den gleichen Fehler noch einmal, werden wir Sie entlassen."

In jeder Organisation gibt es ein Gleichgewicht zwischen Arbeit und Beziehungen. Gute Beziehungen fördern gute Arbeit. Ein Verkaufsmanager einer kleinen Fabrik war besorgt über die schlechten Beziehungen innerhalb seines Teams. Die Mitarbeiter kamen nur selten zusammen, schienen nie ihre Erfahrungen auszutauschen und isolierten sich immer mehr. Die Ergebnisse verschlechterten sich. Er unternahm auf der Ebene der Umgebung eine einfache Maßnahme. Er kaufte aus dem Budget einen Kühlschrank und ließ ihn in einer Ecke des Büros aufstellen. Der Kühlschrank wurde schnell zum Mittelpunkt, wo sich die Leute ihren Kaffee bereiteten und miteinander Klatsch austauschten. Nach einem Monat war der Kühlschrank etablierter Treffpunkt. Die Büroatmosphäre wurde besser. Die Arbeitsmoral stieg. Die Ergebnisse besserten sich. Der Manager konnte sogar verhindern, daß auf Anweisung von „oben" der Kühlschrank entfernt wurde. Dort nahm man an, daß „die Mitarbeiter nur herumstanden und den ganzen Tag klatschten, anstatt zu arbeiten".

Management nach den Regeln des neuen Marktes (siehe Teil 1) ist nicht leicht zu verwirklichen, wenn der Arbeitsplatz bisher von einem Management dominiert war, das nach außen und „weg von" orientiert war. Es war dann wahrscheinlich wie „Attila, der Hunnenkönig, darauf bedacht, den Mitarbeitern derart Angst zu machen, daß sie große Produktmengen unabhängig vom Bedarf der Kunden verkauften. Sie können nicht alles auf einmal ändern. Gleichen Sie sich der vorhandenen Realität an, bevor Sie die Führung übernehmen (siehe Glossar *Pacing*). Die Kollegen und Kolleginnen müssen sich sicher fühlen, bevor sie Ihnen in Ihre Richtung folgen.

Das Geschäftswelt ist keine ideale Welt, und das Entscheidende sind Ergebnisse. Um beim gehobenen Management ein offenes Ohr zu finden, müssen Sie mit Ihrem Team gute Ergebnisse vorweisen.

Wie gehen Sie vor? Sie setzen genau *die* Fertigkeiten der Einfluß-nahme ein, die Sie bei Ihrem Verkaufsteam einsetzen, lediglich Ihr Ziel ist ein anderes. Stärken Sie Ihre eigene Identität als Manager oder Managerin, und planen Sie zunächst Veränderungen auf der Verhaltensebene, die zu besseren Ergebnissen führen. Lernen Sie die Werte der Menschen kennen, auf die Sie einwirken wollen. Werden *Sie* die Person, die gute Ergebnisse meldet, damit Sie ein Anker für gute Nachrichten sind (siehe Glossar *Ankern*). Schaffen Sie Rapport, und verbünden Sie sich mit Ihren Vorgesetzten, um eine Situation herbeizuführen, in der Sie beide gewinnen (siehe Glossar *Rapport*).

Das Managementmodell auf dem neuen Markt umfaßt Führungs-qualitäten, die sich auf aufbauende Glaubenssätze und Werte stüt-zen. Die NLP-Fertigkeiten der Kommunikation, der Einflußnahme und des Modellierens bieten die dafür nötigen Mittel. Wir, die Autoren, sind praktische Idealisten. Wir würden diese Modelle und diese Methode nicht vertreten, wir würden nicht schreiben und Trai-nings und Beratungen durchführen, wenn wir selbst nicht kon-gruent zeigen könnten, daß sie funktionieren. Wir haben selbst erfahren, daß sie wirken.

Im NLP gibt es folgendes geflügelte Wort: „Wenn du immer tust, was du schon immer getan hast, wirst du immer bekommen, was du schon immer bekommen hast." Wir hoffen, wir haben die Nachteile des alten Marktes und den Wert des neuen Marktes so überzeugend dargelegt, daß auch Sie eine Veränderung für erstrebenswert halten.

Teil 5
Praktische Umsetzung

Fertigkeiten für den neuen Markt

Wenn Sie sich für die Ideen und Ansätze in diesem Buch interessieren, möchten Sie diese wahrscheinlich gern in die Praxis umsetzen. Zu diesem Zweck finden Sie in diesem Teil 6 eine Reihe praktischer Übungen. Einige davon beziehen sich direkt auf den Verkauf, andere indirekt. Alle haben das Ziel, die zuvor genannten Fertigkeiten auszubauen.

Wir nehmen an, daß Sie alle Übungen nutzen werden. Manche sind leicht, andere stellen höhere Anforderungen. Unserer Meinung nach sollten Sie zunächst die vorgegebene Reihenfolge einhalten.

Beginnen Sie da, wo Sie sind, bei Ihrem gegenwärtigen Zustand und Ihren gegenwärtigen Fertigkeiten. Gehen Sie in Ihrem eigenen Tempo voran. Normalerweise brauchen Sie für die Übungen zwischen einem Monat und sechs Wochen. Es gibt keinen „richtigen" oder „falschen" Weg bei der Ausführung dieser Übungen. Achten Sie einfach auf Ihre Ergebnisse. Notieren Sie sich kurz Ihre Fortschritte und Ergebnisse.

Sie können sich selbst ein ausgeglichenes Programm zusammenstellen, das die Fertigkeiten umfaßt, die Sie gern einsetzen, die, bei denen Sie tiefer einsteigen wollen, und schließlich die, die die besten Ergebnisse versprechen. Sie können Übungen kombinieren, wenn Sie das wollen. Wir haben an den entsprechenden Stellen Vorschläge dazu notiert.

Einige dieser Übungen wenden wir in unseren Verkaufsschulungen an. Für einige ist mehr Übung und Ausdauer nötig als für andere, und die Unterstützung durch ein Training kann entscheidend sein. Falls Sie an unseren Verkaufstrainings interessiert sind, beachten Sie bitte den Abschnitt *Beratung* in diesem Teil des Buches (die Autoren bieten auch Seminare im deutschsprachigen Raum an; Anm. d. Vlg.).

Eine kleine Vorwarnung

Wenn möglich, üben Sie diese Fertigkeiten in einer Situation mit Freunden und Kollegen. Wenden Sie sie nur bei Kunden an, wenn Sie sich absolut sicher im Umgang mit ihnen fühlen.

Genießen Sie die Übungen, und lassen Sie es sich beim Üben gut gehen. Wir würden uns über Ihr Feedback freuen.

I. IHRE GEGENWÄRTIGE SITUATION

Der erste Abschnitt soll Ihnen zeigen, an welchem Punkt Sie sich befinden, um dann zu erforschen, was Sie sich wünschen und was Ihnen wichtig ist. Wenn Sie nicht wissen, wo Sie beginnen wollen, läßt sich Ihr Weg in eine gewünschte Zukunft nur schwer planen. Wenn Sie nicht wissen, was Sie wollen, werden Sie es nie bekommen.

1. Machen Sie das kleine Experiment in Kapitel 11, sofern Sie es noch nicht durchgeführt haben. Denken Sie nicht lange nach, und vervollständigen Sie die folgenden Sätze:
   „Verkaufen ist wie ...“
   „Dann bin ich ...“
   „Ich wünschte mir, daß Verkaufen wie ... ist“
   „Dann wäre ich ...“

2. Nennen Sie zehn Merkmale, die Ihnen an Ihrer Arbeit wirklich gut gefallen. Setzen Sie Geld als Maßstab für den Wert, den Sie den genannten Merkmalen jeweils beimessen. Fragen Sie sich: „Wenn ich bei meiner Arbeit ... aufgeben müßte, wieviel müßte man mir zum Ausgleich dafür bezahlen?“ Setzen Sie einen Geldwert neben jedes genannte Merkmal. Damit haben Sie einen Hinweis, was Ihnen an Ihrer gegenwärtigen Arbeit wichtig ist. Addieren Sie die Beträge.

   Jetzt schreiben Sie zehn Merkmale auf, die Sie bei Ihrer Arbeit gern ändern würden. Fragen Sie sich: „Welche Summe würde ich mir als Ausgleich wünschen, wenn diese Dinge immer vorhanden sind?“ Damit erfahren Sie *die* Werte, die Ihre Arbeit betreffen und „weg von“ ausgerichtet sind.

   Addieren Sie nun die Beträge jeweils getrennt nach den beiden Fragen. Wenn die erste Summe größer ist als die zweite, wiegen für Sie die Vorteile Ihrer Arbeit schwerer als die Nachteile. Ist die erste Summe geringer als die zweite, überwiegen für Sie die Nachteile Ihrer Tätigkeit.

3. Entdecken Sie, wie Sie die Zeit organisieren, und entdecken Sie
   Ihre Zeitlinie (siehe Kapitel 3):
   Denken Sie an etwas, was Sie in der fernen Vergangenheit taten.
   Denken Sie an etwas, was Sie gestern taten.
   Aus welcher Richtung scheinen diese Erinnerungen zu kommen?
   Denken Sie an etwas, was Sie für morgen planen.
   Denken Sie an Ihre langfristigen Zukunftspläne.
   Aus welcher Richtung kommen diese?
   Nehmen Sie wahr, wie die vergangenen Erinnerungen durch eine
   Linie mit den Zukunftsplänen verbunden sind. Das ist Ihre Zeit-
   linie.

   Wo erfahren Sie das „Jetzt?" Wenn es vor Ihnen liegt, sind Sie
   „durch die Zeit" orientiert. Wenn es in Ihrem Körper erlebbar ist,
   sind Sie „in der Zeit" orientiert.

4. Machen Sie die Übung, um Ihr berufliches Hauptziel herauszufinden (siehe Kapitel 12, jeweils die genannten Abschnitte).
   Achten Sie besonders auf:
   - die Ressourcen, die Sie haben oder schaffen können (Abschnitt
     Ressourcen)
   - die Beweise, die Sie brauchen, damit Sie wissen, daß Sie es er-
     reicht haben (Abschnitt *Nachweise*)
   - die weitreichenderen Konsequenzen für Ihr Leben, die ein-
     treten, wenn Sie es erreichen (Abschnitt *Konsequenzen*).

5. Machen Sie die Übung, mit der Sie Ihre sechs wichtigsten beruflichen Werte herausfinden (siehe Kapitel 13, *Wertehierarchie*).
   Ordnen Sie sie nach Wertigkeit. Was muß geschehen, damit Sie
   sie erfüllen?

II. IHR PRODUKT

Diese Fragen dienen dem Zweck, Ihr Produkt so gut wie möglich kennenzulernen, so daß Sie kongruent zeigen können, daß es dem Bedürfnis des Kunden entspricht.

1. Stellen Sie die schwierigsten Fragen zusammen, die man Ihnen zu Ihrem Produkt stellen könnte. Überlegen Sie sich befriedigende Antworten.

2. Denken Sie an Ihr Produkt oder Ihre Dienstleistung, und schreiben Sie die Merkmale und Vorteile auf:
   - Welche Probleme löst es?
   - Welche Menschen haben am ehesten diese Probleme?
   - Wer würde Ihr Produkt nie benutzen?
   - Was müßte sonst noch für einen Menschen zutreffen, damit er Ihr Produkt braucht?
   - Welche anderen Produkte könnte er brauchen?
   - Welche anderen Probleme könnte das Produkt lösen?
   - Wenn Ihr gegenwärtiger Markt nicht mehr existierte, was könnten Sie tun, um Ihr Geschäft nicht zu verlieren?

3. Stellen Sie das Profil Ihres idealen Kunden zusammen (siehe Kapitel 4, *Den Kundenstamm nutzen*). Erstellen Sie auch das Profil Ihres typischen *Problem*kunden.

4. Beschreiben Sie schriftlich Ihr Produkt:
   - mit überwiegend visuellen Worten
   - mit überwiegend auditiven Worten
   - mit überwiegend kinästhetischen (Gefühls-)Worten.

   Sie sollten in der Lage sein, Ihr Produkt auf alle drei Arten und auch mit einer Mischung der drei zu beschreiben.

5. Stellen Sie schriftlich die positiven Eigenschaften zusammen, in denen Ihr Produkt anderen auf dem Markt ähnlich ist.

Dann schreiben Sie auf, inwiefern sich Ihr Produkt von anderen auf dem Markt unterscheidet. Es ist wichtig, beide Listen zu kennen, damit Sie den Kunden Auskunft geben können.

III. DAS TELEFON

Mit diesen Übungen erhalten Sie guten Rapport (siehe Glossar) am Telefon. Sie werden mit ihnen auch in die Lage versetzt, sich einem ärgerlichen oder schwierigen Anrufer anzugleichen (zu „pacen"; siehe Glossar) und ihn in einen Zustand zu führen, in dem er Vernunftsargumenten zugänglich ist (siehe Kapitel 5, *Kundendienst*). In diesem Abschnitt wird auch das Matchen der Stimme in das Übungsprogramm eingeführt, damit Sie im direkten Gespräch mit dem Kunden oder der Kundin leicht Rapport herstellen können (siehe Glossar *Matching*).

1. Beginnen Sie darauf zu achten, wie sich die Stimme von Menschen verändert, wenn sie am Telefon mit verschiedenen Gesprächspartnern sprechen. Probieren Sie, an der Stimme zu erkennen, mit wem diese Menschen gerade sprechen.

2. Experimentieren Sie, indem Sie die Lautstärke der Personen übernehmen („matchen"), mit denen Sie am Telefon sprechen. Achten Sie darauf, ob die Anrufe dann besser verlaufen. Wie leicht gelingt Ihnen das?

   Wenn Sie mit einem guten Gefühl matchen können, rufen Sie jemanden an, mit dem Sie ein unverbindliches, freundliches Gespräch führen können. Wenn Sie Rapport haben, werden Sie langsam leiser. Achten Sie darauf, ob Ihnen Ihr Gesprächspartner folgt. Wenn er das tut, haben Sie guten Rapport, und es ist Ihnen gelungen, seine Stimme zu pacen und ihn dann zu *führen* (im NLP nennt man das *Leading*). Gelingt es nicht, pacen Sie noch einmal.

3. Experimentieren Sie, indem Sie das Sprechtempo matchen. Wenn Sie sich gut und sicher mit dieser Methode fühlen, rufen Sie jemanden an. Führen Sie Ihren Gesprächspartner zu einem langsameren Rhythmus, indem Sie Ihr Sprechtempo verlangsamen.

4. Matchen Sie gleichzeitig Lautstärke und Tempo. Wenn Sie den Gesprächspartner von Punkt 3 weiter matchen, gehen Sie einen Schritt weiter: Pacen und führen Sie den Anrufer zu einer langsameren, leiseren Sprechweise (oder lauter und schneller, wenn Sie wollen).

5. Experimentieren Sie, indem Sie Lautstärke und Tempo zu Ende des Gesprächs mismatchen (siehe Glossar). Entscheiden Sie, wann Sie die Unterhaltung beenden möchten. Beschleunigen Sie dann Ihr Sprechtempo, und sprechen Sie etwas lauter. Hören Sie gut zu, ob Ihr Gesprächspartner folgt und das Gespräch beendet. Wenn er das nicht tut, können Sie etwa sagen: „Ich muß jetzt gehen, wir sprechen uns später ..." oder ähnliches.

6. Führen Sie eine Woche lang Bericht über Ihre „Telefonarbeit" (siehe Kapitel 6, *Anschlußgespräche, Aufzeichnungen*).

IV. IHRE ARBEIT ORGANISIEREN

Machen Sie eine Woche lang die Übung in Kapitel 3.

Von einer „durch die Zeit"-Linie aus:
- setzen Sie Ziele
- setzen Sie Prioritäten
- unterteilen Sie Ihre Arbeiten.

V. RAPPORT

Rapport ist eine der wichtigsten Fähigkeiten auf dem neuen Markt. Wie gut Ihre Fähigkeit zu Rapport ist, zeigt sich direkt in Ihren Verkaufserfolgen.

Beginnen Sie mit diesen Übungen in Situationen, die Ihnen vertraut sind. Wenden Sie sie nicht bei Kunden an, bevor Sie sich sicher fühlen. Zunächst fühlen Sie sich vielleicht gehemmt. Der Grund ist, daß Sie sich Fähigkeiten, die normalerweise unbewußt sind, bewußt machen, um sie zu verbessern – genau wie im Sport, wo ein Trainer das, was Sie bereits tun, analysiert und Ihnen bewußt macht, damit Sie besser werden können.

Denken Sie daran, daß die Fähigkeit zu Rapport unaufrichtig eingesetzt wird, wenn Sie nicht an dem anderen Menschen interessiert sind. Rapport entsteht aus Ihrem Wunsch, eine Verbindung herzustellen.

Körpersprache

1. Beobachten Sie diejenigen Ihrer Kollegen und Kolleginnen, die gut Rapport herstellen können. Was tun sie? Fragen Sie sie, was sie ihrer Meinung nach tun, um ein gutes Verhältnis zu Kunden herzustellen. Stimmt das, was sie sagen, mit dem überein, was *Sie* beobachtet haben?

2. Achten Sie auf die Körpersprache, wenn Kollegen und Kolleginnen bei Besprechungen und in allgemeinen Unterhaltungen reden. Matchen sie die Körpersprache (siehe Glossar *Matching*)? Beobachten Sie Fremde beim Reden. Gehen Sie „Leute beobachten". Erkennen Sie, wenn Menschen die Körpersprache eines Gegenübers matchen? Könnten Sie nur aus der Körpersprache, und ohne das Gesprochene zu verstehen, erkennen, welche Personen gute Gespräche führen?

Beginnen Sie respektvoll die Haltung und das Tempo der Gestik bei Freunden und Kollegen zu matchen. Achten Sie darauf, welchen Unterschied das in der Unterhaltung ausmacht. Sie können auch versuchen, diese zwei Aspekte der Körpersprache zu mismatchen (siehe Glossar). Beobachten Sie, ob dies den Fluß des Gesprächs beeinflußt. (Vorsicht: Manche Menschen können sich sehr unbehaglich fühlen, wenn Sie sehr hartnäckig mismatchen. Matchen Sie anschließend wieder.)

3. Matchen Sie die Dauer von Augenkontakten bei Kollegen und Kunden. Egal, ob diese langen und häufigen Augenkontakt halten oder ob sie das nur spärlich tun – machen Sie es in jedem Fall genauso.

Stimmqualität

Wenn Sie sich beim Matchen der Stimme am Telefon sicher fühlen, matchen Sie Lautstärke und Sprechtempo in direkten Gesprächen mit Freunden und Kollegen. Fühlen Sie sich dabei sicher, matchen Sie die Stimme in persönlichen Gesprächen mit ausgewählten Kunden. Achten Sie darauf, was sich dabei ergibt.

Die Sprache der Kunden sprechen

In den nächsten Übungen geht es um drei Aspekte:
1. Finden Sie heraus, wie *Sie selbst* vorwiegend denken und sprechen und was Sie von Natur aus tun.
2. Machen Sie sich aufnahmebereit für die Art, wie *Ihr Kunde* spricht und denkt.
3. Versetzen Sie sich in die Lage, dem Kunden auf die von ihm bevorzugte Art zu antworten, um *Rapport* zu erreichen und *Verständnis* zu vermitteln.

Sie üben, in der Sprache des Kunden zu sprechen. Er wird Sie verstehen und bereitwilliger auf Sie und Ihr Angebot eingehen.

1. Werden Sie sich der Sprachmuster („Prädikate") bewußt: Sehen Sie sich die Übung in Kapitel 7 an; es geht darum, sich der eigenen bevorzugten Sprachmuster bewußt zu werden.

   Sprechen Sie auf Band etwa fünf Minuten über Ihre Arbeit, und hören Sie es dann an. Achten Sie auf die verwendeten Prädikate. Ist es eine gleichmäßige Mischung, oder bevorzugen Sie ein oder zwei Systeme (visuell, auditiv, kinästhetisch)?

   Wenn Sie selbst ein bevorzugtes System nutzen, werden Sie mit den Kunden, die dasselbe System nutzen, gut Rapport bekommen und auf sie einwirken können. Sie werden kaum Einfluß haben, wenn der Kunde ein anderes System bevorzugt.

2. Hören Sie Sprachmuster: Hören Sie im Laufe des Tages einer Freundin oder einem Kollegen genau zu, und achten Sie darauf, welche Sprachmuster („Prädikate") sie oder er benutzt. Verwendet sie oder er vor allem visuelle oder auditive Wörter, oder Wendungen, die Gefühle oder Handlungen ausdrücken?

3. Antworten Sie mit Sprachmustern: Achten Sie in einem Gespräch mit einem Freund oder einer Kollegin darauf, welche Sprachmuster („Prädikate") er oder sie benutzt, und antworten Sie im gleichen Repräsentationssystem. Ein Beispiel:

   Kollegin: „Mit dem Auftrag von der Firma Jonas scheint es gut auszusehen."

   Sie: „Ja, ich hoffe auf eine strahlende Zukunft."

Halten Sie Ihre Antworten am Anfang einfach. Nach dem Matchen von einigen Prädikaten dürfen Sie für den Rest der Unterhaltung das Matchen vernachlässigen.

Augenbewegungen

Diese Übungen helfen Ihnen, sich der subtilen Augenbewegungen bewußt zu werden, die Leute beim Denken ausführen. Wenn Sie sie einmal kennengelernt haben, werden sie Ihnen ein deutliches Signal sein (siehe Kapitel 8, *Entscheidungsstrategien, Augenbewegungen*; siehe dort auch die Illustration).

Sie nutzen diese, um herauszufinden, wie Kunden denken. Dann können Sie Ihre Worte und Ihre Vorschläge in einer Weise formulieren, die die Kunden am leichtesten anerkennen. Bedenken Sie, daß Augenbewegungen auch zum Kalibrieren gehören – das ist eine Methode, um die individuellen nonverbalen Signale zu erkennen, die Interesse, Langeweile, Kaufbereitschaft usw. verraten (siehe Glossar *Kalibrieren*).

1. Beobachten Sie Menschen bei Interviews im Fernsehen, besonders wenn ihnen eine Frage gestellt wird. Welche Augenbewegungen machen sie? Welche davon machen sie am häufigsten? Können Sie eine Verbindung zwischen Augenbewegungen und ihren Worten herstellen? Schauen sie zum Beispiel nach unten rechts, wenn sie Gefühle zeigen oder bevor sie über Gefühle sprechen? Schauen sie nach oben oder defokussieren sie, bevor sie etwas beschreiben, was sie gesehen haben?

2. Bitten Sie einen Freund oder eine Kollegin, Ihnen etwas zu beschreiben (ein Urlaubserlebnis, eine Begegnung). Beobachten Sie seine oder ihre Augenbewegungen. Können Sie eine Verbindung erkennen zwischen den Augenbewegungen und dem, was er oder sie beschreibt?

3. Wenn Sie Augenbewegungen einigermaßen sicher erkennen, unterhalten Sie sich mit einem Kollegen oder einer Freundin. Wenn er oder sie eine visuelle Augenbewegung macht, verwenden Sie in Ihrer nächsten Antwort ein visuelles Wort oder einen visuellen Ausdruck. Visuelle Augenbewegungen sind gewöhnlich am

leichtesten zu erkennen. Wenn Sie das können, versuchen Sie das-selbe mit auditiven und dann mit kinästhetischen Augenbewe-gungen.

4. Sind Sie im Umgang mit Freunden und Kollegen sicher, beginnen Sie, auf die Augenbewegungen der Kunden oder Kundinnen zu achten. Antworten Sie mit Prädikaten (Satzmustern), die sich auf die jeweiligen Augenbewegungen beziehen.

VI. DIE ZIELE, WERTE UND ENTSCHEIDUNGEN DER KUNDEN

1. Hören Sie Ihren Kunden gut zu, wenn sie ihren Bedarf erklären. Ist ihre Ausrichtung überwiegend **von einem Problem weg** oder **zu einer Lösung hin**?

2. Wenden Sie die **Schlüsselfragen** an, um die Kriterien und Werte der Kunden klären – wenn Sie das nicht schon tun (siehe Kapitel 8, *Werte und Kriterien*).

3. Erkunden Sie die **Entscheidungsstrategie** Ihres Kunden oder Ihrer Kundin, indem Sie fragen: „Wie werden Sie entscheiden, ob ... für Sie geeignet ist?"

   Achten Sie auf die Antwort, wahrscheinlich ist es eine der folgenden:
   „Es sieht richtig aus."
   „Es klingt gut."
   „Es fühlt sich richtig an."
   „Es macht einen Sinn."

4. Erfragen Sie die **Kaufstrategie** des Kunden: „Wie haben Sie das letzte Mal ... (ein Produkt) ... gekauft?"

5. Schreiben Sie sich nach jedem Gespräch kurz Notizen zu folgenden Aspekten auf:
   - Wovon bewegt sich der Kunde oder die Kundin weg?
   - Was will der Kunde oder die Kundin erreichen?
   - Was davon war wichtiger?
   - Welche wichtigen Kriterien muß Ihr Produkt erfüllen?
   - Nach welchen Regeln werden diese Kriterien erfüllt?

VII. Backtracking (Rückblickend das Gespräch wiederholen)

Wenn Sie möchten, lesen Sie noch einmal Kapitel 6 (*Zuhören und zusammenfassend wiederholen*).

1. Bitten Sie eine Freundin oder einen Kollegen, Ihnen ein angenehmes Erlebnis zu erzählen. Achten Sie auf die Worte, die Ihnen wichtig erscheinen. Erzählen Sie ihr oder ihm, was Sie üben, und machen Sie ein Spiel daraus. Sagen Sie, daß Sie das Erlebnis auf zwei unterschiedliche Arten noch einmal erzählen werden und daß Sie dann wissen wollen, welche Version sie oder er bevorzugt.

2. Wiederholen Sie zuerst das Erlebnis, aber ersetzen Sie die wichtigen Wörter durch eigene. Dann erzählen Sie die Geschichte noch einmal und verwenden dabei ihre oder seine wichtigen Wörter. Fragen Sie nach, welche Beschreibung sie oder ihn mehr anspricht.

3. Wenn Sie sich sicher fühlen, achten Sie aufmerksam auf die Worte, die ein Kunde benutzt, wenn er seine Werte und Regeln beschreibt.

   Wiederholen Sie diese Werte und Regeln mit genau den gleichen Worten. Beobachten Sie, ob dies den Rapport fördert.

VIII. VERSCHIEDENE BLICKWINKEL EINNEHMEN

1. Denken Sie an einen bestimmten Verkauf, auf den Sie sehr stolz sind. Stellen Sie sich den Verkauf noch einmal von Ihrem Blickwinkel aus vor. Angenommen, es war eine Kundin: Sehen Sie sie noch einmal so deutlich wie möglich. Hören Sie noch einmal einige der Dinge, die sie sagte, so deutlich wie möglich. Stellen Sie sich jetzt vor, wie der Verkauf vom Standpunkt der Kundin aussah. Stellen Sie sich vor, Sie sähen sich aus der Perspektive der Kundin, Sie hörten Ihre Stimme und würden dieser Stimme als Kundin antworten. Jetzt denken Sie sich in eine Position außerhalb des Verkaufs, von der aus Sie sich selbst und die Kundin sprechen sehen. Hören Sie beide Stimmen.

   Welcher dieser Standpunkte war am leichtesten einzunehmen? Welcher am schwersten?

2. Suchen Sie sich jeden Tag einen Freund oder Kollegen aus, und stellen Sie sich eine Zeitlang vor, wie es wäre, an seiner Stelle zu sein. Wie fühlt er sich? Was will er? Dann machen Sie sich Ihre eigene Position bewußt. Wie fühlen Sie sich? Was wollen Sie? Anschließend nehmen Sie eine distanzierte Sichtweise ein. Wie ist Ihre Beziehung?

3. Wenn Sie sich mit dieser Übung sicher fühlen, üben Sie das bei einem Kunden. Wie fühlt er sich? Was will er? Machen Sie sich dann Ihre eigene Position bewußt. Wie fühlen Sie sich. Was wollen Sie? Nehmen Sie abschließend eine distanzierte Position ein. Gibt es Übereinstimmung zwischen den Bedürfnissen des Kunden und dem Produkt oder der Dienstleistung?

IX. BESPRECHUNGEN

1. Setzen Sie sich einen Ressourcenanker, den Sie in jeder Besprechung nutzen können. (Siehe Kapitel 15, *Gesprächsvorbereitung, Für einen guten emotionalen Zustand sorgen*).

2. Wenden Sie den Plan zur Vorbereitung einer Sitzung an (siehe Kapitel 15, *Mentales Übungen für den Erfolg*).

3. Fassen Sie sich die Sitzung mental zusammen (siehe Kapitel 15, *Mentale Einsatzbesprechung*). Was haben Sie aus der Besprechung gelernt? Haben Sie mehr als üblich daraus gelernt?

X. KONGRUENZ

Zum Schluß einige Methoden, um Ihre Kongruenz, das heißt Ihre persönliche Orientierung sowie Ihr inneres Gleichgewicht kennenzulernen und zu bestimmen. Kongruenz ist Ihre größte persönliche Stärke im Verkauf.

1. Nehmen Sie sich einige Minuten Zeit, und betrachten Sie eine Zeit in Ihrem Leben – sowohl im Privat- wie auch im Berufsleben –, in der Sie außergewöhnlich erfolgreich und wirklich Sie selbst waren. Was sind die wesentlichen Merkmale in solchen Situationen?

2. Stellen Sie mental all Ihre Stärken und Ressourcen als Mitarbeiter in Verkauf und Vertrieb zusammen: all das, was Sie noch verstärken wollen und aus dem sich Ihr berufliches Selbstbild zusammensetzt. Finden Sie gleichermaßen all jene Dinge, die nicht mehr zu Ihrem beruflichen Selbstbild passen, und überlegen Sie, ob Sie diese jetzt ändern wollen oder nicht.

3. Wenn Sie Ihre „Mission" in einem Satz zusammenfassen müßten, wie würde sie lauten?

4. Legen Sie Ihr Kongruenzsignal fest (Beschreibung des Prozesses in Kapitel 15, *Auf Kongruenz achten*). Wenden Sie es vor bestimmten Besprechungen an, um zu überprüfen, ob Sie gut vorbereitet sind.

XI. Übung zur beruflichen Orientierung

Diese letzte, sehr wirksame Übung soll Ihre Ressourcen verfügbar machen und Ihre Kongruenz noch stärker ausprägen. Sie führt Sie durch die logischen Ebenen des NLP (siehe Glossar). Sie können die Schritte durchdenken, aber es wirkt besser, wenn Sie sich tatsächlich, körperlich spürbar Schritt für Schritt vorwärtsbewegen, und wir beschreiben den Prozeß auch in dieser Weise.

Sie bewegen sich vorwärts, um auf diese Weise verschiedene Teile Ihrer selbst zu erfahren. Führen Sie die Übung an einem Ort durch, an dem Sie für etwa zehn Minuten ungestört sind.

1. Beginnen Sie damit, daß Sie sich so aufstellen, daß Sie fünf Schritte vorwärtsgehen können. Denken Sie an Ihre berufliche **Umgebung**. Sie können an Ihr Büro denken oder an Besuche bei Klienten. Wo genau sind Sie? Wer ist um Sie herum? Welche Produkte und welches schriftliche Material steht Ihnen zur Verfügung? Wann und wie lange arbeiten Sie?

2. Gehen Sie einen Schritt nach vorn. Das ist die nächste Stufe, von der aus Sie Ihr **Verhalten** betrachten. Was machen Sie gegenwärtig? Denken Sie an Ihre Bewegungen, Handlungen und Gedanken.

3. Gehen Sie einen Schritt weiter vor. Überlegen Sie, wie das, was Sie tun, zu Ihren Verkaufsfertigkeiten beiträgt. Welche **Fertigkeiten** besitzen Sie? Denken Sie an Fertigkeiten, wie zum Beispiel für Rapport, Befragung und Bedarfsanalyse. Welche **Fähigkeiten** (siehe Glossar) bringen *Sie* in diese Situation mit? Fertigkeiten ermöglichen Handlungen – konstant und über längere Zeit hinweg –, so daß Sie die Ergebnisse erreichen, die Sie mit ihnen erreichen wollen.

4. Treten Sie noch einen Schritt vor, und denken Sie an Ihre **Glaubenssätze** und **Werte** bezüglich Ihrer Verkaufstätigkeit. Warum verkaufen Sie? Hier einige Fragen dazu:

- Bekommen Sie durch Verkaufen, was Sie wollen?
- Was denken Sie über sich als Mitarbeiter oder Mitarbeiterin in Verkauf oder Vertrieb?
- Was denken Sie über Ihre Kunden und Kundinnen?
- Was könnte Ihnen dazwischenkommen, daß Sie im Verkauf nicht die Bestleistungen bringen, zu denen Sie imstande sind?
- Worum geht es bei „gutem" Verkaufen?
- Woran liegt es, daß sich Verkaufen für Sie lohnt?
- Was müßten Sie aufgeben, wenn Sie nicht mehr verkaufen?
- Was ist beim Verkaufen wichtig für Sie?
- Was halten Sie von den Produkten, die Sie verkaufen?

Nehmen Sie sich genügend Zeit, um Antworten zu finden, mit denen Sie zufrieden sind.

5. Sie sind nicht, was Sie tun, und auch nicht, was Sie glauben. Treten Sie weiter nach vorn, und denken Sie über Ihre einzigartige Persönlichkeit und **Identität** nach.

- Was ist Ihre „Mission" im Leben?
- Wie ist Verkaufen mit Ihnen verbunden?
- Wer sind Sie?

Bekommen Sie ein Gefühl für sich selbst und für das, was Sie in Ihrem Leben schaffen möchten. Wenn Sie in Ihrem Leben eine große Sache vollbringen könnten, was wäre das?

6. Jetzt machen Sie den letzten Schritt nach vorn. Denken Sie daran, wie Sie mit allen anderen Lebewesen und allem, was es Ihrem Glauben nach gibt, **verbunden** sind. Viele Menschen nennen das den **spirituellen** Bereich. Sie haben vielleicht eine religiöse Überzeugung oder eine persönliche Philosophie. Nehmen Sie sich so viel Zeit, wie Sie brauchen, um ein Gefühl dafür zu

bekommen, was dieser Bereich für Sie bedeutet. Zumindest sollten Sie spüren, wie Sie als einmaliges Individuum mit anderen in Verbindung stehen.

7. Sie behalten dieses **Gefühl der Verbundenheit mit anderen** bei, drehen sich um und blicken auf den bisher zurückgelegten Weg. Nehmen Sie das Gefühl der Verbundenheit mit, wenn Sie auf Ihre Identitätsebene zurücktreten. Achten Sie darauf, welchen Unterschied Sie wahrnehmen.

8. Jetzt nehmen Sie das gestärkte Gefühl für die Person, die Sie sind und sein können, und gehen einen Schritt zurück zu Ihren **Glaubenssätzen** und **Werten**. Was ist jetzt wichtig? Was glauben Sie jetzt? Was wollen Sie jetzt, daß es wichtig ist? Was möchten Sie jetzt glauben? Welche Glaubenssätze und Werte drücken Ihre Identität aus?

9. Nehmen Sie dieses neue Gefühl mit sich, und gehen Sie einen Schritt zurück zur Ebene der **Fertigkeiten** und **Fähigkeiten**. Wie haben sich Ihre Fertigkeiten gewandelt und vertieft? Wie können Sie Ihre Fertigkeiten bestmöglich einsetzen? Wie können Sie handeln, um Ihre klare innere Ausrichtung („Alignment") zum Ausdruck zu bringen?

10. Gehen Sie zur **Verhaltensebene**. Wie zeigt sich dieses Gefühl für Ihr Selbst in dem, was Sie tun?

11. Treten Sie schließlich zur Ebene Ihrer **Umgebung in Verkauf und Vertrieb** zurück. Inwiefern ist sie anders, wenn Sie jene Ebenen Ihres Selbst hineinbringen? Manchmal sind wir in unserer Wahrnehmung der Umgebung und des Verhaltens blockiert und tun so, als blieben die Dinge, Menschen und Orte immer gleich. Sie sind mehr als das. Nehmen Sie wahr, wie anders Sie jetzt Ihren Platz wahrnehmen: mit der größeren Tiefe und Klarheit, die durch Ihre Werte und Ziele und durch Ihr Gefühl der Verbundenheit mit anderen erwachsen ist.

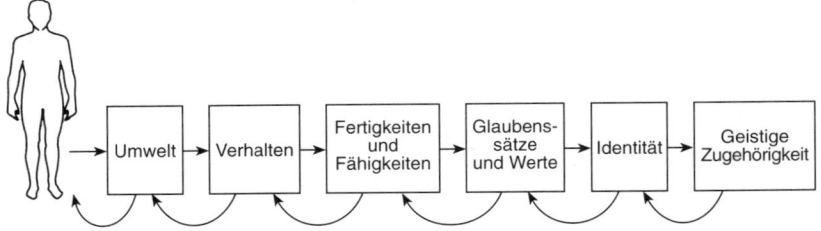

Verkaufen mithilfe der logischen Ebenen

TEIL 6
ANHANG

Literaturverzeichnis

(Sind englischsprachige Bücher ins Deutsche übersetzt, finden Sie die entsprechenden Angaben nach der Bibliographie des Originaltitels.)

Aspromonte, Don/Austin, Diane: *Green Light Selling*, Cahill Mountain Press, 1990

Covey, Stephen: *The Seven Habits of Highly Effective People*, Simon & Schuster Ltd, 1989; dt.: *Die sieben Wege zur Effektivität*, Heyne: München, 1996

Drozdeck, Steve/Yeager, Joesph/Sommer, Linda: *What They Don't Teach You In Sales 101*, McGraw-Hill, 1991

Fisher, Roger/Ury, William: *Getting to Yes*, Arrow, 1987; dt.: *Das Harvard-Konzept: sachgerecht verhandeln, erfolgreich verhandeln*, Campus: Frankfurt am Main, 1989

James, Tad: *TimeLine Therapy and the Basis of Personality*, Meta-Publications, 1988; dt.: *Time Line, NLP-Konzepte*, Junfermann: Paderborn, 1991

Johnson, Spencer/Wilson, Larry: *The One Minute Salesperson*, Fontana, 1986; dt.: *Das Minuten-Verkaufstalent*, Rowohlt: Reinbek, 1990

Kline, Peter/Saunders, Bernard: *Ten Steps to a Learning Organisation*, Great Ocean Publishers, 1993; dt.: *Die Lernende Organisation*, Junfermann: Paderborn, 1995

Laborde, Genie: *Influencing with Integrity*, Syntony Publishing Co., 1984; dt.: *Kompetenz und Integrität. Die Kommunikationskunst des NLP im Geschäftsleben*, Junfermann: Paderborn, 1990

Morgan, Sharon Drew: *Sales on the Line*, Metamorphous Press, 1993

O'Connor, Joseph/Seymour, John: *Introducing Neuro-Linguistic Programming*, Aquarian, 1993; dt.: *Neurolinguistisches Programmieren: Gelungene Kommunikation und persönliche Entfaltung*, Verlag für Angewandte Kinesiologie GmbH: Freiburg, 1995

dieselben: *Training with NLP*, Thorsons, 1994; dt.: *Weiterbildung auf neuem Kurs, NLP für Trainer, Referenten und Dozenten*, Verlag für Angewandte Kinesiologie GmbH: Freiburg, 1996

O'Connor, Joseph/McDermott, Ian: *Principles of NLP*, Thorsons, 1996

Robertson, James: Sales: *The Mind's Side*, Metamorphous Press, 1990

Senge, Peter: The Fifth Discipline, Century Business, 1990; dt.: Die Fünfte Disziplin, Klett-Cotta: Stuttgart, 1996

Glossar

Abschwächungen:
Umschreibungen, die man einsetzt, um beispielsweise eine Aufforderung als Frage ausdrücken zu können. Ein Beispiel: „Würden Sie mir vielleicht über X erzählen?" statt „Erzählen Sie mir von X."

Äußeres Verhalten:
Was Sie tun und sagen, um Ihren inneren Zustand zum Ausdruck zu bringen.

Alter Markt:
Verkaufskultur, in der der Beruf des Verkäufers oder der Verkäuferin unterbewertet ist und in der die Verkaufstätigkeit als Manipulation gesehen wird.

Anker:
Jeder Reiz (Stimulus), der mit einer bestimmten Reaktion verbunden ist. Anker können „natürlich" auftreten, wie zum Beispiel die Nationalhymne oder eine rote Ampel, auf die man spontan reagiert. Sie können auch mit Absicht eingesetzt werden. Methodisch können Sie zum Beispiel den Vorteil eines Produkt mit einem Satz oder einer Geste assoziieren (das nennt man dann *Ankern* oder *Anker setzen*).

Ankern:
Eine Methode, in der eine Assoziation zwischen einem Reiz und einer Reaktion hergestellt wird.

Ankern von Ressourcen:
Der Prozeß, mit dem ressourcenreiche, unterstützende Gefühle in einem gegenwärtigen Moment ausgelöst werden.

Assoziiert sein:
In einer Erfahrung sein (auch in der Erinnerung), sie durch die eigenen Augen sehen und sie voll und ganz mit den Sinnen erleben.

Auditiv:
Den Hörsinn betreffend.

Augenbewegungen:
Die Bewegungen, die mit unserem Denken und unseren Repräsentationssystemen (siehe dort) korrespondieren; sie sind visuell, auditiv und kinästhetisch unterschiedlich zu erkennen. Manchmal werden sie auch „laterale Augenbewegungen" oder „Augenzugangshinweise" genannt.

Backtracking (rückblickend ein Gespräch wiederholen):
Die Kernpunkte eines Gesprächs werden mit den Worten des Kunden oder der Kundin noch einmal herausgestellt. Es ist eine sehr wichtige Verkaufsfertigkeit, um zusammenzufassen, den Rapport (siehe dort) zu behalten und die Bereitschaft zum Kauf zu erhöhen.

Bedingter Abschluß:
Einen Verkauf oder eine Transaktion abschließen und diesen Abschluß mit bestimmten Konditionen verknüpfen: „Wenn ... [Bedingung] ... erfüllt wäre, kämen wir dann zu einer Einigung?"

Chunking:
Verändern der Wahrnehmung, indem man von einer Ebene zur anderen wechselt. Ein *Chunk* ist dabei eine logische Einheit. *Chunking up* (auch „hochchunken") bedeutet, auf eine höhere logische Ebene zu wechseln, auf der das enthalten ist, was Sie suchen; zum Beispiel für welches übergeordnete Bedürfnis des Kunden oder der Kundin Ihr Produkt eine Lösung bietet. *Chunking down* (auch „hinunterchunken") heißt, auf eine niedrigere logische Ebene (siehe dort) zu

wechseln, um sich ein spezifisches Beispiel oder ein Detail für Ihre Untersuchung anzusehen; zum Beispiel die verschiedenen Versionen Ihres Produkts, die das Bedürfnis des Kunden erfüllen könnten.

Dritte Position:
Eine der drei Wahrnehmungspositionen (siehe dort), bei der die Welt oder auch eine konkrete Verkaufssituation vom Standpunkt des distanzierten Beobachters gesehen wird.

„Durch die Zeit":
Ein Erklärungsmodell, wie Menschen Zeit empfinden. Ein *Durch die Zeit*-Mensch nimmt das Jetzt auf der Zeitlinie (siehe dort) außerhalb von sich selbst wahr.

Einfluß:
Kommunikation – also all unsere Worte, Gesten und Handlungen – wirkt sich unvermeidlich auf andere aus. Wir setzen in Verkauf und Vertrieb gezielt Einflußnahme ein, um in der Gegenwart eine Situation „Gewinner – Gewinner" herbeizuführen. Einfluß kann geplant oder spontan sein. Er ist allgemein der Zweck jeder Interaktion.

Elektronischer Markt:
Einsatz von Technik, um Kunden und Produkt zusammenzubringen, ohne eine Verkaufsperson.

Emotionaler Zustand:
Auch nur einfach „Zustand" oder „innerer Zustand" genannt. Es ist ein komplexes Zusammenwirken aller unserer Gedanken und Gefühle, und wir nehmen ihn gewöhnlich als eine dominante Emotion oder Stimmung wahr. Man kann diesen Zustand durch Ressourcen unterstützen (siehe *Ressourcenreicher Zustand*).

Entscheidungsstrategie:
Ein Kunde entscheidet sich auf eine ihm eigene Weise zum Kauf; eine spezifische Reihenfolge seiner Gedanken und Gefühle, die man kennenlernen und nutzen kann.

Erste Position:
Die Welt vom eigenen Standpunkt aus erfahren und in der eigenen
Realität sein. Es ist eine der drei Wahrnehmungspositionen (neben
der zweiten und der dritten Position; siehe dort).

Evozieren:
Die Fertigkeit, das Verhalten anderer Personen, einschließlich Kom-
mentaren, Fragen, Zielen, Zuständen, Fertigkeiten und Fähigkeiten
hervorzuholen. Das kann verbal und nonverbal geschehen.

Fähigkeit:
Eine zu etwas befähigende geistige oder praktische Anlage. Eine der
logischen Ebenen (siehe dort).

Fertigkeit:
Eine durchgehend erfolgreiche Strategie zum Ausführen einer Aufgabe. Eine der logischen Ebenen (siehe dort).

Führen:
Wenn unser Rapport (siehe dort) zu unserem Gesprächspartner gut
genug ist, verändern wir unser eigenes Verhalten und beobachten, ob
der andere uns „folgt".

Future pace:
Mentales Ausprobieren; man stellt sich vor, daß man etwas tut oder
auch beispielsweise ein Produkt in einer gewünschten zukünftigen
Umgebung präsentiert.

„Gewinner – Gewinner":
Eine Situation, in der beide Parteien etwas gewinnen, was sie schät-
zen. Siehe auch *„Gewinner – Verlierer", „ Verlierer – Verlierer"* und
„ Verlierer – Gewinner". Jeder Verkauf, der nicht das Resultat „Ge-
winner – Gewinner" hat, endet langfristig als „Verlierer – Verlierer"-
Situation.

„Gewinner – Verlierer":
Jede Situation, in der der Verkäufer sein Ziel und einen Wert

erreicht, der Kunde aber nicht. In einer solchen Situation beginnt häufig Manipulation.

Glaubenssätze:
Sie umfassen die „Generalisierungen", die wir über uns, über andere und die Welt machen. Glaubenssätze (auch „Überzeugungen") wirken als sich selbst erfüllende Prophezeiungen, die unser ganzes Verhalten beeinflussen. Eine der logischen Ebenen (siehe dort).

Identität:
Selbstbild oder Selbstkonzept; der, für den wir uns halten. Eine der logischen Ebenen (siehe dort).

„In der Zeit":
Ein Erklärungsmodell, wie Menschen Zeit empfinden. Ein *In der Zeit*-Mensch ist mit dem Jetzt auf der Zeitlinie voll assoziiert (siehe *Assoziiert sein*).

Inkongruenz:
Ein Zustand, in dem Sie Bedenken oder Zweifel haben, die bewußt und/oder unbewußt sein können. Der innere Konflikt zeigt sich im äußeren Verhalten.

Innere Repräsentationen:
All unsere Gedanken und Gefühle. Die mentalen Bilder, Klänge und Gefühle, an die wir uns erinnern und die wir uns schaffen. Sie können Bestandteil eines ressourcenreichen Zustands sein (siehe dort, und siehe *Submodalitäten* und *Repräsentationssysteme*).

Innerer Dialog:
Unhörbar für andere mit sich selbst sprechen.

Innerer Zustand:
Siehe *Emotionaler Zustand* und *Ressourcenreicher Zustand*.

Kalibrieren:
Genaues Erkennen des inneren Zustandes (siehe dort) einer anderen Person durch Kennenlernen und „Lesen" ihrer nonverbalen Signale;

zum Beispiel Kalibrieren der Signale, die ein Kunde bei Interesse sendet, mit dem Ziel, solche Situationen zu stärken.

Kinästhetisch:
Unsere Wahrnehmung von Gefühlen, einschließlich Berührung, Emotionen und Gleichgewichtssinn (siehe auch *Repräsentationssysteme*).

Körpersprache:
Der einflußreichste Kanal, über den Kommunikation geschieht – zu ihm gehören Kleidungsstil, äußere Erscheinung, Haltung, Gestik und Bewegungen.

Kongruenz:
Sie liegt dann vor, wenn Sie verbal und nonverbal eine übereinstimmende Botschaft aussenden. Dazu gehören Verhalten, Worte, Tonalität und Körpersprache, also alles, was „Ihre Botschaft rüberbringt". Kongruenz liegt auch dann vor, wenn alle Teile Ihres Selbst auf ein Ziel oder Ergebnis hinwirken.

Kriterien:
All das, was für Sie in einem bestimmten Kontext wichtig ist; es ist die „Anwendung" eines eigenen Wertes (siehe dort).

Kriterienäquivalente:
Die Ereignisse, die geschehen müssen, damit Kriterien (siehe dort) erfüllt werden; es sind die Regeln für deren Erfüllung.

Logische Ebenen:
Auch bekannt als die „neurologischen Ebenen der Erfahrung"; zu ihnen gehören Umgebung, Verhalten, Fähigkeiten und Fertigkeiten, Glaubenssätze und Werte sowie Identität (siehe jeweils dort).

Manipulation:
Manipulation ist der Versuch, ein Ergebnis zu erreichen, das zum Nachteil des anderen ist, was dieser während oder kurz nach der Interaktion bemerkt. Manipulation führt kurzfristig zu dem Ergebnis Gewinner – Verlierer. Langfristig ist es Verlierer – Verlierer.

Matching:
Einige Anteile des Kommunikationsstils eines anderen Menschen
übernehmen, um Rapport (siehe dort) aufzubauen: zum Beispiel
wird die Haltung einer Person eingenommen. Matching ist keine
Mimikry, also kein exaktes Kopieren des Verhaltens einer anderen
Person.

Metapher:
Indirekte Kommunikation; man erzählt eine Geschichte oder wählt
eine Sprachfigur, die einen Vergleich impliziert.

Metaprogramme:
Gewohnheitsmäßige und systematische Filter, die wir vor eine Erfahrung setzen; sie sind uns meist nicht bewußt. Zu ihnen gehört
zum Beispiel die Motivation auf eine Belohnung hin, anstatt von
unangenehmen Konsequenzen weg.

Mismatching:
Einem Gesprächspartner gegenüber ein ihm gegensätzliches Verhaltensmuster aufnehmen, um ein Gespräch in eine andere Richtung zu
lenken; das Gegenteil von *Matching* (siehe dort).

Modaloperatoren:
Ein der Linguistik entlehnter Begriff, mit dem Regeln oder Möglichkeiten ausgedrückt werden: „können", „nicht können", „müssen", „nicht müssen", „sollte", „sollte nicht".

Modellieren:
Im Neurolinguistischen Programmieren ist es das Verfahren, um die
Gedanken und Handlungen herauszufinden, die jemanden befähi-
gen, eine Fertigkeit einzusetzen oder eine Tätigkeit auszuführen. Jemand wird zum Vorbild genommen und „modelliert". Modellieren
ist die Grundlage für NLP und für beschleunigtes Lernen.

Neuer Markt:
Eine Verkaufskultur, die durch Beziehung, Integrität und verantwortungsvolle Einflußnahme dominiert ist und ein Resultat „Gewinner – Gewinner" (siehe dort) anstrebt.

Neurolinguistisches Programmieren (NLP):

Das Studium von Glanzleistungen (*excellence*) und ein Modell davon, wie Individuen ihre Erfahrungen strukturieren. Dieses Modell kann von anderen Menschen gelernt und übernommen werden kann (siehe auch *Modellieren*).

Neurologische Ebenen:

Siehe *Logische Ebenen*.

Pacen:

Sich anderen allgemein in ihrer Realität anschließen und Rapport (siehe dort) aufbauen, bevor man diese Personen in eine andere Richtung führt (siehe *Führen*). Pacen ist auf jeder logischen Ebene (siehe dort) möglich – von Verhalten bis zu Werten und Glaubenssätzen.

Positive Absicht:

Gemeint ist hier die positive Intention, die jedem Verhalten zugrundeliegt; das, was der Betreffende durch sein Handeln erreichen will und was ihm in seiner Realität sehr wichtig ist.

Prädikate:

Wörter, die sinnlich Wahrnehmbares beschreiben und auf ein spezielles Repräsentationssystem (siehe dort) hinweisen.

Proaktiv:

Tätigkeiten initiieren. Mit seinem Gegenpart – der Reaktivität (siehe *Reaktiv*) – gehört es zu den Metaprogrammen (siehe dort).

Rapport:

Der Prozeß, durch den man eine Beziehung gegenseitigen Vertrauens und Verstehens aufbaut und beibehält. Rapport ist die Grundlage für verantwortungsvolle Einflußnahme. Rapport kann auf der Wortebene, über nonverbales Verhalten und auf der Ebene von Werten und Glaubenssätzen stattfinden.

Reaktiv:
Auf Ereignisse reagieren, anstatt sie in die Wege leiten. Es gehört zu den Metaprogrammen (siehe auch *Proaktiv*).

Reframing:
Die Bedeutung einer Aussage oder eines Verhaltens verändern und eine andere Bedeutung finden, ihm einen neuen Rahmen (engl. *Frame*) geben.

Relevanz in Frage stellen:
Die Frage, inwieweit eine bestimmte Aussage oder ein Verhalten dazu beiträgt, ein vereinbartes Ziel zu erreichen.

Repräsentationssysteme:
Innere Sinneswahrnehmungen und unsere Denkweisen. Im NLP werden fünf Repräsentationssysteme unterschieden: visuell, auditiv, kinästhetisch, olfaktorisch (Geruch) und gustatorisch (Geschmack) – wobei die letzten beiden in Darstellungen eher nebengeordnete Bedeutung haben.

Ressourcenreicher Zustand:
Eine Kombination von Gedanken, Gefühlen und der entsprechenden Physiologie, die mit positiven Erfahrungen oder Erinnerungen verknüpft sind und die beispielsweise dazu beiträgt, alle Aufgaben leichter zu bewältigen.

Schuldrahmen (Rahmen für Schuldzuweisungen):
Dabei wird die Kontrolle und die Verantwortung für das Geschehen auf andere Personen oder Umstände übertragen; sie sind schuld, wenn etwas danebengeht. Siehe auch *Reframing*.

Selbstgespräch:
Siehe *Innerer Dialog*.

Stimmqualität:
Der zweitwichtigste Kanal, über den Kommunikation und Einflußnahme stattfindet; besondere Bedeutung kommt ihr bei Präsentationen zu.

Submodalitäten:
Die Merkmale mentaler Bilder, Klänge und Gefühle; Bilder können zum Beispiel groß oder klein, beweglich oder starr, farbig oder schwarzweiß sein.

Über-Kreuz-Matching:
Die Körpersprache einer Person mit einer anderen Art von Bewegung matchen (siehe dort); Sie bewegen zum Beispiel die Hand in dem Rhythmus, in dem die andere Person spricht.

Umgebung:
Die Orte, Menschen, Dinge und die Atmosphäre um Sie herum. Eine der logischen Ebenen (siehe dort).

Verhalten:
Wird im NLP als Begriff verwendet, dem unsere Handlungen zugeordnet werden. Verhalten umfaßt in diesem Sinne auch Denkprozesse. Verhalten ist außerdem eine der logischen Ebenen (siehe dort).

Verhandlungsgeschick:
Die Fertigkeit, bei bestehenden Differenzen zu handeln, um ein Resultat „Gewinner – Gewinner" herbeizuführen.

„Verlierer – Gewinner":
Eine Situation, in der der Verkäufer dem Kunden Zugeständnisse macht, von denen nur der Kunde und nicht der Verkäufer profitiert. Verschlechtert sich gewöhnlich zu einer Situation „Verlierer – Verlierer", wenn man nicht auf den Ausgleich achtet.

„Verlierer – Verlierer":
Jede Situation, in der keiner der Beteiligten sein Ziel erreicht oder in der die Werte nicht erfüllt werden.

Visuell:
Das Sehen betreffend (siehe *Repräsentationssysteme*).

Vorannahmen:
Eine Annahme, mit der ein Verhalten oder eine Aussage erst sinnvoll erscheint; sie wird als wahr angenommen.

Wahrnehmungsposition (oder Perspektive):

Der uns in einem aktuellen Moment bewußte Standpunkt oder Blickwinkel. Es kann unser eigener sein (erste Position), der einer anderen Person (zweite Position) oder der eines objektiven Beobachters (dritte Position).

Werte:

Zustände, die uns wichtig sind. Es sind entweder Zustände, die wir anstreben (Werte „hin zu"), oder solche, die wir vermeiden (Werte „weg von").

Zeitlinie:

Die Art, wie wir die Zeit subjektiv repräsentieren; für die meisten Menschen ist Zeit eine Linie zwischen Vergangenheit und Zukunft. Eine Person kann „in der Zeit" sein, dann ist sie im Jetzt assoziiert und empfindet die Zeit wie eine Linie durch ihren Körper, oder sie empfindet „durch die Zeit", so daß die Gegenwart auf einer Linie außerhalb des Körpers wahrgenommen wird.

Ziele:

Die Ergebnisse, die Sie sich wünschen und für die Sie planen (im Englischen gibt es dafür mehrere Begriffe: goals, outcomes, objectives). Im NLP muß ein Ziel positiv formuliert sein, den eigenen Handlungsanteil einer Person genau festlegen, es muß sinnlich wahrnehmbar zu überprüfen sein, und unvorhergesehene Konsequenzen müssen berücksichtigt werden.

Zustand:

Siehe *Emotionaler Zustand* und *Ressourcenreicher Zustand*.

Zweite Position:

Die Welt vom Standpunkt eines anderen Menschen betrachten und damit dessen Realität verstehen. Eine von drei Wahrnehmungspositionen (siehe dort).

Beratung für Firmen sowie Schulungsangebote

Joseph O'Connor und *Robin Prior* können einzeln und gemeinsam für Beratungen engagiert werden. Sie arbeiten eng mit *Ian McDermott* und der Firma *International Teaching Seminars* zusammen, um durch Trainings und Beratungen ein weiteres Feld abzudecken. Schwerpunkte sind:
–   Kommunikation im Geschäftsleben
–   Veränderungen und Lernen in Organisationen
–   Effektives und kongruentes Verkaufen
–   Führung in Organisationen.

Modelling-Projekte

Diese werden angeboten:
–   um in jedem Geschäftsbereich, einschließlich Verkauf und Vertrieb, Fachleute mit Bestleistungen zu finden, und darzustellen, was die Gründe für diese guten Leistungen sind
–   um Trainings zu planen, mit denen die Muster dieser Spitzenkräfte weitergegeben werden können.

Trainingskurse

Trainingskurse gibt es zu folgenden Themen:

- Führung in Organisationen
- Kongruentes Verkaufen
- Humor im Geschäftsleben
- Kommunikationsfertigkeiten
- NLP-Kurse mit Zertifikat.

Die Kurse werden öffentlich oder in Ihrer Firma abgehalten. Auch im deutschsprachigen Raum finden Seminare der Autoren statt (Anm. d. Vlg.).

Software

Software ist zu verschiedenen Themen erhältlich.
Weitere Informationen dazu erhalten Sie bei:
Lambent Enterprises
4 Coombe Gardens
New Malden
Surrey
KT3 AA
Großbritannien

Tel. und Fax: 0044/181/715/2560
e-mail *lambent(a)well.sf.ca.us*

Die Autoren

Joseph O'Connor

Joseph O'Connor ist Berater, Trainer und Autor. Er veranstaltet öffentliche und firmenspezifische Seminare, und er hat eine entsprechende Software entwickelt – durch beides können Menschen, die in der Wirtschaft arbeiten, ihre Ziele und Werte erforschen. Er arbeitete bereits mit vielen der großen Firmen in Großbritannien, unter anderem *National Power, Lloyds Bank, BT* und *ICI*. Er ist Autor und Mitautor von vier Büchern über NLP, die in neun Sprachen übersetzt wurden (siehe Literaturverzeichnis).

Er lernte NLP bei John Grinder und Robert Dilts und ist seit 1988 selbst NLP-Trainer.

Im Augenblick entwickelt er interaktive Software und schreibt zwei weitere Bücher. Er spielt gern Squash und reist viel. Er lebt in London, ist verheiratet und hat zwei Töchter.

Robin Prior

Robin Prior ist Berater, Trainer, Verkäufer, Manager, Schriftsteller und „Humorist". Er ist NLP-Master-Practitioner und trainierte unter anderem bei John Grinder, Robert Dilts und Judith DeLozier.

Zu Beginn seiner Berufslaufbahn war er Verkäufer und Verkaufsmanager für Firmen wie *Rank Xerox, British Olivetti, Pitney Bowes*

und *GKN Sankey*. Dort gewann er Einblick in Verkaufstrainings, die zu seiner Zeit als die besten galten.

Seine Hauptbeschäftigung lag im Bereich der Finanzberatung, in dem er Berater trainierte, damit sie den enormen Veränderungen in der Gesetzgebung, im Kundenverhalten und in den geschäftlichen Erwartungen gewachsen waren. Er verfügt außerdem über umfassende Beratungserfahrungen in verschiedenen Industriezweigen. Er gibt Rhetorikkurse und schreibt Texte für Werbefilme.

Sein Hauptziel besteht darin, die Welt des Verkaufs derart mitzuprägen, daß die Kunden und Kundinnen immer öfter *die* Produkte bekommen, die sie wirklich wollen und brauchen, und daß die Mitarbeiter und Mitarbeiterinnen in Verkauf und Vertrieb ein erfüllteres Leben führen können.

Da er der Meinung ist, daß Humor sehr zur Lebensqualität beiträgt, schreibt Robin Prior auch Texte für Situationskomödien und Fernsehshows.

Weitere Informationen über Kurse erhalten Sie über:

Lambent Books
4 Coombe Gardens
New Malden
Surrey
KT3 4AA
Großbritannien

Tel. und Fax: 0044/181/715/2560
e-mail *lambent(a)well.sf.ca.us*

Joseph O'Connor, John Seymour:

Weiterbildung auf neuem Kurs
NLP für Trainer, Referenten und Dozenten

Als Trainer, Referent oder Dozent Inhalte und Methoden an andere Menschen weiterzugeben, erfordert mehr, als „nur" gute Vorbereitung: Von Ihnen werden Bestleistungen im Vortrag erwartet, ein guter Kontakt zu den Teilnehmerinnen und Teilnehmern und eine eigene gute Verfassung. Nicht zuletzt müssen sie alle Überraschungen und Störungen auffangen und Ihre Schulung jederzeit analysieren und auf neuen Kurs bringen ...

Ein Weiterbildungshandbuch, mit dem Sie praxisorientiert arbeiten können und gleichzeitig die Grundlagen des NLP (Neurolinguistisches Programmieren) kennenlernen.

1996, 372 Seiten, 19 Abb., Paperback (13 x 20,5 cm), 39,80 DM/39,80 sFr/291,– öS, ISBN 3-924077-85-1

Joseph O'Connor, John Seymour:

Neurolinguistisches Programmieren: Gelungene Kommunikation und persönliche Entfaltung

Dies ist die erste Gesamtdarstellung des NLP in deutscher Sprache. Sie beschreibt alle wichtigen Grundlagen, Methoden und Instrumente. Der systematische Aufbau, die leicht verständliche, humorvolle Sprache und viele anschauliche Beispiele machen das Buch zur Standardlektüre für NLP-Interessierte.

6. Auflage 1996, 369 Seiten, 20 Abbildungen, Paperback (13 x 20,5 cm), 42,– DM/42,– sFr/307,– öS, ISBN 3-924077-66-5

Martina Schmidt-Tanger, Dr. Jörn Kreische:

NLP-Modelle
Fluff & Facts – Das Basiskurs-Begleitbuch

Darauf haben viele gewartet: ein Ausbildungsbegleiter in NLP-gerechter, „sinn-reicher" Gestaltung. In systematischer Folge werden die NLP-Basistechniken vorgestellt. Klare Durchführungsanweisungen, Übungsvorschläge für Kleingruppen und Selbstexperimente erleichtern das Nachvollziehen des Erklärten. Witzige, intelligente Zeichnungen vermitteln die NLP-Ideen auf nonverbale Weise. Die Autoren präsentieren alle wichtigen NLP-Konzepte (Facts) in angenehm sinnlicher Verpackung (Fluff). Ein unentbehrlicher Leitfaden für alle, die nicht nur über NLP lesen, sondern es sich praktisch aneignen wollen.

1994, 122 Seiten, zahlreiche Abb., Paperb. (21 x 29,7 cm), 34,– DM/34,– sFr/248,– öS, ISBN 3-924077-67-3

Joyce Wycoff:
Gedanken-Striche
Auf neue Ideen kommen, Probleme lösen – mit Mindmapping

Mindmapping ist die Methode zum schnellen, spontanen Skizzieren von Assoziationen, Gedanken und Ideen in Strichzeichnungen. Mindmapping erschließt Ihr *ganzes* Gehirn und bahnt Ihnen den Weg: zu kreativem Lösen beruflicher und persönlicher Probleme; zu mehr Klarheit in Entscheidungsprozessen; zu einem Ideenfeuerwerk, das alte Denkgewohnheiten sprengt; zur Verbesserung von Gedächtnis und Konzentration; zu größerem Organisationsgeschick. Wenn Ihr beruflicher und privater Alltag Ihnen immer wieder neue, schwierig erscheinende Aufgaben stellt – Mindmapping bringt Sie mit wenigen Strichen auf bessere Gedanken und läßt Sie effektiv handeln.

1993, 183 Seiten, 23 Abb., Paperback (15 x 22 cm),

Robert Ornstein:
Das Gehirn, Schlüssel zur Gesundheit

Das Gehirn gilt als Quelle von Gedanken, Träumen, Sprache und Kunst. Weniger bekannt ist seine Schlüsselrolle für unsere Gesundheit. Robert Ornstein (Psychologe und Gehirnforscher) und David Sobel (Arzt und Experte für präventive Medizin) untersuchen die zahlreichen lebenswichtigen Aufgaben, die das Gehirn zur Sicherung unserer Gesundheit wahrnimmt.

Gestützt auf die neuesten Erkenntnisse der Gehirnforschung vermitteln die Autoren einen ebenso informativen wie unterhaltsamen Einblick in das wichtigste Instrument für Heilung – das Gehirn.

1995, 347 Seiten, 2 Abb., Paperback (13 x 20,5 cm), 39,80 DM/39,80 sFr/291,– öS, ISBN 3-924077-55-X

Das IAK Institut für Angewandte Kinesiologie GmbH, Freiburg, veranstaltet laufend Kurse in Touch For Health (Gesund durch Berühren), in Edu-Kinestetik, in Entwicklungskinesiologie und in vielen anderen Bereichen der Angewandten Kinesiologie. Dank enger persönlicher Kontakte zu den Pionieren der AK ist das Institut in der Lage, ständig die neuesten Entwicklungen auf diesem Gebiet zu präsentieren.

Außerdem fördert das Institut die Verbreitung der Angewandten Kinesiologie im deutschsprachigen Raum durch Literaturempfehlungen und Adressenvermittlung.

Wer an der Arbeit des Instituts interessiert ist, kann kostenlose Unterlagen anfordern bei:

IAK Institut für Angewandte Kinesiologie GmbH, Freiburg
Zasiusstraße 67, D-79102 Freiburg, Telefon 07 61-733 08, Telefax 07 61-70 63 84